구속사의 관점에서 본

파노라마

신약성경

개정판

구속사의 관점에서 본

신약성경 파노라마(개정판)

Copyright ⓒ 머릿돌 2022

초   판   2003년 3월 24일
개 정 판   2022년 5월 30일

지 은 이   유도순
펴 낸 이   유효성
펴 낸 곳   머릿돌

등록번호   제17-240호
등록일자   1997년 5월 20일
주   소   경기도 성남시 분당구 성남대로 30, 501호
            Mobile 010-9472-8327
            http://cafe.daum.net/gusoksa
E-mail   yoodosun@hanmail.net/ yoohs516@hanmail.net,

총   판   기독교출판유통
주   소   경기도 파주시 월동면 통일로 620번길128
            (031-906-9191)

ISBN   978-89-87600-93-2

디 자 인   참디자인(02-3216-1085)

구 속 사 의 관 점 에 서 본

신약성경
파노라마

유도순 지음

개 정 판

머리말

사람들은 아름다운 경치를 볼 때 좀 더 높은 곳에 올라가 한눈에 바라보기를 원한다. "신구약 성경 파노라마"는 창세기에서 … 계시록까지 펼쳐져 있는 웅대하고 영광스러운 하나님의 구원계획을 한눈에 바라볼 수 있도록 돕고자 의도되었다.

사도 바울은 "모든 성도 중에 지극히 작은 자보다 더 작은 나에게 이 은혜를 주신 것은… 영원부터 만물을 창조하신 하나님 속에 감추어졌던 비밀의 경륜이 어떠한 것을 드러내게 하려 하심이라"(엡 3:8-9)고 말씀한다.

신구약 성경은 "하나님의 비밀의 경륜이 어떠한 것"을 계시해 주고 있는 책이다. 설교자는 마땅히 이를 드러내어 증언할 사명이 있는 것이다. 오늘날은 단편적인 성경지식들은 풍부한 편이지만 이 말씀들이 구속사의 맥락에서 어떤 의미를 갖고 있는지 파악하는 데는 미흡한 바가 있다.

성경은 점들의 모임이 아니라 창세기에서 계시록까지 뻗쳐 있는 선(線)이요, 산맥(山脈)과 같은 것이다. 이를 구속사(救贖史)라고 말한다. 66층의 고층 빌딩에 비유할 수가 있다. 그러므로 성경에는 일관성(一貫性), 통일성(統一性)이 있고 점진성(漸進性)이 있는 것이다.

인류의 시조가 타락한 현장에서 "내가 하리니"(창 3:15)하고 원복음을 선언하신 하나님은, 마지막 책에서 "이루었도다 나는 알파와 오메가요 처음과 마지막이라"(계 21:6)고 선언하신다. 그러므로 이 책을 읽으면 신구약 성경에 뻗쳐 있는 구속사의 맥을 붙잡게 될 것이다. 이렇게 될 때,

㉠ 하나님의 주권을 앞세우는 하나님 중심이 된다.
㉡ 구속 주되시는 예수 그리스도가 중심에 오게 된다.
㉢ 언약하신 바를 반드시 지켜주시는 하나님의 신실하심을 깨닫게 된다.
㉣ 구원의 확신과 한 가지 남은 약속인 그리스도의 재림도 확신할 수 있게 된다.
㉤ 그리고 구속사의 동일 선상에서 쓰임 받고 있다는 자신의 정체성에 확고할 수 있다.
㉥ 이를 깨닫게 될 때 견고한 뼈대 있는 신앙인이 될 수 있다.
㉦ 궁극적으로는 하나님을 더욱 사랑하며 경외하기에 이르게 되는 것이다.

우리교회

원로목사 유 도 순

Contents

마태복음

주제 : 아브라함과 다윗의 자손 예수 그리스도

　　마태복음은 신약성경의 맨 앞에 놓여있는 복음서입니다. 그런데 첫 마디가 "아브라함과 다윗의 자손 예수 그리스도의 계보라"(1:1)고 계보로 시작하고 있습니다. 이는 마태복음의 기록(記錄)목적과 주제(主題)를 밝혀주는 중요한 근거가 됩니다.

　① 마태가 복음서를 기록할 때에는 분명한 목적(目的)을 가지고 기록한 것입니다. 그런데 어찌하여 족보(族譜)로 시작하고 있는가? 이렇게 하는 의도는 크게 세 가지라 할 수 있습니다.

　㉠ 첫째는 "예수가 누군지 아니냐? 아브라함과 다윗에게 언약하신 그리스도시다, 이 족보를 보아라, 이 족보가 증거다"라고 증거로 족보를 제시하고 있는 것입니다. 그래서 그냥 "예수"라 하지 않고 "예수 그리스도의 계보라"한 것입니다. 이는 베드로가 "주는 그리스도시요"라

고 고백한 것과 동일한 증언인 것입니다. 예수님은 하나님께서 아브라함에게 "네 씨(자손)로 말미암아 천하 만민이 복을 받으리라"(창 22:18)고 언약하신 그리스도이신 것입니다. 그러므로 "예수와 그리스도"를 떼어놓아서는 안 됩니다. 초대 성도들이 어찌하여 죽임을 당했는가? "너희가 십자가 못 박아 죽은 예수가 그리스도시라"고 증언했기 때문입니다. 우리가 부르기를 사모해야 할 더 좋은 이름은 "주 예수 그리스도"입니다.

ⓛ 둘째는 1장의 계보를 유의해 보면 "아브라함(2)에서 다윗까지(6), 다윗에서 바벨론 포로 때까지, 포로에서 그리스도라 칭하는 예수가 나시니라"(16)고, 14대씩 세 부분으로 정리되어있는 것을 보게 됩니다. 이렇게 한 의도는 아브라함에게 세워주신 메시아언약과 다윗에게 "그의 나라 왕위를 영원히 견고하게 하리라"(삼하 7:13)하신 언약이 바벨론 포로 중에도 끊어짐이 없이 이어져 내려와 다윗의 자손 예수 그리스도로 이어졌다는 점을 입증하기 위해서입니다.

ⓒ 셋째는 간접적이기는 하지만 구약의 성도들이 어떻게 구원을 얻었는가 하는 점을 말해주고 있는 것입니다. 아브라함으로부터 다윗까지는 아브라함에게 세워주신 메시아언약을 믿음으로 구원을 얻었고, 다윗부터 그리스도가 오시기까지는 다윗에게 세워주신 메시아언약을 믿음으로 구원을 얻은 것입니다.

그러면 아담으로부터 아브라함까지는 어떻게 구원을 얻었느냐고 묻는다면 "원 복음" 안에서 구원을 얻었다고 말씀드릴 수 있습니다. 그렇다면 "원 복음, 아브라함 언약, 다윗언약"이 별개의 것이 아니라 원 복음이 아브라함 언약으로, 다윗언약으로 진전(進展)하여 예수 그리스도로 성취된 동일한 메시아언약이라는 말씀입니다. 그러니까 구약의 성도들은 앞으로 오실 그리스도를 믿음으로 구원을 얻었고, 신약의 성도들은 이미 오신 그리스도를 믿음으로 구원을 얻는다는 그런 차이뿐입니다. 신구약을 막론하고 "천하사람 중에 구원을 받을 만한 다른 이름을 우리에게 주신 일이 없는"(행 4:12) 것입니다.

② 그러므로 복음서는 예수가 그리스도시다 라는 점만을 증언하고 있는 것이 아니라 아브라함에게 "네 씨로 말미암아 천하 만민이 복을 얻으리라" 언약하신 대로, 죽으시고 다시 사심을 통해서 천하 만민에게 구원의 문이 열렸음을 증언하는 데까지 나아가고 있습니다. 이점을 여러 선지서들의 예언을 인용하여 "이 모든 일의 된 것은 주께서 선지자로 하신 말씀을 이루려 하심이니"하고 입증(立證)하고 있습니다.

   ㉠ 그러므로 마태복음은 구약을 130회 정도 인용하면서 "이 모든 일이 된 것은 주께서 선지자로 하신 말씀을 이루려하심이라"(마 1:22)는 논증도 열두 번(1:22, 2:5,17,23, 3:3, 4:14, 8:17, 12:17, 13:35, 21:4, 26:56, 27:9)이나 등장합니다.

   ㉡ 이 점에서 구약성경의 기록목적이 대두되는데 "이 성경이 곧 내게 대하여 증언하는 것이로다"(요 5:39) 하신 그리스도요, 이점을 구약성경은 "여러 부분과 여러 모양"(히 1:1), 즉 언약·예표·모형·그림자 등으로 계시해 주고 있다는 점입니다. 이처럼 성령께서는 그리스도와 복음을 입증하기 위해서 구약성경을 미리 준비해놓으셨던 것입니다. 그리고 "증인"들에게는 두 가지가 주어졌는데, "준비해놓으신 성경과 약속하신 성령"입니다. 왜냐하면 성경을 들어서 "나사렛 예수"가 그리스도라는 점을 성령의 감동으로 입증(立證)하기 위해서입니다.

너희는 나를 누구라 하느냐

③ 마태복음은 크게 두 부분으로 나누어집니다. 그 분기점(分岐點)은 주님께서 제자들에게 "너희는 나를 누구라 하느냐"고 물으신 16:15절입니다. 이를 분기점으로 하여 전반부는 예수가 누구인가에 초점이 맞춰져 있고, 후반부에서는 그는 왜 오셨는가를 증언하고 있습니다.

　㉠ 그러므로 전반부에 등장하는 기사와 이적은 "예수"가 누구인가를 보여주기 위한 표적이라는 관점으로 보아야 합니다. 주님은 제자들을 부르셔서 근 3년 가까이 훈련시키신 후에 "너희는 나를 누구라 하느냐"고 물으셨습니다.

　㉡ "주는 그리스도시요 살아 계신 하나님의 아들이시니이다"(마 16:16)라는 고백을 들으신 후에야 "이 때로부터 예수 그리스도께서 자기가 예루살렘에 올라가 장로들과 대제사장들과 서기관들에게 많은 고난을 받고 죽임을 당하고 제삼일에 살아나야 할 것을 제자들에게 비로소 나타내셨다"(마 16:21), 즉 오신 목적을 말씀하신 것입니다.
만일 제자들을 부르신 직후, 즉 제자들이 "예수"가 누구인가를 인식하기도 전에 죽으실 것을 말씀했다면 그들은 다 물러갔을 것입니다. 그러므로 복음서의 두 주제는 예수가 누구이신가? "그리스도요 하나님의 아들"이시다, 그 분이 왜 오셨는가? "많은 사람의 대속물로 주려 함이니라"(20:28)하는 것으로 요약됩니다.

　㉢ "예루살렘으로 올라가 많은 고난을 받고 죽임을 당하고 제삼일에 살아나야 할 것을 제자들에게 비로소 나타내신" 주님은, 그 이후로 비장한 마음으로 예루살렘을 향하여 나아가시는 것입니다. "보라 우리가 예루살렘으로 올라가노니 인자가 대제사장들과 서기관들에게 넘겨지매 그들이 죽이기로 결의하고 이방인들에게 넘겨주어 그를 조롱하며 채찍질하며 십자가에 못 박게 할 것이나 제삼일에 살아나리라"(20:18-19)고, 1차 · 2차 · 3차에 걸쳐서(16:21,19:23, 20:19)

말씀하십니다.

복음을 해체시키는 설교

④ 복음서에는 주님의 행적(行蹟)과 교훈(敎訓)과 기사이적(奇事異蹟) 등이 등장합니다. 이런 것들을 단편적(斷片的)으로 다룬다면 복음서의 기록목적을 이탈하는 것이 되고 복음서의 중심주제를 해체(解體)시키는 것이 되고 맙니다. "예수가 누구인가? 그는 왜 오셔야만 했는가?" 하는 전체적인 구도(構圖)에 입각해서 증언해야 구속 주되시는 그리스도가 부각이 되어 기록목적에 충실하게 되는 것입니다.

    ㉠ 여기에 설교자들의 착각과 혼동이 있는데 복음서를 설교하기만 하면 복음을 증언하는 줄로 여긴다는 착각입니다. 복음서를 말하면서도 기록목적과 구조(構造)를 망각한다면 그는 "복음"을 증언하고 있는 것이 아니라 인문학·심리학·축복·교훈을 말하는 것이 된다는 말씀입니다. 왜냐하면 복음서는 주님의 탄생으로 시작하여 죽으시고 다시 사심을 증언하고 있는 한 편의 설교이기 때문입니다.

    ㉡ 그러면 한 번에 마태복음을 다 전하라는 말인가? 그런 뜻이 아닙니다. 어느 부분을 설교하든지 본문이 놓여있는 좌표와 전체적인 맥락을 염두에 두고 전해야 한다는 말씀입니다. 그러므로 성경은 점(點)들의 집합체가 아니라 선(線)입니다. 오늘의 설교들이 성경을 구속사라는 선으로 보지 않고, 교훈적인 점으로 접근하다 보니 복음을 해체(解體)시키는 결과를 가져오고 있는 것입니다.

⑤ 이런 맥락에서 복음서에 등장하는 기사이적과 사도행전에 등장하는 기사와 이적은 그 의미가 전혀 다른 것입니다. 복음서

의 기사이적이 "예수"가 누구인가를 증언하기 위한 표적이라면, 사도행전에서 제자들이 행한 기적은 "너희가 십자가에 못 박아 죽인 예수가 다시 살아나셨다"는 점을 증언하기 위한 표적이었던 것입니다.

베드로는 나면서 앉은뱅이 된 자를 일으킨 후에 "너희가 생명의 주를 죽였도다 그러나 하나님이 죽은 자 가운데서 그를 살리셨으니 우리가 이 일에 증인이라 그 이름을 믿음으로 그 이름이 너희가 보고 아는 이 사람을 성하게 하였나니"(행 3:15-16)라고 증언합니다. 사도들이 박해를 당하게 된 것은 "부활이 있다고 백성을 가르치고 전함을 싫어하여 그들을 잡으매"(행 4:2-3) 한 그리스도의 부활을 증언했기 때문입니다.

자신을 주심

⑥ 마태복음은 세무서장 출신 마태가 기록한 복음서답게 정돈이 잘되어 있는 복음서입니다. 그래서 주님께서 여러 곳에서 하신 말씀들을 다섯 꾸러미로 정돈해놓고 있습니다. 그리하여 "말씀을 마치시고"라는 언급이 다섯 번 등장합니다.
  ㉠ "예수께서 이 말씀을 마치시매 무리들이 그의 가르치심에 놀라니"(7:28) 합니다. 산상수훈을 마치신 것입니다.
  ㉡ "예수께서 열두 제자에게 명하기를 마치시고"(11:1), 즉 파송 설교를 마치신 것입니다.
  ㉢ "예수께서 이 모든 비유를 마치신 후에"(13:53), 즉 비유의 말씀을 마치신 것입니다.
  ㉣ "예수께서 이 말씀을 마치시고"(19:1), 즉 가르치시기를 마치셨습니

다.

ⓜ 마지막으로 26:1절에서는 "예수께서 이 말씀을 다 마치시고" 합니다. 말씀을 "다 마치셨다"는 것입니다. 이어지는 문맥을 보시기 바랍니다. 주님은 "말씀을 다 마치시고" 무엇을 주셨는가? "이틀이 지나면 유월절이라 인자가 십자가에 못 박히기 위하여 팔리리라"(26:2)고 자신을 주셨던 것입니다.

만일 교훈만을 주셨다면 주님은 철학자와 같은 선생이 되셨을 것이요, 기사와 이적 만을 행하셨다면 신비주의자가 되셨을 것입니다. 주님은 자신을 주심으로 우리에게 생명을 주시는 구주(救主)가 되셨습니다.

영적 출애굽

⑦ 또한 마태복음은 그리스도의 사역을 영적 출애굽으로 해석해 주고 있습니다. 아기 예수가 헤롯의 음모를 피하여 애굽으로 내려간 것을 "주께서 선지자로 말씀하신바 애굽에서 내 아들을 불렀다 함을 이루려 하심이니라"(2:15)고 말씀합니다.

ⓐ 이는 호세아 11:1절의 인용인데, 이는 구약교회의 출애굽을 가리키는 말씀입니다. 그런데 마태는 예수님이 애굽으로 내려갔다가 돌아온 일을 출애굽과 결부시키고 있는 것입니다. 이는 엄청난 비약이면서도 놀라운 영감이라 하지 않을 수 없습니다.

ⓑ 이런 논리는 주님을 개인으로 보고 있는 것이 아니라 신약교회의 머리, 대표자(代表者)로 보고 있기 때문에 가능한 것입니다. 다시 말하면 주님이 애굽으로 내려갔다가 올라오신 것을 신약교회 전체가 내려갔다가 올라온 것으로 보고 있다는 말씀입니다.

ⓒ 이는 그리스도의 구속사역이 영적 출애굽 사역임을 드러내기 위해서

인 것입니다. 그렇습니다. 복음이 영적 출애굽 사건임이 주님께서 유월절 양이시라는 데서 분명하게 드러납니다.

⑧ 이 점이 산상수훈을 말씀하는 구조(構造)에서도 분명히 드러납니다. "갈릴리와 데가볼리와 예루살렘과 유대와 요단강 건너편에서 수많은 무리가 따르니라 예수께서 무리를 보시고 산에 올라가 앉으시니 제자들이 나아온지라 입을 열어 가르쳐 이르시되"(4:25-5:2) 라는 구조는 마치 이스라엘 백성들을 애굽에서 불러내신 후에 시내 산에서 십계명을 말씀하는 장면을 상기하게 합니다.

㉠ 또한 주님은 요단강에서 세례를 받으심으로 홍해 도하를 성취하셨고,

㉡ 성령에 이끌리어 "광야"에서 40일간 시험을 당하심으로 40년 동안의 광야생활을 성취하셨던 것입니다. 예수 그리스도는 하나님의 백성들을 가나안으로 인도하여 드리실 영적 여호수아(예수)였던 것입니다.

㉢ 그리고 가나안을 향한 대장정은 지금도 계속되고 있는 것입니다. 구약교회를 불기둥 구름 기둥으로 인도해주심 같이 신약교회를 성령께서 인도해 주십니다. 만나와 생수는 생명의 말씀으로 공급되고 있습니다.

"볼지어다 내가 세상 끝날까지 너희와 항상 함께 있으리라"고 말씀하시면서…

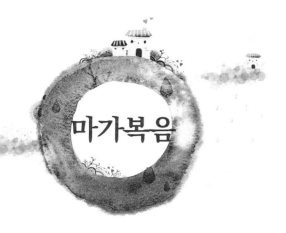

마가복음

주제 : 인자가 온 것은 섬김을 받으려 함이 아니라 도리어 섬기려 하고 자기 목숨을 많은 사람의 대속물로 주려 함이니라"(10:45)

마가복음의 중심주제도 "너희는 나를 누구라 하느냐"(8:29) 하신 주님의 질문을 분기점으로 하여 두 부분으로 나누어집니다. 전반부의 주제는 "예수가 누구신가"이고, 후반부의 주제는 "그가 왜 오셨는가"입니다.

복음서는 이 두 주제에 의하여 해석되어야 기록한 목적대로 바로 사용하는 것이 됩니다. 저는 마가복음을 강해하면서 이 점을 명심하자는 뜻에서 8:27-38절을 맨 앞에 배치했습니다. 이점은 그만큼 중요한 요점이 되는 것입니다.

마가복음의 특징

① 마가복음은 건물에 비하면 골조(骨組)만 세워져 있는 것 같고, 나무에 비하면 나목(裸木)과 같은 복음서입니다. 그러니까 아름답게 꾸미는 내장이나 지엽적(枝葉的)인 해설보다는 복음의 뼈대를 세워주는 데 역점을 두고 있다는 말씀입니다. 그래서 마가복음이 초대교회 당시 가정교회 지도자(指導者)들의 교재로 기록되었다고 말하는 것은 일리가 있다 하겠습니다.

  ㉠ 현대교회 설교는 복음진리의 뼈대는 빈약하고 수식(修飾)만 많이 하는 현학적(衒學的)입니다. "긍정의 심리학(心理學), 칭찬의 처세술(處世術), 축복의 미학"(美學)들이 판을 치고 있습니다.

  ㉡ 이점을 사도 바울은 "누가 철학(哲學)과 헛된 속임수로 너희를 사로잡을까 주의하라 이것은 사람의 전통과 세상의 초등(初等)학문을 따름이요 그리스도를 따름이 아니니라, 머리를 붙들지 아니하는 것"(골 2:8,19)이라고 말씀합니다. 즉 지엽적(枝葉的)인 것을 붙들고 중심(中心) 주제를 망각하고 있다는 것입니다. 현대교회는 마가복음을 통해서 뼈대를 세워주는 교리적인 설교를 회복해야 하겠습니다.

창조의 시작과 복음의 시작

② 창세기는 "태초에 하나님이 천지를 창조하시니라"(창 1:1) 하고 시작되는데, 마가복음은 "하나님의 아들 예수 그리스도의 복음의 시작이라" 하면서 재창조가 시작되었다고 선언합니다. 유념할 점은 첫 창조와 재창조의 다른 점인데, 첫 창조는 말씀만으로 가능하였으나 재창조는 인간이 범한 죄에 대한 책임이 따른다

는 것입니다. 이를 누군가가 책임져야 하는 것입니다.

수난의 종 그리스도

③ 이런 맥락에서 마가복음의 요절은 "인자가 온 것은 섬김을 받으려 함이 아니라 도리어 섬기려 하고 자기 목숨을 많은 사람의 대속물로 주려 함이니라" 하신 10:45절이라 할 것입니다.

   ㉠ 이는 두 마디로 되어있는데 첫째는 "섬기러 왔다", 즉 종으로 오셨다는 뜻인데 누구를 어디까지 섬기기 위하여 오셨는가?
   ㉡ 둘째는 "목숨을 많은 사람의 대속물로 주려 함이니라", 즉 죄인들을 위하여 대신 죽으시기까지 섬기러 오셨다는 것입니다.

주님은 "너희 중에 누구든지 으뜸이 되고자 하는 자는 모든 사람의 종이 되어야 하리라"(10:44)고 가르치십니다. 주님은 가르치신 것만이 아닙니다. 이점을 사도 바울은 "그는 근본 하나님의 본체시나 하나님과 동등 됨을 취할 것으로 여기지 아니하시고 오히려 자기를 비워 종의 형체를 가지사 사람들과 같이 되셨고 사람의 모양으로 나타나사 자기를 낮추시고 죽기까지 복종하셨으니 곧 십자가에 죽으심이라"(빌 2:6-8)고 증언합니다. 기탄없이 말씀드립니다만 하나님의 아들 그리스도께서는 죄인들의 발을 씻기시기까지 종 노릇 하셨으며 종이 상전을 위하여 대신 죽음과 같이 섬기셨던 것입니다.

④ 그러므로 종으로써 섬기는 삶을 사시다가 종래는 자기 목숨을 대속제물로 내어주신 "수난의 종"으로 묘사하고 있는 마가복음에는 계보도 없고 생일도 없고 축하해 주러 오는 동방박사도

목자들도 없습니다. 서론도 없이 "하나님의 아들 예수 그리스도의 복음의 시작이라"(1:1)하고 곧바로 들어갑니다.

그러므로 내용도 선생(先生)의 입장에서 회중들을 가르치시는 "말씀사역"은 극소화(極小化)하고, 1장부터 "귀신을 내쫓고 나병환자"를 고치시는 섬기는 사역을 극대화(極大化)시키고 있습니다.

⑤ 그리하여 마가복음에서는 다른 복음서에서는 볼 수 없는 하나님의 아들 그리스도의 손이 죄인들과 접촉(接觸)하시는 장면이 자주 등장합니다.

ㄱ 벙어리 되고 귀신들린 자를 고쳐주시되 마태나 누가복음에서는 말씀만으로 "꾸짖으시니" 나갔다(마 17:18, 눅 9:42)고 말씀하는 것을 마가복음에서는 "손을 잡아 일으키셨다"(9:27)라고 말씀합니다.

ㄴ 어린아이를 축복하시는 장면도 마태나 누가복음에서는 그냥 안수하는 것으로 되어있는데, 마가복음은 "그 어린아이들을 안고 그들 위에 안수하시고 축복하시니라"(10:16, 9:36)합니다.

ㄷ 나병환자에게 "손을 내밀어 그에게 대시며"(1:41)

ㄹ "맹인의 손을 붙잡으시고" 마을 밖으로 데리고 나가사 안수하여 고쳐주시고(8:23)

ㅁ 귀먹은 사람에게 "손가락을 그의 양 귀에 넣고 침을 뱉어 그의 혀에 손을 대시며"(7:33) 고쳐주십니다. 마치 궂은일을 도맡아 하는 머슴과 같으십니다. 이런 광경을 보고 "사람들이 심히 놀라 이르되 그가 모든 것을 잘하였도다 못 듣는 사람도 듣게 하고 말 못하는 사람도 말하게 한다"(7:37)라고 말했던 것입니다.

⑥ 이런 맥락에서 마가복음의 특징은 예수가 그리스도시요 구주이심을 교훈이나 설명보다는 행하심을 통해서 증언하고 있다는

점이 특징입니다. 마태복음서에는 구약성경의 인용과 주님의 가르치심 등이 풍부합니다. 비유의 말씀도 열네 번이나 등장합니다. 그런데 마가복음서에는 비유는 네 개가 있는 반면 기사이적을 행하심은 스무 번이나 등장합니다.

　ㄱ 이사야는 예언하기를 "그가 곤욕을 당하여 괴로울 때에도 그의 입을 열지 아니하였음이여 마치 도수장으로 끌려가는 어린양과 털 깎는 자 앞에 잠잠한 양같이 그의 입을 열지 아니하였도다"(사 53:7)고 예언하고 있는데, 마가복음의 주님은 전반부에서는 묵묵히 섬기시는 종의 모습으로,

　ㄴ 후반부에서는 묵묵히 십자가를 담당하시는 대속제물로 등장하고 있습니다. 이점은 잎만 무성한 무화과나무처럼 말만 무성하고 행함이 따르지 않는 현대교회에 규범(規範)이 된다고 하겠습니다.

　⑦ 이런 맥락에서 그리스도를 "종"으로 묘사하고 있는 마가복음에는 "말하지 말라"고 은익(隱匿)하는 대목이 다섯 번이나 등장한다는 점을 주목하게 합니다.

　ㄱ 나병환자를 고쳐주신 후에 "삼가 아무에게 아무 말도 하지 말라"(1:44) 하십니다.

　ㄴ 귀신을 쫓아내신 후에도 "자기를 나타내지 말라고 많이 경고하시니라"(3:12) 합니다.

　ㄷ 회당장 야이로의 죽은 딸을 살리신 후에도 "이 일을 아무도 알지 못하게 하라"(5:43)고 많이 경계하셨다 합니다.

　ㄹ 귀먹고 어눌한 자를 고쳐 주신 후에도 "경고하사 아무에게도 이르지 말라"(7:36) 하십니다.

　ㅁ 심지어 "너희는 나를 누구라 하느냐, 그리스도시니이다" 한 사실도 "이에 자기의 일을 아무에게도 말하지 말라"(8:29-30)고 경고하셨

다 합니다. 각색 병을 고쳐주신 일을 말하지 말라 하심은 그런대로 이해할 수 있습니다. 그런데 "예수가 그리스도시다"라는 것도 말하지 말라 하시면 우리는 무엇을 말하라는 말씀인가 묻게 됩니다.

⑧ 주님의 의도를 9:9절을 통해서 깨달을 수 있습니다. 변화산 상의 사건이 있은 후에 주님은 "인자가 죽은 자 가운데서 살아날 때까지는 본 것을 아무에게도 이르지 말라" 하십니다. 인간의 생 각으로는 변형되시는 모습을 제사장·서기관·장로와 많은 군중 앞에 보여주시기를 원할 것입니다. 그러나 주님은 열두 제자들도 다 데리고 올라가신 것이 아니라 베드로·요한·야고보 세 제자 만을 대동하셨습니다. 그리고 "본 것을 아무에게도 말하지 말라" 고 금하시다니 의아해하게 됩니다.

　㉠ 이 점에서 주목할 점은 "인자가 죽은 자 가운데서 살아날 때까지"라 는 단서입니다. 그러니까 죽은 자 가운데서 살아나신 후에는 말하라 는 것입니다. 무엇을 말입니까? 죽으시고 다시 살아나셨다는 "복음" 입니다. 주님은 기사이적을 행하는 분으로가 아니라 우리 죄를 위하 여 죽으시고 다시 살아나신 구주(救主)로 전파되기를 원하셨던 것입 니다. 그리하여 부활하신 후에는 "너희는 온 천하에 다니며 만민에 게 복음을 전파하라"(16:15)고 명하셨습니다.

　㉡ 주님은 죽으시고 다시 살아나시게 될 것을 "비로소" 말씀하신 후로 는 무리들과의 접촉은 되도록 피하셨는데, "이는 제자들을 가르치시 며 또 인자가 사람들의 손에 넘겨져 죽임을 당하고 죽은 지 삼 일만 에 살아나리라는 것을 말씀하셨기 때문이더라"(9:31) 합니다. 이점 을 거듭거듭 강조하셨으나 이를 마음에 간직하고 믿은 제자가 한 사 람도 없었던 것입니다.

　㉢ 주님은 10장에서 "보라 우리가 예루살렘에 올라가노니"(33) 하십니

다. 누가복음에서도 "예루살렘을 향하여 올라가기로 굳게 결심하시고"(9:51) 합니다. 왜 예루살렘으로 올라가시려는가? "그들은 능욕하며 침 뱉으며 채찍질하고 죽일 것이나 그는 삼일 만에 살아나리라"(10:34) 하신 대속제물이 되시기 위해서입니다.

ⓔ 주님은 이 사실을 1차·2차·3차에 걸쳐 말씀하십니다. 그리고 11장에서 "예루살렘에 가까이 와서"(1), 나귀 새끼를 타고 입성(7)하십니다. 이를 우리는 종려 주일로 기념하고 있는데 11장에서 벌써 고난의 한 주간이 시작되는 것입니다.

유월절 어린양과 그리스도

⑨ 이처럼 복음서들의 초점이 한결같이 "유월절"에 맞춰져 있다는 점을 주목해야 합니다.

마태복음=이틀이 지나면 유월절이라 인자가 십자가에 못 박히기 위하여 팔리리라(26:2)

마가복음=이틀이 지나면 유월절과 무교절이라(14:1)

누가복음=유월절 양을 잡을 무교절날이 이른지라(22:7)

요한복음=유월절 전에 예수께서 자기가 세상을 떠나 아버지께로 돌아가실 때가 이른 줄 아시고(13:1). 마가복음은 ⅓을, 요한복음은 무려 ½을 고난의 한 주간(週間)에 할애하고 있다는 점은 우리에게 무엇을 각성시켜주고 있는가?

의미심장한 점은 "이틀이 지나면 유월절과 무교절이라 대제사장들과 서기관들이 예수를 흉계로 잡아 죽일 방도를 구하며"(14:1) 라는 언급입니다. "유월절과 예수를 잡고자"하는 음모를 결부시켜보게 되면 주님은 유월절 양이 되시기 위해서 유월절에 맞춰서 예루살렘으로 올라오셨고 그들은 유월절 양을 잡을 음모를 꾸미고 있다는 것이 되니 얼마나 아이러니한 점입니까?

   ㉠ 형제는 하나님께서 왜 유월절을 지키라 하셨는지, 그리고 마지막 유월절이 언제인지 말해 줄 수 있습니까? "유월절을 준비하라"는 말씀은 있어도 유월절 양을 잡았다는 언급은 없고 오직 "이것이 내 몸이니라, 이것은 많은 사람을 위하여 흘리는 나의 피 곧 언약의 피니라"(14:22-24)고 말씀하십니다. 이 밤은 그림자로 주어졌던 유월절이 참 것으로 "개혁"(히 9:10)이 되는 마지막 유월절이요, 첫 성찬의 밤이었던 것입니다.

   ㉡ 그러므로 이스라엘 백성들이 바로의 노예에서 해방된 것이 유월절 양의 피로 말미암은 것같이 우리가 사탄의 노예에서 구속된 것은 어린양 예수 그리스도의 피로 말미암은 것입니다.

   ㉢ 구속사라는 맥락으로 생각해보면 그리스도는 실로 창세로부터 대속 제물로 죽임을 당하신(계 13:8) 셈입니다. 왜냐하면 하나님께서 범죄한 아담 하와에게 가죽옷을 지어 입히셨다는 "가죽옷"은 어떻게 가능해진 것입니까? 아벨이 드린 "양의 첫 새끼"는 누구의 예표입니까? 구약시대 내내 조석으로 상번제를 드린 제물은 누구의 무엇에 대한 그림자입니까? 신약성경은 "우리의 유월절 양 곧 그리스도께서 희생되셨느니라"(고전 5:7)고 증언합니다.

살아나심으로 무엇이 입증되었는가?

   ⑩ 그런데 복음서는 "죽으심"으로 끝나고 있는 것이 아니라 "살아나심"까지 나아가고 있다는 점입니다. 그러면 살아나심으로 무엇이 입증(立證)되었는가?

   ㉠ "죽은 자들 가운데서 부활하사 능력으로 하나님의 아들로 선포되셨

으니"(롬 1:4), 즉 예수가 진정 하나님의 아들이심이 입증되었습니다.

ⓛ "예수는 우리가 범죄한 것 때문에 내줌이 되고 또한 우리를 의롭다 하시기 위하여 살아나셨느니라"(롬 4:25), 즉 우리 죄가 다 해결되었다는 것이 증명되었습니다.

ⓒ "그리스도께서 죽은 자 가운데서 다시 살아나사 잠자는 자들의 첫 열매가 되셨도다"(고전 15:20), 즉 우리 부활의 보증되신 것입니다. 다시 강조합니다만 우리의 구원은 그리스도의 "죽으시고 다시 사심"으로 말미암아 가능하여진 것입니다. 하나님께서 자기 아들을 통해서 이루어주신 것이기에 "하나님의 아들 예수 그리스도의 복음"(1:1)이라 합니다.

ⓔ 그러므로 명심해야 할 점은 "복음서" 안에는 여러 편의 복음이 있는 것이 아니라 "하나님의 아들이 이 땅에 오셔서 죽으시고 다시 살아나셨다"는 1장부터 마지막 장까지 한 편의 복음이라는 사실을 망각하지 말아야 합니다. 그러므로 복음서 어디를 설교하든지 이 점을 명심해야 합니다. 이를 망각하게 되면 복음서를 설교하면서도 복음을 증언하는 것이 아니라 인문학·심리학·자기계발·축복·교훈으로 둔갑 된다는 점을 명심하자는 뜻에서입니다.

오직 "구원은 "예수를 주로 시인하며 또 하나님께서 그를 죽은 자 가운데서 살리신 것을 네 마음에 믿으면 구원을 받으리니"(롬 10:9)에 있음을 명심해야 합니다.

⑪ 마가복음은 "하나님의 아들 예수 그리스도의 복음의 시작이라"(1:1)고 "복음"으로 시작하여, "너희는 온 천하에 다니며 만민에게 복음을 전파하라"(16:15)하는 "복음"으로 마치고 있습니다.

ⓐ 그리고 마태복음은 "하늘과 땅의 모든 권세를 내게 주셨으니"(마

28:18) 한 주재자가 되시는 왕으로 끝맺고 있으나, 마가복음은 "제자들이 나가 두루 전파할새 주께서 함께 역사하사 그 따르는 표적으로 말씀을 확실히 증언하시니라"(16:20)고 함께 일하시는 주님으로 마치고 있습니다. 이는 지금도 주님은 형제와 함께 역사하신다는 진행(進行)형임을 나타냅니다.

Ⓛ 하나님의 아들로 오셨으나 종처럼 섬김의 삶을 사시다가 종래는 대속제물이 되어주신 마가복음에 계시된 그리스도의 발자취는 그의 제자 된 우리에게도 적용됩니다. 우리의 신분은 하나님의 자녀요 왕 같은 제사장들이지만 그와 함께 영광을 받기 위해서는 지금은 종으로 섬기는 삶을 살아야 하는 것입니다.   -아멘-

누가복음

주제 : 인자가 온 것은 잃어버린 자를 찾아 구원하려 함이니라(19:10)

    누가복음은 "우리 중에 이루어진 사실에 대하여"(1:1)한 "이루어진 사실"로 시작하여 "이루어져야 하리라"(24:44)로 마치고 있다는 점을 주목하시기 바랍니다. 이는 참으로 중요한 주제요 문제 제기입니다. 누가는 "이루어진 사실"을 알기 위해서 "그 모든 일을 근원(根源)부터 자세히 미루어 살폈다"(3)고 진술합니다. 이는 예수님의 일대를 살폈다는 좁은 뜻이 아닙니다. 이점이 예수님의 족보를 아브라함부터 더듬어 내려온 마태복음과 달리 더듬어 올라가되 인류의 시조(始祖) 아담까지 소급해 올라가고 있는 데서 드러납니다. 이는 구약성경을 구속사라는 관점으로 살펴보았다는 증거가 됩니다.

  그러면 성경을 근원(根源)부터 자세히 미루어 살펴 확고해야 할 사활적으로 중요한 요점이 무엇인가 하는 점입니다. 누가가 "모든 일을 근원(根源)부터 자세히 미루어 살펴" 도달하게 된 핵심적(核心的)인 "사실"(事實)이 무엇이라고 증언하고 있는가? 24:44절을 보겠습니다. 부활하신 주님께서 열한 제자들에게 나타나셔서 "내가 너희와 함께 있을 때에 너희에게 말한바 곧 모세의 율법과 선지자의 글과 시편에 나를 가리켜 기록된 모든 것이 <이루어져야 하리라> 한 말이 이것이라"한 말씀입니다. 그러면 무엇이 이루어져야 한다는 말씀인가? 핵심은 "이에 그들의 마음을 열어 성경을 깨닫게 하시고 또 이르시되 이같이 그리스도가 고난을 받고 제삼일에 죽은 자 가운데서 살아날 것", 그리하여 "그의 이름으로 죄 사함을 받게 하는 회개가 예루살렘에서 시작하여 모든 족속에게 전파될 것"이었던 것입니다. 요약하면 그리스도께서 죄를 위하여 죽으시고 부활하실 것이 "이루어져야" 한다는 점입니다. 왜냐하면 이것이 이루어져야만 죄 사함과 구원이 가능하기 때문입니다. 그런 후에 주님은 "너희는 이 모든 일의 증인이라"(24:45-48) 하신 것입니다.

  누가는 이런 장면을 두 번 진술하고 있는데 낙심하고 엠마오로 내려가는 두 제자에게 성경을 해석해서 깨우쳐주시는 대목입니다. 부활하신 주님은 "미련하고 선지자들이 말한 모든 것을 마음에 더디 믿는 자들이여 그리스도가 이런 고난을 받고 자기의 영광에 들어가야 할 것이 아니냐 하시고 이에 모세와 모든 선지자의 글로 시작하여 모든 성경에 쓴바 자기에 관한 것을 자세히 설명하시니라" (24:25-27) 합니다.

그러자 그들의 눈이 밝아지고 "우리에게 성경을 풀어주실 때에 우리 속에서 마음이 뜨겁지 아니하더냐"(24:31,32) 합니다. 그리스도의 증인들도 눈이 밝아지고 마음이 뜨거워져서 하나님의 아들 그리스도께서 우리 죄를 위하여 죽으시고 다시 살아나셨다는 복음의 핵심을 증언해야 마땅한 것입니다.

이처럼 "근원(根源)부터 자세히 미루어 살펴본" 누가는 예수님의 "탄생·고난·부활·승천" 등이 구약성경을 통해서 말씀하신 언약·예언·예표대로 "이루어진 사실"임을 확인하게 되었다는 것입니다.

이처럼 "이루어진 사실"을 "데오빌로 각하에게 차례대로 써 보내는 것이 좋은 줄 알았노니" 한 의도가 무엇인가? "이는 각하가 알고 있는 바를 더 확실(確實)하게 하려 함이로라", 즉 믿는 바를 더욱 견고하게 세워주기 위해서라 합니다. 바로 이점이 오늘의 증인들이 행해야 할 사명이 아니겠는가?

그렇습니다. 만일 구약성경에 그리스도께서 "대속제물"이 되어주실 것이 언약과 예언되어 있지 않다면 이는 구원계시가 아닌 것이 됩니다. 또한 신약성경에서 다른 것이 다 이루어졌다 해도 만일 "그리스도가 고난을 받고 제삼일에 죽은 자 가운데서 살아날 것"이 성취되지 않았다면 이는 복음이 아니요, 우리의 구원은 불가능하다는 점에 여러분도 동의합니까?

그러므로 사도 바울은 "내가 받은 것을 먼저 너희에게 전하였노니 이는 성경대로 그리스도께서 우리 죄를 위하여 죽으시고 장사 지낸 바 되셨다가 성경대로 사흘 만에 다시 살아나셨다"(고전 15:3-4)고, 이것이 자신이 받은 복음이요, 증언한 복음이라고 진술합니다.

이런 맥락에서 누가복음의 중심점도 다른 공관복음과 동일하게 주님께서 "너희는 나를 누구라 하느냐"(9:20) 하신 예수가 누구신가 하는 점과 우리를 위해서 무엇을 행해주셨는가 하는 두 가지 주제에 맞춰져 있습니다.

주님은 "하나님의 그리스도시니이다" 한 베드로의 고백을 들으시고 경고하시기를 "이 말을 아무에게도 이르지 말라"(9:21), 즉 "그리스도"인 것을 말하지 말라고 경고하십니다. 그러면 증인 된 우리는 무엇을 증언하라는 말씀인가?

주님의 의도가 "인자가 많은 고난을 받고 장로들과 대제사장들과 서기관들에게 버린 바 되어 죽임을 당하고 제삼일에 살아나야 하리라"하신 말씀에 분명히 나타납니다.

어찌하여 그리스도인 것을 "아무에게도 이르지 말라" 하셨는가? "그리스도"에게만은 구원이 없기 때문입니다. "십자가"라는 사형 형틀에도 구원이 없습니다. "하나님의 그리스도께서 우리 죄를 위한 화목제물이 되어주셨다"는 것이 복음이요, 이를 믿을 때에 구원을 얻게 되는 것입니다. 다시 강조합니다만 "예수가 누구신가? 왜 오셨는가?" 하는 두 주제를 분리하게 되면 복음이 사라지게 된다는 점을 명심해야 합니다.

오늘날은 주님께서 행하신 "오병이어 · 병 고침 · 산상수훈 · 탕자의 비유" 같은 기사와 교훈을 증언하면서 복음을 전하는 줄로 알고 있습니다. 여기에 설교자의 착각과 간교한 사탄의 기만이 있다 하겠습니다.

그러므로 9장의 문맥을 주의해보시기 바랍니다. "너희는 나를 누구라 하느냐"고 물으신 후에 용모가 변화하여 모세와 엘리야로 더불어 말씀하는 장면으로 이어지고 있습니다. "모세와 엘리야"는 "율법과 선지자", 즉 구약교회를 대표하는 자들입니다. 그러면 구약의 대표들과 말씀한 주제가 무엇인가? "장차 예수께서 예루살렘에서 별세(別世)하실 것"(31), 즉 대속제물이 되실 것입니다.

그런 후에 "예루살렘을 향하여 올라가기로 굳게 결심하시고"(9:51) 예루살렘으로 올라가시는 것으로 이어지는 문맥입니다. 왜 "굳게 결심"하셨는가? 대속제물로 죽으시기 위해서 올라가시기 때문에 "굳게 결심하셨다"고 말씀하는 것입니다.

보십시오. 누가는 주님께서 예루살렘으로 올라가시는 발걸음을 9:51,53, 13:22,34, 17:11, 18:31, 19:11,28절 등 놓치지 않고 따라가고 있는 것을 대하게 됩니다. 제자란 주님의 발자취를 따르는 자들입니다. 그러므로 우리도 십자가를 지기 위해서 굳게 결심하시고 예루살렘으로 올라가시는 주님을 놓쳐서는 안 되는 것입니다. 또한 누가복음을 설교할 때에 주님의 발걸음을 놓치지 말아야 한다는 점은 사활적으로 중요한 점입니다.

그러면 19:41절을 보십시오. "가까이 오사 성을 보시고 우시면서, 너도 오늘 평화에 관한 일을 알았더라면 좋을 뻔하였거니와 지금 네 눈에 숨겨졌도다"고 드디어 예루살렘에 당도하신 것입니다. 그런 후에 22:1절은 "유월절이라 하는 무교절이 다가오매"하고 "유월절"로 이어지고 있습니다. 주님은 유월절 양으로 죽임을 당하시기 위해서 "유월절"에 맞춰서 예루살렘으로 올라가셨던 것입니다.

주님은 제자들에게 "내가 고난을 받기 전에 너희와 함께 이 유월절 먹기를 원하고 원하였노라"(22:15) 하십니다. 어찌하여 "원하고 원하셨는가?" 형제는 마지막 유월절이 언제인지 아십니까? 주님께서 잡히시던 그 밤이 1500년 동안 그림자로 지켜 내려오던 마지막 유월절이요, 그림자가 실체(實體)로 "개혁"(히 9:10)이 되는 첫 성찬의 밤이었던 것입니다. 주님은 이를 깨닫게 하시려고 "원하고 원하셨던" 것입니다.

이런 맥락에서 누가복음을 상고하거나 설교할 때에 예루살렘으로 올라가시는 주님의 발걸음을 놓쳐서는 안 됩니다. 왜냐하면 그래야 십자가를 지기 위해서 예루살렘으로 올라가시면서 당부하신 말씀들의 의미와 주님의 마음을 절실하게 헤아릴 수 있기 때문입니다. 주님의 말씀에는 두 방면이 있는데 성도들에게 하신 말씀과 목회자들에게 하신 말씀입니다.

㉠ "허리에 띠를 띠고 등불을 켜고 서 있으라 너희는 마치 그 주인이 혼인집에서 돌아와 문을 두드리면 곧 열어주려고 기다리는 사람과 같이 되라"(12:35-36)고 당부하십니다. 이 말씀은 대속제물이 되시기 위해서 "예루살렘"으로 올라가시면서 하신 모든 성도들이 명심해야 할 말씀입니다. 주님은 죽으시기 위해서 예루살렘으로 올라가시면서 "이러므로 너희도 예비하고 있으라 생각지 않은 때에 인자가 오리라"(12:40)고 벌써 심판주로 재림(再臨)하실 것을 말씀하셨던 것

입니다.

ⓛ "지혜 있고 진실한 청지기가 되어 주인에게 그 집 종들을 맡아 때를 따라 양식을 나누어 줄 자가 누구냐 주인이 이를 때에 그 종이 그렇게 하는 것을 보면 그 종은 복이 있으리로다"(12:42-43) 하십니다. 이는 목회자에게 하신 분부인데 주님께서 십자가를 지기 위해서 "예루살렘을 향하여 올라가기로 굳게 결심하시고" 올라가시면서 당부하신 말씀이라는 점을 염두에 두고 받을 때 더욱 심각한 각성이 있게 되는 것입니다.

ⓒ "그들이 이 말씀을 듣고 있을 때에 비유를 더하여 말씀하시니 이는 자기가 예루살렘에 가까이 오셨고 그들은 하나님의 나라가 당장에 나타날 줄로 생각함이더라", 그래서 "어떤 귀인이 왕위를 받아 가지고 오려고 먼 나라로 갈 때에 그 종 열을 불러 은화 열 므나를 주며 이르되 내가 돌아올 때까지 장사하라"(19:11-13) 하신 므나 비유를 말씀하셨던 것입니다. 이 "므나 비유"는 주님께서 재림하시기까지의 모든 성도들의 사명이 무엇인가를 일깨워주신 말씀인 것입니다.

이런 맥락에서 주님께서 삭개오에게 "속히 내려오라 내가 오늘 네 집에 유하여야 하겠다"(19:5) 하신 19장의 장면이 등장합니다. 그러면 하나님의 아들이 삭개오, 나 같은 죄인의 집에 유하시는 것이 어떻게 가능해졌는지 아시겠습니까? "인자가 온 것은 잃어버린 자를 찾아 구원하려 함이니라"(19:10) 하신 잃어버린 자를 찾으러 오셨기 때문에 가능한 것입니다.

무지한 인간들은 "저가 죄인의 집에 유하러 들어갔도다"고 비난했으나 여리고는 목적지가 아니라 대속제물이 되시기 위해서 "여리고로 들어가 지나가시더라"(19:1) 한 경과(經過)하시는 곳이었던 것입니다. "내가 오늘 네 집에 유하여야 하겠다"는 말씀이 당시는 삭개오에게 하신 말씀입니다만 기록된 말씀이 선포될 때는 삭개오가 아닌 우리 각자에게 "내가 오늘 네 집에 유하여야 하겠다"는 말씀이 되는 것입니다.

주님께서 "인자가 온 것은 잃어버린 자를 찾아 구원하려 함이니라"(19:10)고 말씀하셨는데 언제 잃어버리셨는지 아시겠습니까? "이같이 하나님이 그 사람을 쫓아내시고"한 창세기 3장에서입니다. 우리 모두는 잃어버린 원죄 하에서 태어난 자들인 것입니다. 이점을 15장의 "잃은 양의 비유, 잃어버린 드라크마의 비유, 탕자의 비유"(15장) 등을 통해서 더욱 분명히 밝히셨습니다.

이런 맥락에서 누가복음에는 "인자"(人子)라는 말이 26번이나 등장하는데, 누가는 하나님의 아들이 "인자", 즉 사람으로 오셨다고 증언합니다. 누가는 예수님의 탄생은 물론 다른 복음서에서 찾아볼 수 없는 유년기와 소년기의 기사까지 전해주고 있습니다. 그리스도가 인자로 오셨음을 철두철미하게 증언하고 있습니다. 그러므로 누가복음을 통해 계시된 그리스도는 마음씨 좋은 이웃 아저씨같이 묘사되어 있습니다. 그는 언제나 가난하고 소외되고 억압당한 자의 편이 되어 주셨습니다.

ㄱ 선한 사마리아인의 모습으로 자신을 나타내셨고, 부자와 나사로의 비유에서는 거지 나사로의 위로받는 모습을 보여주시고, 비난을 무릅쓰고 소외당한 삭개오의 집에 유하러 들어가셨습니다.

ㄴ 또 십자가에는 불법 자와 동류가 되어 함께 못 박히시어 회개한 강도의 친구가 되어 주셨고, 실의에 잠겨 엠마오로 내려가는 두 제자의 길동무가 되어주시기도 했습니다.

ㄷ 그런데 누가가 주님을 "인자"로 강조하는 궁극적인 의도는 우리를

위해서 "대신 죽어주셨다"는 점을 증언하기 위해서였던 것입니다. "인자", 즉 사람의 몸을 입고 오셨기에 대속제물로 십자가에 달리시는 것이 가능했기 때문입니다.

누가복음은 "이 사람은 의롭고 경건하여 이스라엘의 위로를 기다리는 자라"(2:25)한 주님의 초림을 "기다리다가" 주님을 만나는 것으로 시작했습니다. 지금 우리는 다시 오실 주님을 기다리는 사람들입니다.

주님의 마지막 말씀은 "그의 이름으로 죄 사함을 받게 하는 회개가 예루살렘에서 시작하여 모든 족속에게 전파될 것이 기록되었으니 너희는 이 모든 일의 증인이라"(24:46-47) 하신 지상명령입니다. 그러므로 오늘의 증인들도 누가가 한 대로 성경을 "근원(根源)부터 자세히 미루어 살펴서", 확실한 복음의 뿌리를 증언해 주어야 다시 오실 주님을 기다리는 성도들의 믿음의 뿌리도 견고해질 수가 있는 것입니다.

요한복음

**주제 : 예수께서 하나님의 아들 그리스도이심을
믿게하려 함이요 또 너희로 믿고 그 이름을
힘입어 생명을 얻게 하려 함이니라(20:31)**

요한복음은 말미(末尾)에서 기록목적을 분명히 밝혀주고 있는 복음서입니다. "오직 이것을 기록함은 너희로 예수께서 하나님의 아들 그리스도이심을 믿게 하려 함이요 또 너희로 믿고 그 이름을 힘입어 생명을 얻게 하려 함이니라"(20:31)합니다. 이는 두 마디로 요약할 수 있는데,

ㄱ 예수가 누군가? 하나님의 아들 그리스도시라는 것과

ㄴ 그가 왜 오셨는가? 그 이름을 힘입어, 즉 죽으시고 다시 사심을 믿음으로 영생을 얻게 하기 위해서 기록하였다는 것입니다.

이는 요한복음에 국한된 것이 아니라 "예수가 누구신가? 그런 분이 왜 오셨는가?" 하는 두 주제(主題)는 모든 복음서의 공통적인 기록목적인 것입니다. 그러므로 복음서를 해석하고 설교할 때에 이 두 주제에 입각해서 증언해야 복음서를 기록한 목적대로 바르게 사용하는 것이 됩니다.

① 먼저 "예수가 누구신가?" 하는 점을 상고해 보겠습니다. 이 점이 1:1절, 14절, 18절의 결부에 나타납니다.

㉠ 1:1절, 요한복음은 첫 마디가 "태초에 말씀이 계시니라 이 말씀이 하나님과 함께 계셨으니 이 말씀은 곧 하나님이시니라"(1:1) 합니다.

㉡ 1:14절, 하나님과 함께 계시던 "말씀이 육신이 되어 우리 가운데 거하시매" 합니다. "거하신다"는 뜻은 말씀이 인간의 장막 같은 몸을 입으시고 이 땅에 오셨다는 임마누엘을 가리킵니다. 그리하여 "우리가 그의 영광을 보니 아버지의 독생자의 영광이요 은혜와 진리가 충만하더라"(1:14) 합니다. 옛적에 모세의 성막과 솔로몬의 성전에 영광이 충만했던 것은 임마누엘에 대한 예표였던 것입니다.

㉢ 1:18절, "본래 하나님을 본 사람이 없으되 아버지 품속에 있는 독생하신 하나님이 나타내셨느니라" 합니다. 즉 볼 수 없는 하나님이 볼 수 있는 사람으로 나타내셨다는 뜻입니다. "예수"는 이러한 분이시라는 것입니다.

㉣ 그러므로 빌립이 "주여 아버지를 우리에게 보여주옵소서"라고 말하자, 주님은 "내가 이렇게 오래 너희와 함께 있으되 네가 나를 알지 못하느냐 나를 본 자는 아버지를 보았거늘 어찌하여 아버지를 보이라 하느냐"(14:9)고 말씀하셨던 것입니다. 주님은 "나와 아버지는 하나이니라(10:30), 아브라함이 나기 전부터 내가 있느니라"(8:58) 하십니다. 최우선적으로 예수 그리스도는 이러한 분이시라는 점에 확

고해야 합니다.

② 이런 맥락에서 요한복음에 계시된 예수 그리스도는 아브라함과 다윗의 자손으로 오신 것도 아니요, 인류의 시조 아담으로부터 나신 것도 아닙니다. 그러므로 족보가 있는 것도 아니요, 태어나신 출생지가 있는 것도 아닙니다. 요한복음이 예수가 누구신가를 얼마나 알기를 원하고 있는가 하는 점이 기록 가운데 명백히 드러납니다.

    ㉠ 유대인들은 세례 요한에게 "네가 누구냐"(1:19)라고 묻습니다. 그들은 혹시 세례요한이 그리스도신가 해서 물었던 것입니다. 요한은 나는 그리스도가 아니다 나는 그 분의 길을 예비하기 위해서 온 "광야에서 외치는 자의 소리"라고 말합니다. 그리고는 "보라 세상 죄를 지고 가는 하나님의 어린 양이로다"(1:29)라고 증언합니다.

    ㉡ 주님은 사마리아 수가성의 여인에게 "네게 물 좀 달라 하는 이가 누구인 줄 알았더라면"(4:10) 하십니다.

    ㉢ 베데스다 연못가에 누워있던 38년 된 병자가 고침을 받고 걸어갈 때 "너에게 자리를 들고 걸어가라 한 사람이 누구냐"(5:12)고 묻습니다.

    ㉣ 나면서 맹인 되었던 자에게 "그 사람이 네 눈을 뜨게 하였으니 너는 그를 어떠한 사람이라 하느냐"(9:17)고 묻습니다.

    ㉤ 주님께서 "내가 땅에서 들리면 모든 사람을 내게로 이끌겠노라"(12:32) 하시자 "너는 어찌하여 인자가 들려야 하리라 하느냐 이 인자는 누구냐"(12:34)고 묻습니다.

요한복음의 1차적인 기록목적은 이렇게 반복적으로 제기되는 물음에 대해서 예수가 누구신가 하는 것을 증언하기 위해서 기록이 된 것입니다. 그러므로 요한복음을 읽는 자와 듣는 자는 "너는 나를 누구라 하느냐?" 하신 질문에 확고한 대답을 가지고 있어야 합니다.

③ 또한 요한복음에는 일곱 가지 표적(表迹)과 일곱 번의 자기 선언(宣言)이 나옵니다. 요한은 주님께서 행하신 많은 기사이적 중에서 일곱 가지만을 선별적으로 기록하면서 이를 예수가 누구신가를 나타내는 "표적"이라고 진술합니다. 그러므로 일곱 가지 표적과 일곱 번의 자기 선언은 긴밀한 조화를 이루고 있습니다. 이것은 아주 의도적인 구성(構成)인 것입니다.

　㉠ 주님은 "내가 생명의 떡이다"(6:35)라고 선언하셨는데 이 선언은 오병이어로 5천 명을 먹이신 표적과 조화를 이루고 있습니다.

　㉡ "내가 세상의 빛이라"(9:5, 8:12) 하신 선언은 나면서부터 맹인 된 자를 보게 하신 표적과 조화를 이루고 있습니다.

　㉢ "나는 부활이요, 생명이다"(11:25) 하신 선언은 죽은 지 나흘이나 되어 냄새가 나는 나사로를 살리시는 표적과 조화를 이루고 있습니다.

　㉣ "나는 양의 문이라"(10:7) 하신 선언과 "나는 선한 목자라"(10: 11) 하신 선언은 "선한 목자는 양들을 위하여 목숨을 버리노라"는 말씀과 함께 주어졌습니다. 이는 주님이 에스겔 선지자로 예언하신 "내가 한 목자를 그들 위에 세워 먹이게 하리니 그는 내 종 다윗이라 그가 그들을 먹이고 그들의 목자가 될지라"(겔 34:23) 하신 예언의 성취자로 오셨음을 증언하고 있는 것입니다.

　㉤ "내가 곧 길이요 진리요 생명이니"(14:6) 하신 선언은 "내 아버지 집에 거할 곳이 많도다" 하신 말씀과 함께 주어졌는데 범죄한 인간이 어떻게 하나님 존전에 나아갈 수 있는가? "나로 말미암지 않고는 아버지께로 올 자가 없느니라" 하십니다.

ⓑ "나는 참 포도나무요"(15:1) 하신 선언은 "내 안에 거하라 나도 너희 안에 거하리라"는 말씀과 함께 주어졌는데, 이는 주님의 부활 승천 후에도 주님과 제자들의 관계가 포도나무와 가지의 관계처럼 연합하여 동역하게 됨을 나타냅니다. 이상의 증언들이 우리가 믿는 "예수"가 누구신가를 계시해 주고 있습니다. 우리가 믿는 예수는 이러한 분이십니다.

④ 다음은 요한복음을 기록한 두 번째 목적인 "또 너희로 믿고 그 이름을 힘입어 생명을 얻게 하려 함이니라", 즉 그러한 분이 어찌하여 육신을 입고 오셨는가 하는 점을 상고해 보겠습니다.

ⓐ "자기 땅에 오매 자기 백성이 영접하지 아니하였다"(1:11)고 말씀합니다. 그러면 어떻게 하는 것이 영접(迎接)하는 것인가? "영접하는 자 곧 그 이름을 믿는 자들에게는 하나님의 자녀가 되는 권세를 주셨으니"(1:12), 즉 믿는 것이 영접하는 것이라고 말씀합니다. 그들은 "우리가 어떻게 하여야 하나님의 일을 하오리이까"라고 물었고, 주님은 "하나님께서 보내신 이를 믿는 것이 하나님의 일이니라"(6:28-29)고 대답하십니다. 그러므로 요한복음에는 "믿음"이 강조되어 있는데,

ⓑ "믿는 자에게는 영생이 있고"(3:36)

ⓒ "믿는 자는 영생을 얻었고"(5:24)

ⓓ "믿는 자는 영생을 가졌나니"(6:47) 합니다.

그렇다면 멸망 받아 마땅한 자들이 오직 "믿음"으로 영생을 얻는다는 것이 어떻게 가능하여진단 말인가? 주님께서 십자가상에서 "다 이루었다"(19:30) 하신 대속을 믿기 때문입니다.

⑤ 이런 맥락에서 요한복음에는 "때"가 강조되어 있으면서 모

든 초점이 이 때에 맞춰져 있다는 점을 주목해야 합니다.

 ㉠ 가나 혼인잔치 집에 포도주가 떨어졌다는 마리아의 말에 "나와 무슨 상관이 있나이까 내 때가 아직 이르지 아니하였나이다"(2:4) 하십니다.

 ㉡ 육신의 형제들이 "이 일을 행하려 하거든 자신을 세상에 나타내소서"(7:4)하는 말에 "내 때는 아직 이르지 아니하였다"(7:6) 하십니다.

 ㉢ 연보궤 앞에서 말씀하셨으나 잡는 자가 없음은 "그의 때가 아직 이르지 아니하였음이러라"(8:20) 합니다.

 ㉣ 주님은 십자가를 앞에 놓고 "아버지여 이 때를 면하게 하여 주옵소서 그러나 내가 이를 위하여 이 때에 왔나이다"(12:27) 하십니다.

 ㉤ "유월절 전에 예수께서 자기가 세상을 떠나 아버지께로 돌아가실 때가 이른 줄 아시고"(13:1) 합니다.

 ㉥ 드디어 "아버지여 때가 이르렀사오니 아들을 영화롭게 하사 아들로 아버지를 영화롭게 하게 하옵소서"(17:1) 하시고

 ㉦ 십자가상에서 "다 이루었다"(19:30)라고 선언하십니다. 이 구속을 믿는 자는 "영생이 있고, 영생을 얻었고, 영생을 가졌나니" 하는 것이 가능하여진다는 말씀입니다. 주님은 이를 위해서 이 때에 오셨던 것입니다.

⑥ 8장에는 간음하다 현장에서 끌려온 여인이 등장하는데 이를 들어 설명함이 도움이 됩니다. 그 장면은 여인을 중심(中心)으로 한편에는 모세가 율법(律法)을 들고 서 있고, 다른 한 편에는 예수가 복음(福音)을 들고 서 있는 구도입니다.

 ㉠ 모세는 율법에 기록한 대로 돌로 치라 명합니다. "선생은 어떻게 명하시겠나이까"라고 압박합니다.

ⓛ 주님은 "나도 너를 정죄(定罪)하지 아니하노니"(8:11) 하십니다. 누명을 쓴 자가 아니라 명백한 현행범인데 의로우신 주께서 정죄하지 않는 것이 어떻게 가능하단 말인가?

ⓒ 이에 대한 대답이 로마서 8:3절에 나옵니다. "율법이 육신으로 말미암아 연약하여 할 수 없는 그것을 하나님은 하나시나니 곧 죄로 말미암아 자기 아들을 죄 있는 육신의 모양으로 보내어 육신에 죄를 정하사", 즉 여인과 우리 죄를 자기 아들에게 대신 정죄하심으로 해결해주셨던 것입니다. 성경은 문제에 대한 해답입니다.

⑦ 그러므로 주님은 "내가 진실로 진실로 너희에게 이르노니 인자의 살을 먹지 아니하고 인자의 피를 마시지 아니하면 너희 속에 생명이 없느니라 내 살을 먹고 내 피를 마시는 자는 영생을 가졌고 마지막 날에 내가 그를 다시 살리리니"(6:53-54) 하십니다.

ⓖ "그 때부터 그의 제자 중에서 많은 사람이 떠나가고 다시 그와 함께 다니지 아니하더라"(6:66) 합니다. 이런 맥락에서 요한복음에는 주님을 귀신들린 "미친 자" 취급하는 것이 여러 번 등장합니다.

ⓛ "당신은 귀신이 들렸도다 누가 당신을 죽이려 하나이까"(7:20)

ⓒ "너를 사마리아 사람이라 또는 귀신이 들렸다 하는 말이 옳지 아니하냐"(8:48)

ⓔ "유대인들이 이르되 지금 네가 귀신 들린 줄을 아노라 아브라함과 선지자들도 죽었거늘 네 말은 사람이 내 말을 지키면 영원히 죽음을 맛보지 아니하리라"(8:52) 말한다고 비웃었던 것입니다.

ⓜ "그 중에 많은 사람이 말하되 그가 귀신 들려 미쳤거늘 어찌하여 그 말을 듣느냐 하며 어떤 사람은 말하되 이 말은 귀신 들린 자의 말이 아니라 귀신이 맹인의 눈을 뜨게 할 수 있느냐 하더라" (10:20-21)

합니다.

우리가 믿는 예수님은 4대 성인 중 한 분이 아닙니다. 그들 중누가 "나는 하늘에서 내려온 산 떡이다 이를 먹으면 영원히 죽지아니하리라" 한 사람이 있는가? 우리 주님은 "귀신 들린 자이거나, 하나님의 아들 그리스도"이시거나 둘 중의 하나이신 것입니다. 형제는 누구라고 고백하십니까?

⑧ 그러므로 요한복음에는 "성령"에 관한 언급이 많이 등장합니다. 왜냐하면 "성령으로 아니하고는 누구든지 예수를 주시라할 수 없기"(고전 12:3) 때문입니다.

    ㉠ 주님은 십자가상에서 "다 이루었다"고 선언하셨습니다. 이 때에1500년 동안이나 가로막혀 있던 휘장이 비로소 열려졌습니다. 죄의담은 제거가 되고 하나님 앞에 나아가는 길이 열렸다는 증거입니다.그런데 이를 인간의 지혜로 알 수 있단 말인가?

    ㉡ 그러므로 주님은 "예루살렘을 떠나지 말고 내게서 들은바 아버지께서 약속하신 것을 기다리라"(행 1:4)고 명하셨던 것입니다. 그러면성령의 사명이 무엇인가?

    ㉢ "보혜사 곧 아버지께로부터 나오시는 진리의 성령이 오실 때에 그가나를 증언하실 것이요"(15:26), 즉 주님께서 이루어 놓으신 구속사역을 증언하러 오시는 것입니다. 그러므로 주님은 근심하는 제자들에게 "그러나 내가 너희에게 실상을 말하노니 내가 떠나가는 것이 너희에게 유익이라 내가 떠나가지 아니하면 보혜사가 너희에게로 오시지 아니할 것이요 가면 내가 그를 너희에게로 보내리니"(16:7) 하신것입니다.

만일 주님께서 대속제물이 되시어 "다 이루었다" 하심이 없다면 성령은 오시지 아니하셨을 것이요, 오실 이유도 없으신 것이 됩니다. 그리하여 사도행전 1장에서 주님은 승천하시고, 2장에서 성령은 강림하시는 임무교대가 이루어졌던 것입니다.

⑨ 요한복음을 마치기 전에 꼭 전해야 할 말씀이 남았습니다. 그것은 주님께서 "진실로 진실로" 하신 말씀입니다. 무려 스물다섯 번이나 등장합니다. "진실로 진실로"가 어떤 말씀과 결부되어 있는지를 살펴보시기 바랍니다. 어찌하여 "진실로 진실로"라고 말씀하셨는가? 첫째는 죽고 사는 문제가 걸려있기 때문입니다. 둘째는 믿지 아니하는 인간의 거짓됨 때문입니다.

마지막으로 요한복음의 요절은 "하나님이 세상을 이처럼 사랑하사 독생자를 주셨으니 이는 그를 믿는 자마다 멸망하지 않고 영생을 얻게 하려 하심이라" 한 3:16절입니다. 이는 요한복음의 요절일 뿐만 아니라 성경 전체의 요절이라 할 수 있습니다.

㉠ 예수가 누군가? 하나님의 "독생자"이십니다.
㉡ 그를 "믿는 자는 영생"을 얻고
㉢ "믿지 않는 자는 멸망"을 당한다
㉣ 하나님이 왜 이렇게 행해주셨는가? "세상을 이처럼 사랑하사"!!

그렇습니다. 궁극적인 근원은 하나님의 사랑입니다. 주님은 "사람이 친구를 위하여 자기 목숨을 버리면 이보다 더 큰 사랑이 없나니"(15:13) 하십니다. 로마서에서는 "우리가 아직 죄인 되었을 때에 그리스도께서 우리를 위하여 죽으심으로 하나님께서 우리에 대한 자기의 사랑을 확증(確證)하셨느니라"(롬 5:8), 즉 확실히 증명하여 주셨다고 말씀합니다.

형제여, 하나님의 사랑에 대한 인간의 합당한 반응도 한마디로

"사랑"입니다. 요한복음 앞부분에는 "믿음"이 강조되어 있습니다. 그런데 부활하신 주님은 "네가 나를 사랑하느냐"고 물으십니다. 형제의 대답은 무엇입니까?

사도행전

**주제 : 오직 성령이 너희에게 임하시면 너희가 권능을 받고
예루살렘과 온 유대와 사마리아와 땅 끝까지 이르러
내 증인이 되리라(1:8)**

구속사역은 성부(聖父)에 의해서 계획되어 지고, 성자(聖子)에 의해서 성취되었으며, 성령(聖靈)에 의해서 적용되는 성삼위 하나님의 사역이십니다.

   ㉠ 성부에 의해서 계획되고 추진되어 내려온 것이 구약성경이라면

   ㉡ 성자에 의해 성취된 것이 복음서이며

   ㉢ 성령님에 의해서 적용되어 나간 것이 사도행전과 서신서들입니다. 그러므로 구약시대는 하나님이, 신약시대는 그리스도가, 교회시대에는 성령님이 주도적인 사역을 담당하고 계신다고 말할 수 있습니다.

사도행전의 구도는 크게 두 부분으로 나누어집니다. 1-12장까

지는 사도 베드로가 주도적으로 활동하는 내용인데 주 무대는 예루살렘과 유다입니다. 13-28장까지는 사도 바울이 주도적인 역할을 담당하고 있는데, 주 무대는 안디옥과 에베소·로마 즉 이방입니다.

① 누가는 누가복음과 사도행전을 기록하였는데 누가복음이 전편(前篇)이라면, 사도행전은 후편(後篇)이라 말할 수 있습니다. 누가복음은 부활하신 주님께서 "볼지어다 내가 내 아버지께서 약속하신 것을 너희에게 보내리니"(24:49)하고 끝맺고 있는데, 사도행전은 "예루살렘을 떠나지 말고 내게서 들은바 아버지께서 약속하신 것을 기다리라"(1:4) 하신 분부로 시작합니다. 그런데 1장에서 주님은 승천하시고, 2장에서 성령님은 강림하십니다. 이는 성자 예수 그리스도의 사역이 성취되고 이제부터 성령님의 사역이 시작되고 있음을 의미합니다.

　㉠ 누가는 복음서(전편) 서두에서 하나님의 약속을 믿고 메시아를 기다리다(눅 2:25, 2:36, 3:15 등)가 메시아를 만난 사람들의 이야기를 기록하는 것으로 시작하고 있는데,

　㉡ 후편이라 할 수 있는 사도행전에서는 하나님의 약속과 예수 그리스도의 분부하심을 믿고 기다리다가 약속하신 대로 성령님을 만난 백이십 문도의 이야기로 시작하고 있습니다.

② 그러므로 사도행전의 Keyword는 "아버지께서 약속하신 것을 기다리라"(1:4) 하신 "아버지께서 약속"입니다. 아버지께서 약속하신 것이란 성령님을 가리킵니다.

　㉠ 사도행전은 책 제목 때문에 사도들에게 초점을 맞추기가 쉽습니다만

아닙니다. 아버지께서 약속하시고 약속하신 대로 성령님을 보내주셔서 성령께서 주도적으로 이루어나가신 "성령행전"인 것입니다.

ⓛ 하나님께서는 구약성경을 통해서 두 가지 큰 약속을 해 주셨는데,
   ㉮ 메시아를 보내주실 것과
   ㉯ 성령님을 보내주실 것을 약속하셨습니다.
   하나님께서 약속하신 대로 메시아 곧 그리스도를 보내 주셨는데 그 분이 바로 나사렛 예수시다 이것이 복음서의 증언입니다.

ⓒ 그렇다면 어찌하여 메시아를 보내신 후에 또 성령님을 보내주실 것을 약속하셨는가? 그것은 그리스도께서 십자가를 통하여 구속사역을 이루어 놓으셨으나 이 엄청난 사실을 이 세상의 지혜로는 알 길이 없기 때문입니다.

"육에 속한 사람은 하나님의 성령의 일들을 받지 아니하나니 이는 그것들이 그에게는 어리석게 보임이요 또 그는 그것들을 알 수도 없나니 그런 일은 영적으로 분별되기 때문이라"(고전 2:14)고 말씀합니다. 그래서 주님은 잡히시던 날 밤 다락방 강화에서 "진리의 성령이 오실 때에 그가 나를 증언하실 것이요"(요 15:26)라고 말씀하셨습니다.

③ 하나님께서 성령을 보내주시겠다고 약속하신 구약의 구절들을 몇 곳 인용할 필요가 있습니다.
   ㉠ 이사야 32:15절에서는 "마침내 위에서부터 영을 우리에게 부어주시리니" 합니다.
   ㉡ 에스겔 선지자를 통해서는 "또 새 영을 너희 속에 두고 새 마음을 너희에게 주되 너희 육신에서 굳은 마음을 제거하고 부드러운 마음을 줄 것이며 또 내 영을 너희 속에 두어"(겔 36:26-27)라고 약속하셨습니다.

ⓒ 요엘 선지자를 통해서도 "그 후에 내가 내 영을 만민에게 부어주리니… 그 때에 내가 또 내 영을 남종과 여종에게 부어줄 것이며"(욜 2:28-29)라고 약속하시고

ⓔ 심지어 잠언에서까지 "나의 책망을 듣고 돌이키라 보라 내가 나의 영을 너희에게 부어주며 내 말을 너희에게 보이리라"(잠 1:23) 하셨습니다. 이 외에도 여러 곳에서 여러 차례 약속하셨던 것입니다.

④ 사도행전 2장은 "오순절 날이 이미 이르매 그들이 다 같이 한 곳에 모였더니"(1절) 하고 시작되는데, 이는 제자들이 약속하신 성령께서 오순절에 오시리라는 것을 기대하고 있었다는 점을 암시해줍니다.

ⓖ 주님은 "너희는 몇 날이 못 되어"(1:5)라고만 말씀하셨지만 제자들은 그날이 오순절일 것이라는 확신을 갖고 있었던 듯싶습니다. 왜냐하면 레위기 23장에서 "일곱 안식일 이튿날까지 합하여 오십 일을 계수하여 새 소제를 여호와께 드리라"(레 23:16)고 말씀하고 있기 때문입니다. "합하여 오십 일"이 곧 오순절(五旬節)이요, 성령이 강림하심으로 "새 소제" 곧 신약교회가 탄생하게 되었던 것입니다.

ⓛ 약속 믿고 기다리던 무리들은 약속대로 성령의 충만함을 받았습니다. 성도들이 합심해서 기도했기 때문에 성령님을 보내주신 양 사람에게 초점을 맞추는 일을 조심해야 합니다. 하나님의 선수(先手)적인 약속이 있었음을 증언해야 합니다. 이점을 에스겔 36장에서는 "나 여호와가 말하였으니 이루리라 그래도 이스라엘 족속이 이같이 자기들에게 이루어주기를 내게 구하여야 할지라"(겔 36:36-37)고 말씀하십니다. 이것이 하나님의 뜻대로 구하는 기도인 것입니다.

⑤ 그렇다면 성령님이 오셔서 어떤 방도로 그리스도를 증언하

시는가 하는 점입니다. 이점이 "오직 성령이 너희에게 임하시면, 내 증인이 되리라" 하신 말씀에 나타납니다.

　㉠ 첫째로 기다리고 있던 제자들에게 약속하신 대로 성령이 임하셨습니다. 둘째로 증언하기 시작했습니다. 무엇을 증언했는가? 자신들의 경험, 즉 간증했는가? 아닙니다. 구약성경을 들어서 증언 곧 예수가 그리스도시라는 점을 증명(證明)했던 것입니다. 성령께서는 그리스도를 증언하기 위해서 미리 구약성경을 준비해놓으셨던 것입니다. 그러므로 구약성경이 없었다면 예수가 그리스도이심을 입증할 근거가 없게 되는 것입니다.

제자들이 성령에 충만함을 받자 무리들은 새 술이 취하였다고 조롱했습니다. 베드로는 이들을 향해서 성령께서 공중에서 외치는 것이 아니라 제자들 속에 내주하셔서 증언하셨습니다.

　㉡ 2장에는 성령강림 후에 행한 베드로의 첫 번 설교가 있는데, 먼저 성령강림이 새 술이 취한 것이 아니라 "이는 곧 선지자 요엘을 통하여 말씀하신 것이니 일렀으되 하나님이 말씀하시기를 말세에 내가 내 영을 모든 육체에 부어 주리니"(2:16-17) 하신 예언의 성취라고 증언했습니다. 그리고는 곧바로,

　㉢ 시편 16:10절의 "이는 내 영혼을 음부에 버리지 아니하시며 주의 거룩한 자로 썩음을 당하지 않게 하실 것임이로다"(2:27) 한 말씀을 인용하여 그리스도의 부활을 입증했습니다. 그리고 시편 110:1절의 "내가 네 원수들로 네 발판이 되게 하기까지 너는 내 오른쪽에 앉아 있으라 하셨도다"(2:35) 한 말씀에 근거하여 그리스도의 오른쪽 재위를 증언하였던 것입니다.

　⑥ 그리고 쐐기를 박듯 "하나님이 오른손으로 예수를 높이시매 그가 약속하신 성령을 아버지께 받아서 너희가 보고 듣는 이것을 부어 주셨느니라"(2:33)고 외쳤습니다.

⊙ 그리고 결론을 맺기를 "그런즉 이스라엘 온 집은 확실히 알지니 너희가 십자가에 못 박은 이 예수를 하나님이 주와 그리스도가 되게 하셨느니라"(2:36)고 그들의 가슴을 찌르듯 담대히 외쳤던 것입니다. 무엇이 입증되었는가? 자신들이 십자가에 못 박은 예수가 부활 승천하셔서 하나님 오른쪽에 계신다는 점이 입증된 것입니다.

ⓛ 어떤 역사가 일어났는가? "형제들아 우리가 어찌 할꼬"(2:37)하는 회개의 역사가 일어났던 것입니다. "이 날에 신도의 수가 삼천이나 더 하더라"(2:41) 합니다. 이것이 베드로의 설득으로 된 것인가? 아닙니다. "이는 우리 복음이 너희에게 말로만 이른 것이 아니라 또한 능력과 성령과 큰 확신으로 된 것임이라"(살전 1:5)한 성령의 역사하심인 것입니다.

ⓒ 이는 "은총과 간구하는 심령을 부어 주리니 그들이 그 찌른바 그를 바라보고 그를 위하여 애통하기를 독자를 위하여 애통하듯 하며 그를 위하여 통곡하기를 장자를 위하여 통곡하듯 하리로다"한 스가랴 12:10절의 예언의 성취였던 것입니다. 성령님은 지금도 이와 같은 방도로 그리스도를 증언하시는 것입니다.

이 점에서 두 가지를 상기시키고 싶습니다. 첫째는 성령은 자신을 증언하고 있지 않다는 점입니다. 왜냐하면 성령의 사명이 그리스도를 증언하는 것이기 때문입니다. 둘째는 사도들은 자신이 경험한 체험(體驗)에 근거하여 증언하고 있지 않다는 점입니다. 그리스도를 증언하기 위해서 미리 기록해놓으신 성경을 들어서 증언하였던 것입니다.

⑦ 사도행전의 요절은 1:8절입니다. "오직 성령이 너희에게 임하시면 너희가 권능을 받고 예루살렘과 온 유대와 사마리아와 땅 끝까지 이르러 내 증인이 되리라" 하십니다. 말씀하신 대로 성령

께서 오셔서 복음이 예루살렘으로부터 시작하여 온 유대와 사마리아와 안디옥과 에베소를 차례로 정복하고 당시 세계의 중심이라 할 수 있는 로마에 십자가의 군기를 꽂기까지 복음이 전파되고 확장되어 나간 기록이 사도행전인 것입니다. 사도행전을 관찰해보면 그것이 선명하게 나타나고 있습니다.

   ㉠ "하나님의 말씀이 점점 왕성하여 예루살렘에 있는 제자의 수가 더 심히 많아지고"(6:7)하고 예루살렘을 정복하는 것이 나옵니다.

   ㉡ "그리하여 온 유대와 갈릴리와 사마리아 교회가 평안하여 든든히 서 가고 주를 경외함과 성령의 위로로 진행하여 수가 더 많아지니라"(9:31)고 온 유대와 사마리아로 확장되어 가는 것을 볼 수 있습니다.

   ㉢ "하나님의 말씀은 흥왕하여 더 하더라"(12:24)고 복음이 안디옥에 교두보를 확보하게 된 것을 말씀하고

   ㉣ "이와 같이 주의 말씀이 힘이 있어 흥왕하여 세력을 얻으니라"(19:20)고 로마를 공격하기 위하여 복음이 에베소에 거점을 마련하게 된 것을 증언하고 있으며

   ㉤ 드디어 사도행전 마지막은 로마에서 "바울이 온 이태를… 하나님의 나라를 전파하며 주 예수 그리스도에 관한 모든 것을 담대하게 거침 없이 가르치더라"(28:30-31)고 로마를 정복하는 것으로 끝맺고 있습니다.

⑧ 주님은 바울을 "택한 나의 그릇이라"(9:15) 말씀하시고, 성령께서는 "내가 불러 시키는 일을 위하여 바나바와 사울을 따로 세우라"(13:2) 하십니다. 그리하여 박해자 사울이 이방인의 사도 바울이 된 것입니다. 이는 아무도 예상하지 못했던 전적으로 하나님의 주권적인 역사였습니다. 사도행전은 어째서 로마에서 복

음 전하는 것으로 끝맺고 있을까요?

    ㉠ 로마 제국이 일어날 것은 다니엘서 2장에 등장하는 신상을 통해서 이미 계시하신 바입니다. 신상에서 로마가 "발"에 해당된다는 점을 유념해야 합니다. 이는 로마시대에 그리스도가 나타나시어 구속사역을 이루시게 되면 이때부터가 계시사적으로 마지막 때임을 나타내는 것입니다.

    ㉡ "이 여러 왕들의 시대에 하늘의 하나님이 한 나라를 세우시리니 이 것은 영원히 망하지도 아니할 것이요 그 국권이 다른 백성에게로 돌아가지도 아니할 것이요"(단 2:44)하십니다. 그리고 "우상을 친 돌은 태산(泰山)을 이루어 온 세계에 가득하였었나이다"(단 2:35)고 말씀하는데, 사도행전은 이 예언의 성취를 보여주고 있는 것입니다.

⑨ 성경에는 세 가지 시작이 있습니다.

    ㉠ 창세기 1:1절에서는 "태초에 하나님이 천지를 창조하시니라" 하고 창조의 시작이 있습니다.

    ㉡ 마가복음에서는 "하나님의 아들 예수 그리스도의 복음의 시작이라" (막 1:1)하고 복음시대가 시작되고 있습니다.

    ㉢ 그리고 사도행전에서는 "오순절 날이 이미 이르매… 그들이 다 성령의 충만함을 받고 성령이 말하게 하심을 따라 다른 방언들로 말하기를 시작(始作)하니라"(2:4)하고 교회시대의 시작이 있습니다. 사도행전에서 시작된 교회는 오늘도 성령님의 역사하심을 따라 계속 확장해 나가고 있는 것입니다.

베드로도, 바울도 자기 시대에 자기에게 부여된 사명을 충성스럽게 감당하고 구속사라는 무대를 떠났습니다. 사도행전에는 베드로도, 바울도 간 곳이 없고 말씀만이 힘을 얻고 흥왕하여 달음

질치는 성령의 역사하심만이 있을 뿐입니다.

베드로·바울에게 임하셨던 성령은 이제 형제에게 임하셨습니다. 또한 형제의 손에는 "이 성경이 곧 내게 대하여 증언하는 것이니라"(요 5:39) 하신 성경이 주어졌습니다. 성령께서는 형제를 이 시대의 그리스도의 증인으로 세우시기를 원하고 계십니다.

"내가 여기 있나이다 나를 보내소서"하고 응답하십시다.

서신서
서론

　구약성경에 17편의 선지(先知)서가 있듯이 신약성경에는 21편
의 서신(書信)서가 있습니다. 그 중 바울 서신이 13개로 단연 압
도적입니다. 먼저 유념할 점은 서신서는 불신자들에게 보내진 전
도 편지가 아니라, 교회 즉 그리스도인들에게 보내졌다는 사실입
니다. 그렇다면 서신을 기록하여 각 교회에 보낸 목적(目的)이 무
엇인가? 세 가지로 요약할 수 있습니다.

　　㉠ 성도들을 복음 진리로 (교리)견고(堅固)하게 세워주기 위해서입니다.
　　㉡ 하나님의 자녀답게 (윤리)살아가게 하기 위해서입니다.
　　㉢ 이단에 미혹되지 않도록 (전투)경계하기 위해서입니다.

　오늘날도 많은 그리스도인들이 견고하게 서 있는 신앙인이 되
지 못하고 젖이나 먹고 단단한 음식물은 못 먹을 자로 머물러 있
습니다. 또한 옛사람의 행실을 벗어버리지 못하고 옛 행실 그대
로 살아가는 사람들이 있습니다. 그리고 "옛길에서 넘어지게 하
며 곁길 곧 닦지 아니한 길로 행하게 하려는"(렘 18:15) 이단들
은 있기 때문에 오늘날도 서신서들이 적실성이 있는 것입니다.

견고하게 하려 함이라

① 먼저 "견고(堅固)하게 함"부터 생각해보겠습니다. 허물과 죄로 죽었던 심령이 거듭나게 될 때에는 누구를 막론하고 "어린아이"로 태어나게 됩니다. 이들을 온전한 사람을 이루어 그리스도의 장성한 분량이 충만한 데까지 자라게 해야 하는 것입니다.

　㉠ 사도 바울은 로마서의 서두에서 기록목적을 "너희를 견고(堅固)하게 하려 함이니"(롬 1:11)라고 말씀하고, 마치면서 또다시 "이 복음으로 너희를 능히 견고하게 하실 지혜로우신 하나님"(롬 16:26)이라고 말씀합니다. 그렇습니다. 로마서를 보낸 후 10년도 못 되어 네로의 대박해가 일어났으나 로마서를 통해서 견고하여진 성도들은 넉넉히 승리할 수 있었던 것입니다.

　㉡ 바울은 고린도 교회에 보낸 서신에서도 "주께서 너희를 우리 주 예수 그리스도의 날에 책망할 것이 없는 자로 끝까지 견고하게 하시리라"(고전 1:8)고 시작해서, 끝마칠 무렵에 "그러므로 내 사랑하는 형제들아 견실하며 흔들리지 말고 항상 주의 일에 더욱 힘쓰는 자들이 되라"(고전 15:58)고 권면합니다.

　㉢ 바울만이 아니라 베드로 사도도 "너희를 친히 온전하게 하시며 굳건하게 하시며 강하게 하시며 터를 견고하게 하시리라"(벧전 5:10)고 말씀합니다. 이것이 서신서를 기록한 첫째 목적입니다.

② 그렇다면 성도들을 견고하게 세워주는 것은 무엇으로 되는 것인가 하고 묻게 됩니다. 이에 대해 바울은 "내가 여러분을 주와 및 그 은혜의 말씀에 부탁하노니 그 말씀이 여러분을 능히 든든히 세우사"(행 20:32) 합니다. 이 점에서 "은혜의 말씀"이라 한 점을 주목해야 합니다.

ⓖ 먼저 "은혜"란 무가치한 자에게 베푸시는 호의입니다. 그러므로 성도들이 은혜 입기를 원하는가? 그렇다면 하나님께서 자기 아들을 아끼지 아니하시고 내어주신 하나님의 "행사"(行事)를 먼저 더 많이 전해주어야 합니다. 이것이 "은혜의 말씀"이요, 환난·시련 등에서 성도들을 견고하게 세워주는 것은 무가치한 우리에게 베풀어 주신 "은혜의 말씀"인 것입니다. 윤리(倫理)는 우리가 행해야 하는 교훈이지 은혜의 말씀이 아닌 것입니다.

ⓛ 누가복음 24장에 주를 따르던 두 제자가 낙심하고 고향으로 내려가는 장면이 있습니다. 그들에게 나타나신 주님은 어떻게 하셨는가? "미련하고 선지자들의 말한 모든 것을 마음에 더디 믿는 자들이여 그리스도가 이런 고난을 받고 자기의 영광에 들어가야 할 것이 아니냐 하시고 이에 모세와 및 모든 선지자의 글로 시작하여 모든 성경에 쓴바 자기에 관한 것을 자세히 설명하시니라"(눅 24:25-27)합니다.

ⓒ 바로 이것입니다. 이것이 "은혜의 말씀"이요, 주님이 하신 이 방법만이 성도들을 견고하게 세워주는 것입니다. 다시 강조합니다만 창세기로부터 시작하신 구원계획이 계시록에 이르러 "이루었도다"(계 21:6)하고 완성하신다는 하나님의 구원계획과 언약하신 바를 반드시 지켜주신다는 하나님의 신실하심, 즉 "미쁘다 이 말이여" 한 불변의 복음 진리만이 성도들을 견고하게 세워주는 "은혜의 말씀"인 것입니다.

건축에는 하자(瑕疵)와 부실공사(不實工事)가 있는데 "하자"는 보수하면 되지만 부실공사는 건물 자체가 무너질 우려가 있는 것입니다. 성경은 "사랑하는 자들아 너희는 너희의 지극히 거룩한 믿음 위에 자신을 세우며"(유 1:20)라고 말씀하는데 오늘의 신앙이 부실공사와 같지 아니한지 우려되는 바가 있습니다.

그에게까지 자랄지라

③ 다음은 하나님의 자녀답게 살아가야 하는 실천윤리입니다. 이구동성으로 성도들이 변화되지 않는다고 한탄합니다. 그 원인이 어디에 있는가? 윤리적인 교훈이 부족해서가 아닙니다. 율법은 우리에게 구원만을 주지 못한 것이 아니라 성화(聖化)도 주지 못했다는 점을 명심해야 합니다. 그러므로 윤리(倫理) 자체는 삶을 변화시키지 못합니다.

㉠ 기독교윤리가 다른 윤리와 다른 점이 어디에 있습니까? 사도 바울은 로마서 1-11장에서 하나님께서 자기 아들을 통해서 행해주신 교리, 즉 복음을 말씀한 후에 "그러므로 형제들아 내가 하나님의 모든 자비하심으로 너희를 권하노니 너희 몸을 하나님이 기뻐하시는 거룩한 산제물로 드리라"(롬 12:1)고 권면합니다. 실천윤리는 이 "그러므로"에 연결(連結)되어 있어야 힘을 발휘할 수 있는 것입니다. "그러므로"가 끊어진다든가 확고하지 못하면 "몸으로 드리는 거룩한 산제물"도 실패하게 되는 것입니다.

㉡ 주님은 "우리가 어떻게 하여야 하나님의 일을 하오리이까" 라고 묻는 무리들에게, "하나님께서 보내신 이를 믿는 것이 하나님의 일이니라"(요 6:28-29)고 대답하셨습니다. 다시 말하면 사람이 무엇을 행해야 하는 것보다 하나님께서 우리를 위하여 행해주신 은혜를 깨닫고 믿는 것이 먼저라는 뜻입니다.

㉢ 사도 바울은 "그리스도의 사랑이 우리를 강권(强勸)하시는도다"라고 말씀합니다. 순종의 삶을 살지 않을 수 없도록 잡아당긴다는 것입니다. 그리스도의 무슨 사랑인가? "우리가 생각건대 한 사람이 모든 사람을 대신하여 죽었은즉 모든 사람이 죽은 것이라"(고후 5:14) 한 하나님의 아들이 벌레 같은 나를 위해서 대신 죽어주셨다는 "사랑"

입니다.

ⓔ 어디에 있는 사랑인가? "우리에게 주신 성령으로 말미암아 하나님의 사랑이 우리 마음에 부은 바 됨이니"(롬 5:5) 한, 마음에 부어진 사랑입니다. 성도들의 마음에 하나님의 사랑을 부어줄 수 있는 것은 윤리가 아니라 복음이라는 점을 명심해야 합니다.

ⓜ 사도 요한은 "주를 향하여 이 소망을 가진 자마다 그의 깨끗하심과 같이 자기를 깨끗하게 하느니라"(요일 3:3)고 말씀합니다. 무슨 소망인가? "그가 나타나시면 우리가 그와 같을 줄을 아는"(3:2), 즉 우리 낮은 몸이 주님의 부활하신 몸과 같이 영화될 소망인 것입니다. 문제는 분명해진 것입니다. 현대교회가 성화의 삶을 살지 못하게 된 원인(原因)은 다름 아닌 복음을 잃어버렸기 때문입니다. 그러므로 서신서들은 먼저 교리를 증언한 후에 윤리를 권면하고 있는 구조인 것입니다.

믿음의 도를 위하여 힘써 싸우라

④ 다음은 거짓 교훈에 대한 경계입니다. 유다서 1:3-4절에 보면 "사랑하는 자들아 우리가 일반으로 받은 구원에 관하여 내가 너희에게 편지하려는 생각이 간절하던 차에 성도에게 단번에 주신 믿음의 도를 위하여 힘써 싸우라는 편지로 너희를 권하여야 할 필요를 느꼈노니 이는 가만히 들어온 사람 몇이 있음이라" 합니다.

㉠ 주님은 "거짓 선지자가 많이 일어나 많은 사람을 미혹하겠으며 불법이 성하므로 많은 사람의 사랑이 식어지리라"(마 24:11-12)고 경계하셨습니다.

㉡ 바울이 "나는 선한 싸움을 싸우고 나의 달려갈 길을 마치고 믿음을

지켰으니"(딤후 4:7) 한 "선한 싸움"을 목회서신적인 문맥으로 보면 불신자들에게 선교하다가 당한 고난을 가리키는 것보다는 복음을 보수하기 위한 싸움임을 인식하게 됩니다.

오늘의 상황은 더욱 악화되어 있습니다. 복음 전도자는 복음을 전하는 자입니다. 복음을 보수하는 자입니다. 복음을 변증하는 자입니다. 사도 바울은 "우리가 너희에게 전한 복음 외에 다른 복음을 전하면 저주를 받을지어다"(갈 1:8)라고 말했는데 이것이 변증입니다.

⑤ 바울은 순교를 당하기 전 기록한 마지막 서신에서 디모데에게,
　㉠ "우리 안에 거하시는 성령으로 말미암아 네게 부탁한 아름다운 것을 지키라"(딤후 1:14), 즉 복음을 보수하라 명합니다.
　㉡ "내게 들은 바를 충성된 사람들에게 부탁하라"(딤후 2:2), 즉 가르치라 명합니다.
　㉢ "너는 말씀을 전파하라 때를 얻든지 못 얻든지 항상 힘쓰라"(딤후 4:2)고 명합니다.

형제여, 주님께서 우리를 영접하시려 다시 오시는 날까지 "견실하며 흔들리지 말고 항상 주의 일에 더욱 힘쓰는 자들이 되시기를"(고전 15:58) 기원합니다.

로마서

**주제 : 복음에는 하나님의 의가 나타나서
믿음으로 믿음에 이르게 하나니(1:17)**

로마서는 교리적으로는 두 부분(1-11장, 12-16장)으로 나누어지고, 내용상으로는 세 부분(1-8장, 9-11장, 12-16장)으로 분류할 수 있습니다.

   ㉠ 1-8장까지의 중심주제는 이신칭의(以信稱義)의 구원론이고,

   ㉡ 9-11장은 이스라엘과 이방인을 향한 하나님의 섭리를 말씀하는 내용이고,

   ㉢ 12-16장은 그리스도인들이 행해야 할 실천윤리입니다.

성경 전체를 반지에 비한다면 로마서는 보석부분에 해당한다고 말합니다. 그러면 로마서에서 무엇이 보석과도 같은 말씀일까요?

〈1장〉

① 바울은 자신의 사명(使命)을 "하나님의 복음을 위하여 택정함을 입은"(1) 자라고 소개합니다. 그리하여 "로마에 있는 너희에게도 복음 전하기를 원하노라"(15)고 말씀합니다. 그러면 바울이 전하기를 원하는 "복음"(福音)이 무엇인가?

㉠ "복음에는 하나님의 의가 나타나서"(17) 라고 정의합니다. 3:21절에서도 "이제는 율법 외에 하나님의 한 의가 나타났으니" 합니다. "하나님의 의"란 루터가 처음에 오해했듯이 하나님의 공의(公義)가 아닙니다. 만일 "하나님의 의"가 공의라면 그것은 복음이 아니라 심판(審判)이 되고 맙니다.

㉡ 죄를 범함으로 불의한 자가 되어서 의로우신 하나님 존전에서 추방을 당한 아담의 후예들의 가장 절박한 숙원은 "의롭다 함"을 얻는 것입니다. 왜냐하면 의롭다함을 얻어야만 의로우신 하나님 앞으로 돌아갈 수 있기 때문입니다. "하나님의 의"한 것은 하나님이 마련해주신 것이기에 "하나님의 의"라 한 것입니다. 그러므로 "하나님의 의가 나타났다"는 것은 "온 백성에게 미칠 큰 기쁨의 좋은 소식"(눅 2:10)인 것입니다.

㉢ 구속사(救贖史)에 있어서 가장 큰 난제(難題)는 전적타락·전적무능한 인간이 어떻게 하나님 앞에 의롭다함을 얻을 수가 있느냐 하는 문제입니다. 이 문제만 해결이 되면 다른 것은 저절로 풀리게 되는 것입니다. 그런데 성경은 "율법의 행위로 그의 앞에 의롭다 하심을 얻을 육체가 없나니"(3:20), 즉 인간의 노력으로는 불가능하다고 단언합니다. 그러므로 유념해야 할 점은 사람이 할 수 있는데도 하나님께서 마련해주신 것이 절대로 아니라는 점입니다. 이런 절망적인 상황에서 의롭다함을 얻는 방도가 나타났다는 것보다 더 기쁜 소식이 무엇이 있단 말인가?

② 그런데 하나님이 마련해주신 "하나님의 의"의 귀중성과 필요를 모르고 있다는 것입니다. 왜냐하면 자신이 죄인임을 모르기 때문입니다.

  ㉠ 그래서 사도는 복음을 전하기에 앞서서 먼저 "죄론"(罪論)을 진술합니다(1:18-3:20). 죄들에는 수만 가지가 있다 하여도 "하나님의 진노가 불의로 진리를 막는 사람들의 모든 경건하지 않음과 불의에 대하여 하늘로부터 나타나나니"(1:18) 한 "경건(敬虔)하지 아니함과 불의"(不義) 두 가지로 요약됩니다. 경건하지 아니함은 하나님과의 관계에서의 죄인데 하나님을 경외하지 않는 죄요, 불의는 이웃과의 관계에서의 죄입니다.

  ㉡ 먼저 이방인들의 죄를 말씀하는데 한마디로 "썩어지지 아니하는 하나님의 영광을, 우상으로 바꾸었느니라"(23)고 우상숭배의 죄를 꼽습니다.

〈2장〉

③ 2장은 "그러므로 남을 판단(判斷)하는 사람아"(1) 하고 시작됩니다. 이는 자기 의를 내세우는 자들을 가리키는데, 도덕 군자연하는 사람들과 남을 가르치는 지도자들과 유대인들이 이 범주에 드는 사람들이라 할 것입니다.

  ㉠ 그래서 "다른 사람을 가르치는 네가 네 자신은 가르치지 아니하느냐"(21) 라고 그들의 외식(外飾)을 지적합니다. 이들의 특성은 "남을 판단"하는 일입니다. 그런 자들을 향해서 "네가 하나님의 심판을 피할 줄로 생각하느냐"(3)고 책망합니다.

  ㉡ 그러므로 "표면적(表面的) 유대인이 유대인이 아니요 표면적 육신의 할례가 할례가 아니라"(28)고 말씀하면서, "영에 있고 율법 조문에 있지 아니한 것이라"(29) 합니다.

그렇다면 표면적 그리스도인이 그리스도인이 아니요, 이면적 그리스도인이 참 그리스도인이라는 뜻이 됩니다.

〈3장〉

④ 그러면 유대인이 이방인보다 나은 점이 아무것도 없단 말이냐? 범사에 많다고 말씀하면서 첫째로 꼽는 것이 "하나님의 말씀을 맡았음이니라"(2), 즉 구약성경을 기록하여 전해준 것이라고 말씀합니다.

　㉠ 그런데 구약성경을 통해서 언약(言約)하시고 예언(預言)하신 메시아가 오셨는데도 정작 유대인들은 믿지 않다니 "어떤 자들이 믿지 아니하였으면 어찌 하리요 그 믿지 아니함이 하나님의 미쁘심을 폐하겠느냐"(3), 즉 하나님의 구원계획(救援計劃)을 무산시킬 수 있단 말이냐? "그럴 수 없느니라 사람은 다 거짓되되 오직 하나님은 참되시다 할지어다"(4) 라고 선언합니다.

　㉡ 그리고 세 번의 "아래"가 등장한다는 점을 주목합니다. 첫째가 "율법(律法) 아래"(19상) 인데, 이는 하나님이 우리들을 율법을 통해서 보신다면 어떻게 되는가 하는 뜻입니다. 그러므로 둘째는 다 "죄(罪) 아래"(9) 있게 되고, 셋째는 "심판(審判) 아래"(19하) 있게 된다는 논리입니다. "하나님의 의를 모르고 자기 의를 세우려고 힘써 하나님의 의에 복종하지 아니한"(10:3) 유대인들이 이런 처지에 있다는 것입니다. 그리하여 죄론이 도달하게 되는 결론(結論)은 "그러므로 율법의 행위로 그의 앞에 의롭다 하심을 얻을 육체가 없나니 율법으로는 죄를 깨달음이니라"(20)는 말씀입니다.

⑤ 이처럼 1:18-3:20절까지 죄론을 마친 후에 1:17절에서 제기

(提起)했던 복음으로 돌아가 "이제는 율법 외에 하나님의 한 의가 나타났으니"(21) 하고, 본격적으로 복음(福音)을 증언하는 문맥인 것입니다.

㉠ 로마서의 핵심이 무엇인가? 첫째로 "하나님의 의가 나타났다"(21), 즉 구약성경을 통해서 그림자(가죽옷 창3:21), 예표(아름다운 옷 슥 3:4)로 계시하신 실상이 나타났다는 뜻입니다. 그리하여 이 의를 받아 입기만 하면 하나님 앞으로 돌아갈 수 있다는 소식입니다.

㉡ 둘째로 나타난 하나님의 의를 어떻게 받을 수 있는가? "곧 예수 그리스도를 믿음으로 말미암아 모든 믿는 자에게 미치는 하나님의 의니 차별이 없느니라"(22) 합니다. 다만 믿느냐? 믿지 않느냐는 차별이 있을 뿐이라는 것입니다.

㉢ 셋째로 이 의가 왜 필요하게 되었는가? "모든 사람이 죄를 범하였으매 하나님의 영광(榮光)에 이르지 못하기"(23) 때문이요,

㉣ 넷째로 의롭지 못한 자들에게 하나님의 의를 주시는 것이 어떻게 가능하단 말인가? "그리스도 예수 안에 있는 속량으로 말미암아"(24)라고 대답합니다.

㉤ 다시 강조합니다만 "하나님의 의"가 임기응변으로 주어진 것이 아니라 "율법과 선지자들에게 증거를 받은 것이라"(21하), 즉 구약성경을 통해서 미리 계시하신 바라고 말씀합니다.

"하나님의 의"는 "내가 벗었으므로 두려워하여 숨었나이다" 한 아담과 하와에게, "가죽옷을 지어 입히시니라"(창 3:10,21)하셨을 때에 이미 예표로 나타났던 것입니다. 그들은 무화과나무 잎(인간의 노력)으로 해결해보려고 했으나 실패하고 말았습니다. "그런즉 자랑할 데가 어디냐 있을 수가 없느니라 무슨 법으로냐? 행위로냐 아니라 오직 믿음의 법으로니라"(27)고 결론을 맺습니다.

〈4장〉

⑥ 4장에서는 유대인들이 가장 존경하는 구약의 두 인물(人物), 즉 아브라함과 다윗을 들어서 "이신칭의"(以信稱義) 교리를 견고하게 세웁니다.

　㉠ "만일 아브라함이 행위(行爲)로써 의롭다 하심을 받았으면 자랑할 것이 있으려니와 하나님 앞에서는 없다"는 것입니다. 아브라함도 "하나님을 믿으매 그것이 그에게 의로 여겨진 바 되었느니라"(2-3) 합니다.

　㉡ 다윗도 "일한 것이 없이 하나님께 의로 여기심을 받는 사람의 복(福)에 대하여 다윗이 말한바, 불법이 사함을 받고 죄가 가리어짐을 받는 사람들은 복이 있고 주께서 그 죄를 인정하지 아니하실 사람은 복이 있도다 함과 같으니라"(6-8)고 일한 것도 없이 거저 의롭다함을 얻었다고 진술합니다. 이는 시편 32:1-2절의 인용인데, 다윗은 밧세바 사건을 통해서 자신이 죄악 중에 출생한 전적타락·전적부패한 죄인임을 깨닫고, 하나님께서 죄를 덮어주시는 칭의(稱義)외에 달리는 소망이 없음을 고백하기에 이르렀다는 말씀입니다. "가려주심"이라는 점이 중요합니다.

　㉢ 만일 하나님의 의로 가려주심을 받지 못한다면 심판 날에 "산들과 바위에게 말하되 우리 위에 떨어져 보좌에 앉으신 이의 얼굴에서와 그 어린 양의 진노에서 우리를 가리라, 그들의 진노의 큰 날이 이르렀으니 누가 능히 서리요"(계 6:16-17) 하고 숨을 수밖에 없는 것입니다.

자기 행위로 그의 앞에 설 자는 아무도 없습니다. 이는 아브라함과 다윗의 이야기가 아니라 "의로 여기심을 받을 우리도 위함이니 곧 예수 우리 주를 죽은 자 가운데서 살리신 이를 믿는 자니라" 합니다. 그리고 복음을 요약해주는데 "예수는 우리가 범죄

한 것 때문에 내줌이 되고 또한 우리를 의롭다 하시기 위하여 살
아나셨느니라"(24-25고 정의합니다.

〈5장〉

⑦ 5장은 "그러므로 우리가 믿음으로 의롭다 하심을 받았으
니"(1) 라고 시작되는데, 의롭다 함을 얻은 자에게 주어지는 축복
(祝福) 네 가지를 말씀합니다.
- ㉠ 첫째는 "하나님과 화평을 누리자"(1), 즉 하나님과 화목하게 되고
- ㉡ 둘째는 "믿음으로 서 있는", 즉 넘어지는 믿음이 아니라 "하나님의
  의"를 힘입어 서 있는 믿음이 되고
- ㉢ 셋째는 추방당했던 자들이 "이 은혜(恩惠)에 들어감을 얻었으며"(2
  상), 즉 하나님의 은혜 보좌 앞에 들어갈 수 있게 되었다는 것과
- ㉣ 궁극적으로는 "하나님의 영광을 바라고 즐거워하느니라"(2하), 영원
  한 영광에 참여하게 된다고 말씀합니다.

그리고 하는 말씀이 "소망(所望)이 우리를 부끄럽게 하지 아니
함은"(5상), 즉 우리를 실망(失望)시키지 않는다는 것입니다. 왜냐
하면 "우리에게 주신 성령으로 말미암아 하나님의 사랑이 우리
마음에 부은 바 되었기"(5하) 때문이라는 것입니다. 그러면 하나
님의 사랑이 우리 마음에 언제 부어졌는가?

⑧ 이점을 6-10절에서 설명하고 있는데,
- ㉠ "우리가 아직 연약(軟弱)할 때에"(6)
- ㉡ "우리가 아직 죄인(罪人)되었을 때에"(8)
- ㉢ "곧 우리가 원수(怨讐)되었을 때에"(10), 그런 우리를 위하여 하나

님이 어떻게 행해주셨는가?

㉮ "그리스도께서 경건하지 않은 자를 위하여 죽으셨도다"(6)

㉯ "그리스도께서 우리를 위하여 죽으심으로"(8)

㉰ "그의 아들의 죽으심으로"(10), 즉 하나님의 아들 그리스도께서 그런 우리들을 위하여 죽어주셨다고 말씀합니다.

"죽으셨다"는 점을 세 번 강조하고 있는데, 우리의 구원(救援)은 오병이어로 된 것이 아닙니다. 심지어 산상수훈이라는 교훈(敎訓)으로 가능해진 것도 아닙니다. 죄 값은 사망이라고 선고하신 죽음을 그리스도께서 대신 죽어주셨다는 십자가로만 가능하여졌다는 점을 강조하고 있습니다.

이렇게 행해 주심으로 "하나님께서 우리에 대한 자기의 사랑을 확증(確證)하셨느니라"(8하) 합니다. "내가 너를 얼마나, 어디까지 사랑하는지 이만하면 믿겠느냐" 하시는 셈입니다. 하나님의 사랑을 이 이상 어떻게 더 보여주실 수 있단 말인가? 형제는 이상의 말씀을 진심으로 믿으십니까? 그렇다면 형제의 마음에는 하나님의 사랑이 부어진 것입니다. 누가 부어주었는가? 목사님이 아닙니다. 설교자가 복음을 설교할 때에 성령께서 듣는 자들에게 "믿음"을 주시고 동시에 "하나님의 사랑을 우리 마음에 부어 주셨다"는 것입니다. 그러므로 우리의 소망이 결코 실망시키지 않는다는 것입니다.

〈6장〉

⑨ 어느 시대나 복음은 두 가지 위험(危險)에 직면하게 되는데, "율법폐기론 자들과 율법주의"가 그것입니다. 6장은 "율법폐기

론"에 대해 논증을 하고, 7장에서는 "율법주의"에 대해 그 불가능성을 말씀합니다.

㉠ 먼저 "율법폐기론"인데 복음을 복음답게 전하면 "행위(行爲)는 아무래도 괜찮고, 죄를 지어도 괜찮단 말이냐?" 하는 오해를 받게 됩니다. 그래서 "그런즉 우리가 무슨 말을 하리요 은혜를 더하게 하려고 죄에 거하겠느냐"(1)고 반문하면서, "그럴 수 없느니라 죄에 대하여 죽은 우리가 어찌 그 가운데 더 살리요"(2) 하고 단호하게 부정합니다. 그러면 죄에 대하여 죽었다는 말이 무슨 뜻인가?

㉡ 4-8절 안에는 "함께"라는 말이 네 번 등장하는데, 하나님이 우리를 택(擇)하셔서 "그리스도 예수 안에"(고전 1:30) 있게 해주셨다는 것입니다.

㉮ 그래서 주님께서 십자가에 못 박히셨을 때 "우리의 옛사람이 예수와 함께 십자가에 못 박히고"(6)

㉯ "함께 죽었고"(8상)

㉰ "함께 장사되었다가"(4)

㉱ "함께 살리심을 받았다"(8하)고 논증합니다.

그래서 새사람이 된 우리가 어떻게 죄에 거하겠느냐는 것입니다. 6장은 "죄의 삯은 사망(死亡)이요 하나님의 은사는 그리스도 예수 우리 주 안에 있는 영생(永生)이니라"(23)는 결론으로 마치고 있습니다.

〈7장〉

⑩ 7장에서는 6장과는 반대로 "율법주의"로 치우치는 것을 바로잡아주고 있습니다. 바울은 "율법의 의로는 흠이 없는 자라"(빌 3:6)고 자부하던 율법주의(律法主義)자였습니다. 그런 바울이 어

떻게 해서 "죄인 중에 내가 괴수니라"(딤전 1:15) 한 죄를 깨닫게 되었는가?

　㉠ "율법이 탐내지 말라 하지 아니하였더라면 내가 탐심(貪心)을 알지 못하였으리라"(7)고 말씀합니다. "탐내지 말라"는 말은 십계명 중 맨 마지막 계명인데, 하나님이 주신 십계명(율법)의 정신이 의문(儀文)에 있는 것이 아니라 "탐심"(貪心), 즉 마음의 문제라는 점을 깨닫게 되었던 것입니다.

　㉡ 그 후로 바울은 마음과 생각을 지키려고 몸부림을 칩니다. 그러나 "내가 원하는 바 선은 하지 아니하고 도리어 원하지 아니하는 바 악을 행하는도다(19), 오호라 나는 곤고한 사람이로다 이 사망(死亡)의 몸에서 누가 나를 건져내랴"(24)고 절망하게 됩니다. 이렇게 진술하는 의도는 율법을 행함으로 의롭다함을 얻으려 하는 자는 누구를 막론하고 이런 지경에 도달하게 된다는 점을 말씀하고 있는 것입니다.

　㉢ "이러므로 우리가 영(靈)의 새로운 것으로 섬길 것이요 율법 조문의 묵은 것으로 아니할지니라"(6)는 것이 7장을 해석하는 열쇠인 것입니다. "영의 새로운 것"이란 "이제는 율법 외에 하나님의 한 의가 나타났으니"(3:21) 한 복음(福音)으로만이 가능하다는 말씀입니다. 그래서 7장은 "우리 주 예수 그리스도로 말미암아 하나님께 감사(感謝)하리로다"(25)고 마치고 있습니다.

〈8장〉

　⑪ 8장은 구원의 확신과 승리(勝利)의 개가(凱歌)라 할 수 있습니다. "그러므로 이제 그리스도 예수 안에 있는 자에게는 결코 정죄(定罪)함이 없나니"(1) 라고 선언하면서, "이는 그리스도 예수 안에 있는 생명의 성령의 법이 죄와 사망의 법에서 너를 해방하였음이라"(2)고 선언합니다.

㉠ "너를 해방했다는 "너"가 누구인가? 율법하에서 정죄감에 빠져서 몸부림을 치던 7장의 사람입니다. 바로 나 자신인 것입니다.

㉡ 사도는 1장에서 "복음은 모든 믿는 자에게 구원을 주시는 하나님의 능력(能力)이라"(1:16)고 시작했습니다. 복음은 "능력"입니다. 능력이라 한 것은 구원을 얻지 못하도록 대적(對敵)하는 자를 염두에 두고 한 말입니다.

　㉮ 그래서 "만일 하나님이 우리를 위하시면 누가 우리를 대적(對敵)하리요"(31) 라고 도전적으로 말합니다.

　㉯ "누가 능히 하나님께서의 택하신 자들을 고발하리요"(33)

　㉰ "의롭다 하신 이는 하나님이시니 누가 정죄하리요"(34)

　㉱ "누가 우리를 그리스도의 사랑에서 끊으리요"(35) 하고 "누가, 누가" 하고 도전적으로 말씀합니다. 이는 우리를 대적하려는 누군가가 있다는, 즉 사탄의 세력이 있음을 염두에 두고 하는 말씀인 것입니다.

㉢ 그런 후에 "그러나 이 모든 일에 우리를 사랑하시는 이로 말미암아 우리가 넉넉히 이기느니라"(37)고 승리의 개가를 부릅니다. 그리고 8장은 "내가 확신(確信)하노니, 우리 주 그리스도 예수 안에 있는 하나님의 사랑에서 끊을 수 없으리라"(38-39)는 확신으로 마치고 있습니다. 형제도 "로마서 파노라마"를 통해서 확신 중에 승리의 개가를 부르게 되었습니까?

〈9-11장〉

⑫ 하나님께서는 "세계가 다 내게 속하였나니 너희가 내 말을 잘 듣고 내 언약을 지키면 너희는 모든 민족 중에서 내 소유가 되겠고 너희가 내게 대하여 제사장 나라가 되며 거룩한 백성이

되리라"(출 19:5-6)고 이스라엘을 선민(選民)으로 택하셨습니다. 이처럼 선민으로 택하신 의도는 "내게 대하여 제사장(祭司長) 나라가 되며" 한 말씀에 나타나 있듯이, 선민 이스라엘을 통하여 천하 만민을 구원하시려는 계획을 갖고 계셨기 때문입니다.

그런데 9-11장의 구조는,

㉠ 선민 이스라엘이 그리스도를 배척함

㉡ 구원이 이방인에게로 옮겨짐

㉢ 시기 나게 하여 이스라엘이 구원에 이르게 된다는 구조로 되어있습니다. 지금도 이스라엘의 구원문제는 풀리지 않는 숙제로 남아있습니다.

〈12-16장〉

⑬ 실천윤리 편은 "그러므로"(12:1)라는 접속사(接續詞)로 시작됩니다. 이제까지 내가 증언한 교리(敎理)를 알고 믿느냐? 그렇다면 우리는 어떤 삶을 살아야 마땅한가? 이점이 "그러므로"의 의미입니다.

㉠ 우리가 행해야 할 실천윤리를 한마디로 요약한 것이 "그러므로 형제들아 내가 하나님의 모든 자비하심으로 너희를 권하노니 너희 몸을 하나님이 기뻐하시는 거룩한 산제물로 드리라 이는 너희가 드릴 영적 예배니라"(12:1)는 말씀입니다. 주일 하루만이 주의 날이 아니요, 공 예배만이 예배가 아니라 그리스도인들이 하는 모든 것이 하나님께 대한 "예배"라는 것입니다.

㉡ "산 제물"이라고 말씀합니다. 순교는 한순간에 끝나는 것이지만 "산제물"은 평생을 계속해야 하는 지속적인 예배인 것입니다. 그 이하의 말씀은 이에 대한 상론이라 할 것입니다. 그리하여 "우리 중에

누구든지 자기를 위하여 사는 자가 없고 자기를 위하여 죽는 자도 없도다 우리가 살아도 주를 위하여 살고 죽어도 주를 위하여 죽나니 그러므로 사나 죽으나 우리가 주의 것이로다"(14:7-8)라는 고백에 이르게 되는 것입니다. 이것이 그리스도인의 실천윤리의 대강령(大綱領)입니다.

주제 : 교회 내의 문제들을 복음으로 치유함

　　고린도 교회는 바울의 2차 선교여행 당시에 세워진 교회입니다. 사도행전은 바울이 고린도에 "일년 육개월을 머물며 그들 가운데서 하나님의 말씀을 가르쳤다"(행 18:11)고 전해줍니다.

　　바울은 자신이 행한 복음사역을 가리켜 "나는 심었고(3:6), 터를 닦아두매(3:10), 내가 너희를 낳았음이라"(4:15)고 표현합니다. 이는 "복음은 모든 믿는 자에게 구원을 주시는 하나님의 능력이 됨이라"(롬 1:16)한 복음의 능력을 가리킵니다. "심는 것, 터를 닦는 것, 태어나는 것"이 먼저입니다. 그런 후에 아볼로의 사역을 "물을 주었으되"(3:6)라고 진술하는 것은, 물을 주어 자라게 하고 닦아둔 터에 세워야 하고 낳은 자를 양육해야 하기 때문입니다.

바울이 복음으로 낳은 후, 즉 고린도에 교회가 세워진 후 고린도
전서를 보내기까지는 약 5년이 경과한 후였는데, 그동안 고린도
교회는 얼마나 성장했는가?

서신을 기록하게 된 동기

① 바울이 고린도전서를 쓰게 된 동기는 크게 두 가지로 요약
할 수 있습니다.
  ㉠ 교회 내에 치유해야 할 문제들이 발생했기 때문입니다.
    ㉮ 첫째는 "글로에의 집 편으로서 너희에게 대한 말이 내게 들리
      니 곧 너희 가운데 분쟁이 있다"(1:11, 11:18) 한 교회 분열입
      니다.
    ㉯ 둘째는 "너희 중에 심지어 음행이 있다 함을 들으니"(5:1) 한
      윤리적인 타락입니다.
    ㉰ 셋째는 "너희 중에 누가 다른 이와 더불어 다툼이 있는데 구태
      여 불의한 자들 앞에서 고발하고 성도 앞에서 하지 아니하느
      냐"(6:1) 한 형제간의 법정 소송사건입니다. 이를 치유하기 위한
      것이 첫째 동기입니다.
  ㉡ 둘째는 고린도 교회가 문의한 질문(7:1)에 답을 주기 위해서입니다.
    고린도 교회가 제기한 질문들에는,
    ㉮ "결혼과 독신 문제"(7:1)
    ㉯ "처녀에 대하여"(7:25)
    ㉰ "우상의 제물에 대하여"(8:1)
    ㉱ "신령(은사)한 것에 대하여"(12:1)
    ㉲ "성도를 위하는 연보에 대하여"(16:1) 등이 있었습니다.
  ㉢ 이상에서 보는 바와 같이 고린도전서는 로마서와 같은 교리적인 서

신이 아니라 교회 내에서 일어나고 있는 문제에 해답을 주기 위해서 기록한 실천 윤리적인 서신입니다.

② 고린도 교회는 분명 문제가 많은 교회였습니다. 그러나 바울은 결코 실망하고 있지 않습니다. 이는 고린도에 교회가 세워지게 된 것이 인간의 뜻으로 된 것이 아니라 "이 성(고린도) 중에 내 백성이 많음이라"(행 18:10) 하신, 하나님께서 택하시고 불러내셔서 세우신 "하나님의 교회"임을 믿기 때문이요, 이처럼 시작하신 이가 또한 완성하실 것을 믿기 때문입니다.

　㉠ 바울은 교회가 직면한 문제로 직행(直行)을 하고 있지 않습니다. 그렇게 한다면 문제를 더욱 악화시킬 수도 있습니다. 그러므로 주목해야 할 점은 본 서신의 1-2장에는 의외라 싶게 "그리스도와 십자가"가 강조되어 있다는 점입니다. "그리스도"가 열 번(1:1,2,4,6,12, 13,17,23,24,30), "십자가"가 여섯 번(1:13,17,18,23, 2:2,8)이나 등장합니다.

　㉡ 바울은 이렇게 말씀하고 있는 셈입니다. "교회가 시험에 빠지게 된 것은 복음을 상실하고 은혜가 매말랐기 때문이다. 그러므로 〈예수 그리스도와 그의 십자가〉 외에는 다른 것으로는 치유될 수 없다".

③ 이런 맥락에서 고린도전서 1:1-9절은 영광스러움으로 가득합니다.

　㉠ "고린도에 있는 하나님의 교회"(2상)라고 부릅니다.

　㉡ "성도라 부르심을 받은 자들"(2중)이라고 부릅니다.

　㉢ "주께서 너희를 우리 주 예수 그리스도의 날에 책망할 것이 없는 자로 끝까지 견고하게 하시리라"(8)고, 자라게 하시고 완성하실 것에 대한 확신을 나타냅니다.

ㄹ 그리고 "그리스도 예수 안에서 너희에게 주신 하나님의 은혜로 말미암아 내가 너희를 위하여 항상 하나님께 감사하노니"(4)하고 "감사"를 드립니다. 문제 많은 교회로 인하여 어떻게 감사할 수 있단 말인가?

ㅁ "너희를 불러 그의 아들 예수 그리스도 우리 주와 더불어 교제하게 하시는 하나님은 미쁘시도다"(9)고, 하나님의 "미쁘심"을 믿기 때문에 고린도 성도들을 "형제들아"하고 부르기를 스물두 번이나 하면서 우선적으로 격려를 보내고 있는 것입니다.

④ 그러므로 고린도전서의 전체적인 구조(構造)는,

㉠ "십자가의 도가 멸망하는 자들에게는 미련한 것이요 구원을 받는 우리에게는 하나님의 능력이라"(1:18)한 예수 그리스도의 "십자가"로 시작하여,

㉡ "그리스도께서 죽은 자 가운데서 다시 살아나셨다 전파되었거늘 너희 중에서 어떤 사람들은 어찌하여 죽은 자 가운데서 부활이 없다 하느냐"(15:12) 한 "부활"로 마치고 있는 구도(構圖)라는 점입니다. 즉 주님께서 죽으시고 다시 사셨다는 복음에서 해답을 찾고 있는 것입니다. 복음(福音)은 문제에 대한 해답(解答)입니다. 교회 내에 문제가 있습니까? 복음으로 치유하시기 바랍니다. 복음에 해답이 있습니다.

㉢ 그렇다면 고린도 교회가 이처럼 타락하게 된 원인이 어디에 있는가 하는 점은 분명해집니다. 그것은 바울이 전해준 복음을 상실했기 때문입니다. 이점을 후서에서 보게 될 것입니다만 교회 내에는 바울로부터 받은 복음을 보수하려는 자와 다른 선생으로부터 받은 "세상 지혜"를 선호하는 자들로 분열이 일어나게 되었던 것입니다.

그래서 바울은 "지혜 있는 자가 어디 있느냐 선비가 어디 있느냐 이 세대의 변론가가 어디 있느냐 하나님께서 이 세상의 지혜

를 미련하게 하신 것이 아니냐"(1:20)고 변론합니다.

복음 안에 해답이 있다

⑤ 이 점에서 우리가 명심해야 할 점은 교회 내의 모든 문제 (問題)를 복음(福音)으로 치유하고 있다는 점입니다. 이점을 간과 한다면 본 서신의 핵심을 놓친 것이 되고 맙니다. 이들을 치유하 는 사도의 방법을 보십시오. 바울은 문제들을 질문 요법, 즉 그들 이 받은 복음을 상기(想起)시키어 정체성을 일깨워주는 방법으로 치료하고 있는 것입니다.

　㉠ 첫째로 "너희가 하나님의 성전인 것과 하나님의 성령이 너희 안에 계시는 것을 알지 못하느냐"(3:16)고 질문합니다. 이 질문은 분열 (分裂)을 책망하는 문맥에서 주어졌는데 그들은 교회가 하나님의 성 전임을 배워서 알고 있었습니다. 다만 망각하고 있었기 때문에 분쟁 하게 된 것입니다.

　"너희가 하나님의 성전"이라 함은 교회 공동체를 가리킵니다. 그리 고 "성전"이라고 번역된 말은 "나오스", 즉 지성소라는 뜻입니다. 생 각해보라는 것입니다. 교회가 하나님의 성령을 모신 지성소임을 인식 한다면 어찌 사분오열(四分五裂) 찢을 수 있단 말이냐는 것입니다.

　㉡ 둘째로 "성도가 세상을 판단할 것을 너희가 알지 못하느냐, 우리가 천사를 판단할 것을 너희가 알지 못하느냐"(6:2-3)고 묻습니다. 이 질문형식의 치료법은 형제간의 소송사건(訴訟事件)을 책망하는 문맥 에서 주어졌는데 바울은 성도들이 왕 같은 제사장들임을 가르쳐주었 음이 분명합니다. 그래서 설명하고 있는 것이 아니라 다만 상기시키 고 있을 뿐입니다.

　그런데 고린도 형제들은 이를 망각하고 있었던 것입니다. 이를 인식

한다면 "너희가 세상 사건이 있을 때에 교회에서 경(輕)히 여김을 받는 자들을 세우느냐, 너희 가운데 그 형제간 일을 판단할 만한 지혜 있는 자가 이같이 하나도 없느냐"(6:4-5)고 책망합니다.

ⓒ 셋째로 "너희 몸이 그리스도의 지체인 줄을 알지 못하느냐, 너희 몸은 너희가 하나님께로부터 받은바 너희 가운데 계신 성령의 전인 줄을 알지 못하느냐"(6:15,19)고 묻습니다. 이 질문형식의 치료법은 "음행"을 책망하는 문맥에서 주어진 것입니다.

3:16절에서 "너희가 하나님의 성전"이라 한 것은 교회 공동체를 가리키는 것이었으나, "너희 몸이 성령의 전"(6:19)이라고 말하는 것은 성도 개개인을 가리킵니다. 고린도 형제들은 자신의 몸이 어떻게 해서 하나님의 성전이 되었는가를 배워서 알고 있었을 것입니다. 다만 망각하고 있었을 뿐입니다. 이를 인식하는 자라면 어찌 "그리스도의 지체를 가지고 창녀의 지체를 만들겠느냐"(6:15하)고 책망합니다.

⑥ 또한 "바울이 너희를 위하여 십자가에 못 박혔느냐"(1:13)고 묻습니다. 이는 "바울·아볼로·게바"라는 사람 중심으로 사분오열하던 그들의 시선을 십자가에 못 박히신 한 분 그리스도를 바라보도록 인도하는 말씀입니다.

"우리는 십자가에 못 박힌 그리스도를 전하니 유대인에게는 거리끼는 것이요 이방인에게는 미련한 것이로되(1:23), 예수 그리스도와 그가 십자가에 못 박히신 것 외에는 아무것도 알지 아니하기로 작정하였음이라"(2:2)고 단언합니다. 이처럼 하나님께서 나 같은 죄인을 위해서 행해주신 일을 상기시켜주는 것이 교회의 문제, 병든 신앙을 치료하는 최상의 방법입니다.

현대교회의 거울

⑦ 한국교회가 신약성경에 등장하는 여러 교회 중에서 고린도
교회를 제일 많이 닮았다고 말합니다. 바울은 고린도 교회 앞에
광야교회(출애굽 당시)를 거울로 제시하여 "그들에게 일어난 이
런 일은 본보기가 되고 또한 말세를 만난 우리를 깨우치기 위하
여 기록하였느니라"(10:11)고 권면합니다.

  ㉠ 그렇다면 한국교회를 향해서도 광야교회가 당한 일과 고린도 교회가
     당한 이런 일들을 거울로 제시하여 말세를 만난 우리를 깨우치기 위
     하여 기록하였노라고 적용하는 것은 합당한 진리입니다.
  ㉡ 이런 의미에서 고린도전서를 통해서 한국교회의 문제는 무엇인가?
     고린도 교회 문제의 원인은 어디에 있으며, 한국교회 문제의 원인은
     어디에 있는가를 진단하고,
  ㉢ 바울의 치료방법을 통해서 현대교회가 당면한 여러 가지 문제들에
     대한 해답(解答)을 얻는다는 것은 적실성이 있으면서도 긴요한 일이
     라 하겠습니다.

주제 : 어떤 견고한 진도 무너뜨리는 하나님의 능력(10:4)

고린도후서는 안정(安靜)됨이나 조직(組織)성이 없는 격동(激動)의 서신이라고 말합니다. 그럴 수밖에 없는 것은 고린도 성도들과 바울을 이간시키려는 거짓 선생들이 침투했기 때문입니다. 그리하여 고린도 성도들을 소유하려는 거짓 교사와 참 사도 간의 격전(激戰)의 장(場)이기 때문입니다.

ⓐ 고린도전서에서는 교회 내의 여러 가지 문제들을 복음으로 치유하는 것을 봅니다.

ⓑ 그런데 후서는 "다른 복음"을 전파하려는 자들과 복음을 보수하려는 자 사이에 벌어지고 있는 격전(激戰)장이라는 사실입니다. 이런 의미에서 본서는 교리적으로 혼란에 빠져있는 현대교회에 가장 적실성이 있는 서신이라 할 것입니다. 고린도후서는 크게 세 문단(1-7장,

8-9장, 10-13장)으로 나누어집니다.

① 먼저 첫째 문단(1-7장)인데 바울과 그가 개척한 고린도 교회 사이가 불화한 것으로 시작됩니다. 2:1-7절 안에는 "근심"이라는 말이 아홉 번이나 나옵니다. 그리고 "애통하는 마음이 있어 많은 눈물로 너희에게 썼노니" 하면서, "오직 내가 너희를 향하여 넘치는 사랑이 있음을 너희로 알게 하려 함이라"(2:4)고 애정을 나타냅니다.

㉠ 그렇다면 불화의 원인이 무엇인가? 근본적인 원인은 "우리가 어찌 어떤 사람처럼 추천서를 너희에게 제출해야 한단 말이냐"(3:1)는 언급에 나타납니다. "어떤" 사람들이 고린도에 내려와 추천서를 보이면서 바울은 추천서도 없지 않느냐? 바울은 참 사도가 아니라고 이간을 붙였기 때문입니다.

㉡ 이 불화가 바울의 눈물의 편지(2:4)와 디도의 중재로 일단 수습되어서 "내가 지금 기뻐함은 너희로 근심하게 한 까닭이 아니요 도리어 너희가 근심함으로 회개함에 이른 까닭이라"(7:9)하며 수습되는 것으로 첫째 문단은 마칩니다.

② 여러분의 이해를 돕기 위해서 먼저 셋째 문단(10-13장)부터 살펴보겠습니다. 첫째 문단에서 수습이 된 줄로 여겼던 불편한 관계가 셋째 문단에서는 더욱 악화된 양상으로 나타나기 때문입니다.

㉠ "만일 누가 가서 우리가 전파하지 아니한 다른 예수를 전파하거나 혹은 너희가 받지 아니한 다른 영을 받게 하거나 혹은 너희의 받지 아니한 다른 복음을 받게 할 때에는 너희가 잘 용납하는구나"(11:4)고 힐난합니다. 이는 어떤 자들이 고린도 교회에 침입하여 "다른 예

수, 다른 영, 다른 복음"을 전했고, 고린도 성도들은 이를 환영했다는 것입니다. 그렇다면 바울이 개척한 고린도 교회에 내려와서 교회를 어지럽히고 있는 이들이 누구인가 하는 점입니다. 이점이 본서를 해석하는 데 있어서 가장 통찰력이 필요한 부분입니다.

ⓛ 이를 단정적으로 말할 수는 없으나 추론은 가능합니다. "그들이 히브리인이냐 나도 그러하며 그들이 이스라엘인이냐 나도 그러하며 그들이 아브라함의 후손이냐 나도 그러하며 그들이 그리스도의 일꾼이냐 정신없는 말을 하거니와 나도 더욱 그러하도다"(11:22-23)한 것으로 보아 "그들"이 유대주의자들임이 드러납니다.

③ 11장에서는 그들의 정체를 "그런 사람들은 거짓 사도요 속이는 일꾼이니 자기를 그리스도의 사도로 가장하는 자들이니라 이것은 이상한 일이 아니니라 사탄도 자기를 광명의 천사로 가장하나니 그러므로 사탄의 일꾼들도 자기를 의의 일꾼으로 가장하는 것이 또한 대단한 일이 아니라"(11:13-15)고 폭로합니다.

ⓞ 사탄은 가장(假裝)의 명수입니다.
  ㉮ "그리스도의 사도로 가장"(13) 하여
  ㉯ "다른 예수, 다른 영, 다른 복음"(4)을 받게 하려고
  ㉰ "간계로 미혹"(3) 하는 자들이라고 말씀합니다.

ⓛ 그런데 고린도 성도들은 이를 분별하지 못하고 "너희가 잘 용납하는구나(4), 기쁘게 용납하는구나(19), 누가 너희로 종을 삼거나 잡아먹거나 빼앗거나 스스로 높이거나 뺨을 칠지라도 너희가 용납하는도다"(20) 하고 한탄합니다.

④ 사도는 12장에서 "내가 아무것도 아니나 지극히 크다는 사도들보다 조금도 부족하지 아니하니라 사도의 표가 된 것은"(11-12) 하고 사도권을 변호합니다.

ⓗ 이는 거짓 교사들이 바울을 자칭 사도라 하는 자로 여겼기 때문입니다. 바울이 자신의 사도 권을 옹호하려는 것은 자신의 명예를 위해서가 아닙니다. 사도의 권위가 무너지게 되면 바울이 전한 복음 자체가 훼손되기 때문입니다. 바로 이점이 사탄이 노리는 속임수이기도 합니다.

ⓛ 그들은 도리어 바울을 "너희를 속임수로 취하였다"(16) 라고 "거짓 사도"로 몰아세웠던 것입니다. 이들로부터 하나님의 교회를 지키기 위해서 "내가 하나님의 열심으로 너희를 위하여 열심 내노니 내가 너희를 정결한 처녀로 한 남편인 그리스도께 드리려고 중매함이로다 그러나 나는 뱀이 그 간계로 하와를 미혹한 것같이 너희 마음이 그리스도를 향하는 진실함과 깨끗함에서 떠나 부패할까 두려워하노라"(11:2-3)고 애타해 합니다.

⑤ 그런데 대적하는 자가 교회 밖에 있는 믿지 않는 유대인들이 아니라 교회 안에 있는 "일꾼"이라는 것입니다. 그러면 "그리스도의 일꾼", 즉 지도자들이 어찌하여 바울을 대적하고 있는가? 바울이 증언한 복음의 내용과 자신들이 전하는 것과 다르다는 점 때문인데 그 대표적인 예가 할례 문제였던 것입니다. 이점을 갈라디아서에서는 "형제들아 내가 지금까지 할례를 전한다면 어찌하여 지금까지 박해를 받으리요"(갈 5:11)라고 진술합니다.

ⓗ 그러면 그들이 전한 내용이 무엇인가? 이점이 "어떤 사람들이 유대로부터 내려와서 형제들을 가르치되 너희가 모세의 법대로 할례를 받지 아니하면 능히 구원을 받지 못하리라 하니 바울 및 바나바와 그들 사이에 적지 아니한 다툼과 변론이 일어난지라"(행 15:1-2) 한 말씀에 잘 나타납니다.

ⓛ 그러면 같은 유대인이요, 같은 그리스도인들이요, 같은 일꾼인 바울과 그들이 "할례"라는 문제를 놓고 어찌하여 "적지 아니한 다툼과

변론"이 일어났는가? 묻게 됩니다. 문제의 핵심은 "할례를 받지 아니하면 능히 구원을 받지 못하리라"고 할례를 구원의 조건으로 주장했기 때문입니다. 그러면 어떻게 되는가? 예수 그리스도의 십자가+할례=구원이라는 것이 됩니다.

ⓒ 하나님은 십계명을 주시는 출애굽기 20장의 문맥에서 "네가 내게 돌로 (번)제단을 쌓거든 다듬은 돌로 쌓지 말라 네가 정으로 그것을 쪼면 부정하게 함이니라"(출 20:25)고 금하셨습니다. 번제단에서 드려지는 제물은 그리스도의 대속제물에 대한 그림자입니다.

우리의 구원은 그리스도께서 단독(單獨)적으로 단번(單番)에 완성하신 것입니다. 그런데 "정으로 쪼면", 즉 무엇인가를 첨가(添加)한다면 "부정하게 함이니라", 즉 다른 복음이 된다는 말씀입니다. 그러면 "어떤 사람들"은 어찌하여 이를 깨닫지 못했는가? 묻게 됩니다.

⑥ 사도는 이점을 "우리는 모세가 이스라엘 자손들에게 장차 없어질 것의 결국을 주목하지 못하게 하려고 수건을 그 얼굴에 쓴 것 같이 아니하노라"(3:13)고 설명합니다.

㉠ 사도의 인용은 모세가 첫 번 돌비가 깨진 후 두 번째 시내 산에 올라갔다 내려올 때 얼굴에서 "광채"가 남으로 사람들이 가까이하지 못함으로 "수건으로 자기 얼굴을 가렸더라"(출 34:33) 한 것을 가리킵니다.

㉡ "우리는… 아니하노라", 즉 우리는 "그리스도의 영광의 복음의 광채"(4:4)를 "수건"으로 가리지 않는다고 말합니다.

"그러나 그들의 마음이 완고하여 오늘까지도 구약을 읽을 때에 그 수건이 벗겨지지 아니하고 있다"(3:14)고 진단합니다. 다시 말하면 복음의 광채를 의문(儀文)이라는 수건, 할례라는 수건으로 가리고 있다는 것입니다. "오늘까지"가 언제를 가리키는가? 주님께서 십자가상에서 "다 이루었다"고 선언하시자 1500년 동안이나 막혔던 휘장을 열어주신 오늘까지입니다. 주님은 휘장을 열어주셨는데 그들은 이를 가로막고 있다는 뜻입니다.

⑦ 고린도후서는 여기가 심장부분이라 할 중요한 내용입니다. 고린도후서는 마음에서 수건이 벗어진 자와 벗어지지 않은 자 간의 갈등이요 분쟁이었던 것입니다. 그리고 이는 어느 시대나 동일한 타협할 수 없는 "선한 싸움"이었던 것입니다. 이 말씀은 오늘의 설교자, 설교를 검증하게 하는데 마음에서 수건이 벗겨진 여부를 검증하게 합니다. 자신이 과연 새 언약의 일꾼 노릇을 하고 있는지 아니면 의문의 직분을 수행하고 있는지 점검하게 합니다.

ㄱ 바울은 "우리의 싸우는 무기는 육신에 속한 것이 아니요 오직 어떤 견고한 진도 무너뜨리는 하나님의 능력이라"(10:4)고 선언합니다. "견고한 진"이 무엇인가? 율법의 대명사라 할 모세는 "너희는 마음에 할례를 행하고 다시는 목을 곧게 하지 말라"(신 10:16)고 말합니다. 제사의식도 "내가 수소의 고기를 먹으며 염소의 피를 마시겠느냐"(시 50:13) 하십니다. 그런데 마음에서 수건이 벗어지지 않은 자 곧 마음의 할례를 받지 못한 유대주의자들은 의문(儀文, 字句, Letter)만 보고 하나님의 의도를 곡해했던 것입니다. 이는 "개혁(改革)할 때까지 맡겨둔 것"(히 9:10), 즉 개혁되었다는 점을 몰랐던 것입니다.

ㄴ 베드로가 이방인들과 식사 교제를 나누다가 물러간 것도 예루살렘에서 내려온 "어떤 이들"(갈 2:12) 때문임을 감안할 때 이들은 무시할 수 없는 영향력을 행사하고 있었음을 알 수 있습니다. 베드로가 두

려워서 물러갔다면 바울에 대한 그들의 인식이 어떠했으리라는 것은 짐작하기에 어렵지 않습니다. 유대인들이 마치 사활이 걸려있는 양 매달렸던 마지막 보루(堡壘)가 할례(행 15:5)였던 것입니다.

ⓒ 이를 가리켜 "하나님 아는 것을 대적하여 높아진 것"(10:5)이라고 진술합니다. 왜 "높아진 것"이라고 말씀하는가? "하나님의 의를 모르고 자기 의를 세우려고 힘써 하나님의 의에 복종하지 아니하였기"(롬 10:3) 때문입니다. 주님은 이를 파하시려고 율법에 열심이었던 바리새인 바울을 들어 쓰셨던 것입니다.

⑧ 이제 각 장에 나타난 두 세력 간의 갈등을 살펴보도록 하겠습니다. 이것이 현대교회에 적실성이 있기 때문입니다.

ⓐ 1장에서 "육체의 지혜로 하지 아니하고 하나님의 은혜로 행함은"(1:12) 합니다. 이 말씀은 상대가 "육체의 지혜"로 행하고 있음을 암시하는 대목입니다. 바울이 복음을 전할 때에 "말과 지혜의 아름다운 것으로 아니하였다"(고전 2:1)는 점을 얼마나 역설하고 있는지를 전서에서 이미 살펴본 바입니다. 그렇다면 영적 싸움은 "사람의 지혜 대(對) 하나님의 은혜"의 싸움이라는 말이 됩니다.

ⓑ 2장에서 "우리는 수많은 사람들처럼 하나님의 말씀을 혼잡하게 하지 아니하고 곧 순전함으로"(17) 전했다고 말씀합니다. 그렇다면 영적 싸움이란 "혼잡 된 말씀 대(對) 순전한 말씀"의 싸움이 되는 것입니다.

ⓒ 3장에서 "추천서를 너희에게 부치거나"(3:1) 한 추천서가 등장합니다. 이로 보아 그들은 추천서를 가지고 온 자들임을 알 수 있습니다. 그러면 오늘날의 추천서는 무엇이라 할 것인가? 박사학위 문제로 물의를 일으킨 중심에 목회자 있습니다.

ⓓ 4장에서 "만일 우리의 복음이 가리었으면 망하는 자들에게 가리어진 것이라"(3) 합니다. 누가복음을 가로막는 자인가? 수건이 마음에서

벗겨지지 않은 자들입니다. 그렇다면 복음의 빛을 가리려는 자와 이를 밝히 드러내려는 자 간에는 영적인 충돌이 불가피하다 하겠습니다.

그러면서 사도가 "우리가 이 직분을 받아 긍휼하심을 입은 대로 낙심하지 아니하고(1), 답답한 일을 당하여도 낙심하지 아니하며(8), 그러므로 우리가 낙심하지 아니하노니"(16) 하고, "낙심"이라는 말을 반복적으로 말씀하고 있는 것을 보면 복음을 보수하려는 싸움이 얼마나 고독하고 힘겨운 싸움임이 나타납니다.

⑨ 둘째 문단(8-9장), 이제 뒤로 밀어두었던 둘째 문단을 살펴보게 되었는데 예루살렘교회의 가난한 성도들을 돕기 위한 연보를 부탁하는 내용입니다. 학자들은 앞에서 살펴본 대로 전투적인 서신 중간에 이처럼 연보를 부탁하는 내용이 있다는 것은 어울리지 않는다, 다른 곳에서 언급한 것이 여기에 끼어들었다고 말합니다.

㉠ 저는 아니라고 말합니다. 바울의 "큰 근심과 고통"(롬 9:1)이 무엇인가? 바울은 3차 여행을 마치고 예루살렘으로 올라가는 것이 기쁜 발걸음이 아니라 마치 사자 굴로 들어가는 심정이었을 것입니다. 그렇다고 예루살렘 모 교회를 부정할 수도 없는 이것이 풀어야 할 난제인 것입니다.

㉡ 왜냐하면 "그는 우리의 화평이신지라 둘로 하나를 만드사 원수 된 것 곧 중간에 막힌 담을 자기 육체로 허시고"(엡 2:14) 한 주님의 죽으심으로 하나 되게 하신 복음을 훼손해서는 안 되기 때문입니다. 이를 위하여 바울이 예루살렘을 방문했을 때 야고보의 제의를 받아드려 율법 준수의 표로 "결례"(행 21:17-26)를 행하는 파격적인 모습을 대하게 됩니다.

ⓒ 이런 맥락에서 연보를 부탁하는 의도를 가늠해보게 되는데 "이제 너희의 넉넉한 것으로 그들의 부족한 것을 보충함은 후에 그들의 넉넉한 것으로 너희의 부족한 것을 보충하여 균등하게 하려 함이라"(8:14), 즉 연보(구제금)를 통해서 이방인 그리스도인들과 유대인 그리스도인들 간의 유대를 맺어주기 위한 것으로 여겨진다는 것입니다.

로마서에서도 "이방인들이 그들의 영적인 것을 나눠 가졌으면 육적인 것으로 그들을 섬기는 것이 마땅하니라"(롬 15:27)고, 구제 헌금이 유대인 그리스도인들과 이방인 그리스도인 간의 유대를 강화해주는 매개체 역할을 하는 것을 보게 됩니다. 이런 의도가 "이 봉사의 직무가 성도들의 부족한 것을 보충할 뿐 아니라 사람들이 하나님께 드리는 많은 감사로 말미암아 넘쳤느니라, 말할 수 없는 그의 은사로 말미암아 하나님께 감사하노라"(9:12,15)한 말씀에 나타납니다.

⑩ 마지막으로 본서에서 빼놓을 수 없는 말씀을 살펴보고 마치려 합니다. 고린도후서의 문제가 마음에 수건이 벗어진 자와 벗어지지 않는 자 간의 갈등이라 했습니다. 그러면 수건이 벗어진 바울이 증언한 내용이 무엇인가? 묻게 되는데 이점이 5장에 요약되어 있습니다.

ⓐ "모든 것이 하나님께로서 났으며"(18상) 합니다. 이는 구원이란 100% 하나님께서 자기 아들을 통해서 행해주신 은혜라는 뜻입니다. 그런데 거짓 교사들은 마치 여기에다 인간이 무엇인가(할례)를 보태야 하는 양 가르쳤던 것입니다. 그렇다면 이는 "다른 복음"인 것입니다.

ⓛ "그들의 죄를 그들에게 돌리지 아니하시고"(19) 합니다. 그러면 우리들의 죄를 어떻게 처리하셨는가? "죄를 알지도 못하신 이를 우리를 대신하여 죄를 삼으셨다"(21상) 라고 말씀합니다. 이것이 대속입니다. 그런데 오늘날은 대속교리를 "도살장의 신학"이라고 조롱을 하면서 도리어 바울이 기독교를 변질시킨 자로 매도하고 있습니다. 그러면 대속을 통하여 우리에게 베푸신 은총이 무엇인가?

ⓒ 왜 이렇게 행해주셨는가? "우리로 하여금 그(그리스도) 안에서 하나님의 의가 되게 하려 하심이라"(21하)고 대답합니다. 여기 바울이 "나의 복음"이라고 말할 정도로 목숨 걸고 증언한 복음의 핵심인 "칭의 교리"가 등장합니다. 구원계획에 있어서 가장 난제는 전적타락·전적무능 한 죄인이 하나님 앞에 의롭다함을 얻는 것이 어떻게 가능해질 수 있는가 하는 문제입니다. 이것만 해결되면 의로우신 하나님 앞으로 나아가 하나님과 "화목"할 수 있기 때문입니다.

그런데 이 난제가 그리스도의 구속으로 말미암아 가능해졌다는 여기에 복음의 핵심이 있는 것입니다. 그런데 거짓 교사들은 "사람이 의롭게 되는 것"이 할례를 행하고, 모세의 율법을 지킴으로 의롭게 되는 양 가르쳤던 것입니다. 그렇다면 영적 싸움은 "오직 은혜·오직 믿음"을 주장하는 자와 사람이 무엇인가 보태야 하는 양 가르치는 자 간의 싸움이라 할 것입니다.

ⓔ 사도는 고린도 교회를 향하여 "그리스도를 대신하여 간청하노니 너희는 하나님과 화목하라"(5:20)고 촉구합니다. 이상하게 들리지 않습니까? 고린도 성도들은 이미 하나님과 화목한 자들입니다. 사도의 진단은 고린도 교회의 여러 가지 문제의 원인이 복음을 상실함으로 하나님과의 관계가 잘못되었기 때문으로 보고 있는 것입니다. 하나님과의 관계가 바르지 못하게 되면 이웃과의 관계도 뒤틀리게 됩니다.

⑪ 바울은 고린도 성도들에게,

㉠ "내가 자녀들에게 말하듯 하노니 보답하는 것으로 너희도 마음을 넓히라"(6:13) 합니다.
㉡ "마음으로 우리를 영접하라"(7:2)고 호소합니다.
㉢ "내가 구하는 것은 너희의 재물이 아니요 오직 너희니라 내가 너희 영혼을 위하여 크게 기뻐하므로 재물을 사용하고 또 내 자신까지도 내어 주리니"(12:14-15)라고 말합니다. 이렇게 말씀함은 거짓 교사들이 물질을 탐하는 자들임을 나타냅니다.
⑫ 그러나 사도는 고린도 교회에 대하여 결코 절망하지 않습니다. "너희가 우리를 부분적으로 알았으나"(1:14상) 합니다. 지금은 주님의 마음, 바울의 심정을 "부분적"으로 알고 있을 뿐이지만 "우리 주 예수의 날에는 너희가 우리의 자랑이 되고 우리가 너희의 자랑이 되는 그것이라"(1:14하) 합니다.
㉠ 바울은 그날을 바라보며 그들에 대한 기대를 결코 포기하지 않습니다. 바울의 자랑과 기쁨과 소망은 오직 성도들이 주 예수의 날에 그 앞에 세움을 받는 것입니다. 지금이 아닙니다. "주 예수의 날에"!
㉡ 한 때 거짓 교사들에게 미혹되어 바울을 배척했지만 그날에는 그들이 바울을 무척이나 자랑으로 여기게 될 것을 확신하고 있는 것입니다. 그것은 바로 복음에 대한 확신이기도 합니다. 형제도 그러합니까?

갈라디아서

**주제 : 그리스도께서 우리를 자유롭게 하려고 자유를
주셨으니 그러므로 굳건하게 서서 다시는 종의
멍에를 메지 말라(5:1)**

갈라디아서는 첫 부분에서 "저주를 받을지어다, 저주를 받을지
어다"(1:8,9)하는 매우 격앙된 어조로 시작하고 있습니다. 누가
이토록 바울 사도를 격분하게 했는가? "가만히 들어온 거짓 형
제"(2:4)들입니다.

거짓 형제들이 바울과 바나바가 제1차 선교를 통해서 복음의
씨를 뿌린 갈라디아 지방(비시디아 안디옥·이고니온·루스드라
·더베, 행13-14장)에 들어와 "다른 복음"을 전하여 바울의 수고
를 헛되게(4:11) 만들려 하고 있기 때문입니다. "다른 복음은 없

나니"(1:7상) 합니다.

① "그리스도의 은혜로 너희를 부르신 이를 이같이 속히 떠나 다른 복음을 따르는 것을 내가 이상하게 여기노라 다른 복음은 없나니 다만 어떤 사람들이 너희를 교란하여 그리스도의 복음을 변하게 하려 함이라 그러나 우리나 혹은 하늘로부터 온 천사라도 우리가 너희에게 전한 복음 외에 다른 복음을 전하면 저주를 받을지어다"(1:6-8)하고 격분합니다. "다른 복음"이 없다면 그들은 다른 복음을 전한 것이 아니라 "거짓 복음"을 전했던 것입니다.

㉠ 오늘의 그리스도인들이 상실한 것 가운데 하나가 대적자(사탄, 비진리)에 대한 적개심(敵愾心)이 아닌가 싶습니다. 다른 복음에 대한 적개심이 없다면 참 복음에 대한 애정도, 열정도 없는 것이 됩니다.

㉡ 생각해보십시오. 이리가 당신의 닭을 물어갔다면 어떻게 하시겠습니까? 그런데 닭이 아니라 사랑하는 자식을 물어갔다면 그래도 당신은 격분하지 않을 것입니까? 바울은 지금 그런 분한 마음으로 갈라디아서를 쓰고 있는 것입니다.

저주를 받을지어다

② 갈라디아 성도들은 바울이 전하여준 십자가의 도를 속히 떠나 다른 복음을 좇아가고 있었습니다. "어리석도다 갈라디아 사람들아 예수 그리스도께서 십자가에 못 박히신 것이 너희 눈앞에 밝히 보이거늘 누가 너희를 꾀더냐"(3:1)라고 책망합니다.

"그리스도께서 십자가에 못 박히신 것이 너희 눈앞에 밝히 보이거늘"이라는 표현에서 바울이 그들에게 전해준 복음이 무엇인가 하는 점이 드러납니다. "예수 그리스도께서 십자가에 못 박히신" 복음을 "눈앞에 밝히 보일" 정도로 자주자주 더 많이 전해주었던 것입니다.

③ 그렇다면 거짓 교사들은 복음을 어떻게 변질시켰으며 그들이 전한 다른 복음이란 무엇인가? 거짓 형제들은 크게 두 가지를 들어 바울을 공격했습니다.

 ㉠ 첫째는 바울은 참 사도가 아니며 자신들이야말로 예루살렘에서 파송된 참 교사로 자처했습니다.

 ㉡ 둘째는 바울이 전해준 복음을 믿는 것만으로는 부족하며, 할례를 받아야 하고 율법에 명시된 절기(節期)들(4:10)을 지켜야 한다고 가르쳤던 것입니다.

 ㉢ 첫째로 사도권에 대하여 바울은 "사람들에게서 난 것도 아니요 사람으로 말미암은 것도 아니요 오직 예수 그리스도와 그를 죽은 자 가운데서 살리신 하나님 아버지로 말미암아 사도 된 바울은"(1:1)하고 자신의 사도 권을 옹호합니다.

이 점에서 유의해야 할 점은 바울은 자신의 명예를 옹호하기 위해서 이렇게 열을 올리고 있는 것이 아니라는 점입니다. 거짓 교사들이 바울의 사도 권을 공격한 것은 바울이 전한 복음을 헛되게 만들기 위한 술책이었던 것입니다.

그러므로 바울이 사도 권을 옹호하는 까닭은 자신이 전한 복음의 권위를 수호하기 위해서임을 잊어서는 안 됩니다. 이점은 말씀을 맡은 모든 설교자에게도 적용됩니다. 설교자가 어떤 이유에서건 권위를 상실하게 되면 그가 전하는 말씀의 권위도 실추(失墜)될 수밖에 없는 것입니다.

그러므로 바울은 디모데에게 "너는 이것들을 명하고 가르치라"

한 다음에 "누구든지 네 연소함을 업신여기지 못하게 하라"(딤전 4:11-12)고 전도자의 권위가 훼손되지 않게 하라고 명하였던 것입니다.

④ 현대교회가 취하고 있는 반응대로라면, 그들이 예수를 부인하는 것도 아닌데 할례를 받아야 한다는 주장을 다른 복음으로 규정하고 "저주를 받을 지어다"고 정죄한다는 것은 너무나 편협하고 독선적이라고 여길 법도 합니다.

ㄱ 그렇지가 않습니다. "모든 것이 하나님께로서 났나니"(고후 5:18)한 구원은 전적으로 하나님께서 그의 아들 예수 그리스도의 대속을 통해서 이루어주신 것입니다.

ㄴ 거기다가 무엇인가를 첨부시키려 한다면 이는 "그리스도의 복음을 변하게"(7) 하는 "다른 복음"이 되고 마는 것입니다. 그렇게 한다면 "너희는 그리스도에게서 끊어지고 은혜에서 떨어진 자로다"(5:4)라고 말씀합니다.

ㄷ 이에 대한 구약의 분명한 예표가 있습니다. 하나님은 "네가 내게 돌로 제단을 쌓거든 다듬은 돌로 쌓지 말라 네가 정으로 그것을 쪼면 부정하게 함이니라"(출 20:25)고 명하셨습니다. 여기서 말씀하는 "제단"은 주님의 속죄 사역에 대한 그림자인 번제단인데 거기다가 "정으로 쪼는" 인공적(人工的)인 것을 가미하면 "부정(不淨)하게 된다", 즉 다른 복음이 된다는 경계입니다. 얼마나 분명한 계시인가?

그리스도의 복음을 변하려함

⑤ "구원은 하나님께서 자기 아들을 통해서 모두 다 마련해주신 것입니다. 값없이 거저 주시는 것입니다"라고 말해주면 사람

들이 환영하고 기뻐할 것 같지만 사실은 그렇지 않습니다. 왜냐하면 타락한 인간은 자기중심적(自己中心的)이 되어서 자신이 무엇인가 보태야 하는 줄로 생각합니다. 말하자면 하나님이 90%를 행해주시고 자신도 10% 정도는 보태야된다고 생각한다는 말씀입니다.

　㉠ 왜냐하면 자랑거리를 갖기 원하고 있기 때문입니다. 6:13절을 보면 "할례를 받은 그들이라도 스스로 율법은 지키지 아니하고 너희에게 할례를 받게 하려 하는 것은 그들이 너희의 육체로 자랑하려 함이라"고 말씀합니다. 이 "자랑"이라는 문제가 하나님 앞에서는 치명적인 병임을 인식해야 합니다.

　㉡ 유대인들이 그리스도를 배척한 원인이 자기중심적인 자랑, 즉 "하나님의 의를 모르고 자기 의를 세우려고 힘써 하나님의 의에 복종하지 아니한"(롬 10:3)데 있었던 것입니다. 이것이 깨어지고 부서지기까지는 그는 진정 복음을 이해한 것이 못됩니다. "율법의 의로는 흠이 없는 자로라"고 자고(自高)하던 바울은 복음의 빛에 비춤을 받은 후에야 비로소 "그러나 내게는 우리 주 예수 그리스도의 십자가 외에 결코 자랑할 것이 없으니"(6:14)라고 선언합니다.

⑥ 그렇다면 사도 바울이 전파한 복음의 핵심이 무엇인가? "사람이 의롭게 되는 것은 율법의 행위로 말미암음이 아니요 오직 예수 그리스도를 믿음으로 말미암는 줄 알므로 우리도 그리스도 예수를 믿나니 이는 우리가 율법의 행위로서가 아니고 그리스도를 믿음으로써 의롭다 함을 얻으려 함이라 율법의 행위로써는 의롭다 함을 얻을 육체가 없느니라"는 말씀에 나타납니다.

　㉠ 사도는 2:16절 한절 속에서 "의롭다 함, 율법의 행위, 믿음"이라는 말을 각각 세 번씩 언급함으로 "의롭다함"을 얻는 길이 율법의 행위

로 가능한가? 믿음으로 가능한가를 강력하게 증언하고 있습니다. 그리고 결론은 "율법의 행위로서는 의롭다함을 얻을 육체가 없다"하고 단언하면서, 그러하기 때문에 "우리도 그리스도 예수를 믿나니"라고 말씀합니다. 이것이 바울이 전한 복음의 핵심입니다. 그런데 거짓 교사들은 복음+율법=구원을 전했고, 믿음+할례=구원을 주장함으로 복음을 변하려 했던 것입니다.

ⓛ "사람이 의롭게 되는 것", 즉 이신칭의(以信稱義) 교리가 어찌하여 복음의 핵심이 되는가? 이를 알려면 타락의 현장(창 3장)으로 소급해 올라가야 합니다. 인류의 시조는 범죄 함으로 하나님 존전에서 추방을 당했습니다. 왜냐하면, "의와 불법이 어찌 함께하며 빛과 어둠이 어찌 사귈 수"(고후 6:14) 없었기 때문입니다.

복음의 핵심

⑦ 하나님 존전에서 추방을 당한 아담의 후예들의 절박한 숙원이 무엇이겠습니까? 하나님께로 돌아가는 일입니다. 그러나 성경은 "율법의 행위(行爲)로 그(하나님)의 앞에 의롭다 하심을 얻을 육체가 없다"(롬 3:20)고 단언합니다. 그러므로 죄인이 구원함을 얻는데 있어서 가장 큰 난제(難題)는 인간이 하나님 앞에 어떻게 의롭다함을 얻을 수 있는가 하는 문제입니다.

ⓐ 이 문제만 해결되면 다음은 자연히 풀려나가게 됩니다. 한 번 이렇게 말해보십시오. '하나님은 의로우시다. 그런데 나는 의롭지 못하다'. 이 말에 동의하십니까? 그렇다면 의로우신 하나님과 의롭지 못한 나와의 관계는 어떤 상태에 놓이게 되는가? "오직 너희 죄악이 너희와 너희 하나님 사이를 갈라놓았다"(사 59:2)고 말씀합니다.

ⓛ 갈라디아서는 우리 앞에 두 길을 제시합니다.

㉮ "믿음으로 의롭게 되는 길과

㉯ 행함으로 의롭게 되는 길"(3:11-12)입니다.

어느 길이 우리에게 의롭다 함을 줄 수 있는가? 그런데 행함으로 의롭게 되려는 시도는 실패로 끝났습니다. 이점을 2:16절이 명백하게 말씀해주고 있습니다. 2:16절을 문맥적으로 보면 바울이 베드로를 면책(面責)한 말씀임을 알게 됩니다. 안디옥 성도들과 식탁교제를 나누던 베드로가 예루살렘으로부터 할례자들이 온다는 말을 듣고 두려워하여 피하였습니다. 그 베드로를 향하여 '우리가 의롭다함을 얻은 것은 할례를 받았기 때문이냐? 그리스도의 구속을 믿기 때문이냐? 이방인들도 믿음으로 의롭다함을 얻었고, 하나님이 차별치 아니하시는데 우리가 무엇이 관대 이들을 부끄러워한단 말이냐'라고 면책한 셈입니다.

ⓒ 이 점에서 명심해야 할 점은 "할례"를 더한다는 것이 어찌하여 그토록 용납이 안 되는가? 이점에 확고해야 한다는 점입니다. 사도는 "내가 하나님의 은혜를 폐하지 아니하노니 만일 의롭게 되는 것이 율법으로 말미암으면 그리스도께서 헛되이 죽으셨느니라"(2:21)고 대답합니다. 첫째는 "하나님의 은혜를 폐하는 것이 된다", 왜냐하면 할례로 의롭다함을 얻었으니 하나님, 은혜 주시지 않아도 된다는 뜻입니다. 둘째는 "만일 의롭게 되는 것이 율법으로 말미암으면 그리스도께서 헛되이 죽으셨느니라"(2:21하), 왜냐하면 의롭다함을 얻는 할례가 있는데 왜 죽으셨느냐 하는 것이 되기 때문이라는 것입니다.

유일한 구원의 방도

⑧ 이 진리는 신약의 성도들에게만 해당되는 구원의 방도가 아니라 구약의 성도들에게도 유일한 구원의 길이라고 말씀합니다. 사도는 하나님께서 "먼저 아브라함에게 복음을 전했다"(3:8)라고

말씀합니다. 그리하여 아브라함도 믿음으로 의롭다함을 얻었다(3:6)고 말씀합니다. 그러므로 아브라함은 믿음으로 의롭다함을 얻는 자의 조상, 곧 "믿음의 조상"이 된 것입니다.

ⓐ 3장에는 놀라운 도식(圖式)이 나타납니다. 먼저 "아브라함에게 믿음으로 의롭다함을 얻는 복음을 전하셨다"(3:8) 합니다. 그런데 모세를 통해서 "율법을 행하는 자는 그 가운데서 살리라 하였느니라"(3:12) 합니다. 그러면 어떻게 되는가? 아브라함에게는 "믿음"을, 모세에게는 "행함"을 말씀했다면 "그러면 율법이 하나님의 약속들과 반대(反對)되는 것이냐"(3:21) 합니다. 형제의 대답은 무엇입니까? 사도는 "율법이 우리를 그리스도께로 인도하는 초등교사가 되어 우리로 하여금 믿음으로 말미암아 의롭다 함을 얻게 하려 함이라"(3:24)고 진술합니다.

ⓑ 이 점에서 율법을 주신 목적이 무엇인가를 생각하게 합니다. 두 가지를 들고 있는데, 첫째는 "그런즉 율법은 무엇이냐 범법하므로 더하여진 것"(3:19)이라고 말씀합니다. 법이 없으면 그야말로 무법천지가 되고 맙니다. 그래서 죄를 억제하기 위해서 더하여 진 것, 즉 가입(加入)한 것이라고 말씀합니다. 둘째는 "율법으로는 죄를 깨달음이니라"(롬 3:20) 한 죄를 깨닫게 하여 "우리를 그리스도께로 인도하는 초등교사"(3:24)라고 말씀합니다. 이것이 율법을 주신 궁극적인 목적인 것입니다. 그렇다면 "율법을 주시지 않으셨다면 우리가 구원에 이를 수 없다"는 논리가 성립되는 것입니다.

ⓒ 형제여, "나는 의롭지 못하다"는 것은 주님을 만나기 이전 상태만을 가리키는 말이 아닙니다. 주님을 만난 지금도, 거듭난 이후도, 나의 행위로는 하나님 보시기에 아직 의롭지 못한 것입니다. 그러므로 정죄감에서 헤어나지 못하게 되고 탄식의 연속일 수밖에 없는 것입니다.

그렇다면 이것이 복음이란 말인가? 아닙니다. 복음은 "의롭다 하신 이는 하나님이시니 누가 정죄하리요, 그러므로 이제 그리스도 예수 안에 있는 자에게는 결코 정죄함이 없나니"(롬 8:1, 33)하고 넘어졌다가도 벌떡 일어나는 것입니다. 이것이 어떻게 가능하여졌는가?

㉣ 하나님께서 우리를 의롭다고 여겨주신 것은 그냥 하신 것이 아니었습니다. "그리스도께서 우리를 위하여 저주를 받은바 되사 율법의 저주에서 우리를 속량하셨으니"(3:13)라고 말씀합니다. 이점을 로마서에서는 "그리스도 예수 안에 있는 속량으로 말미암아 하나님의 은혜로 값없이 의롭다 하심을 얻은 자 되었느니라"(롬 3:24)고 말씀합니다. 우리를 위하여 대신 정죄를 받으셨기 때문에 믿는 우리에게는 정죄가 없다는 말씀입니다.

오직 믿음

⑨ 그렇다면 인간이 보태야 할 일이 무엇이 남았습니까? 없습니다. 오직 이 대속의 은총을 "듣고 믿기만"(3:2,5) 하면 된다고 말씀합니다. 오직 이 한 길만이 하나님께 의롭다함을 얻을 수 있는 길이요, 하나님 앞에 나아갈 수 있는 길이요, 하나님과의 관계를 회복할 수 있는 길이라고 말씀합니다.

㉠ 그렇다면 행함은 필요 없단 말인가 하는 문제가 대두됩니다. 여기에 "자유자와 종"이라는 상반된 개념이 도입됩니다. 그리스도인이란 자유자이면서 동시에 사랑의 종이라고 말씀합니다. "그리스도께서 우리를 자유롭게 하려고 자유를 주셨으니 그러므로 굳건하게 서서 다시는 종의 멍에를 메지 말라"(5:1) 합니다.

㉡ 또한 "형제들아 너희가 자유를 위하여 부르심을 입었으나 그러나 그 자유로 육체의 기회를 삼지 말고 오직 사랑으로 서로 종노릇 하라"(5:13)고 말씀합니다. 어떻게 자유(自由)하면서도 종(從)노릇한다

는 것이 가능하게 되는가? 복음만이 가능하게 하는 것입니다. 왜냐하면 복음이란 자유자 이신 그리스도께서 스스로 종이 되셔서 죽기까지 복종하심으로 이루어주신 것이기 때문입니다.

ⓒ 그리고 "내가 이르노니 너희는 성령을 따라 행하라 그리하면 육체의 욕심을 이루지 아니하리라"(5:16)고 "성령"의 도우심으로 가능하여진다고 말씀함으로, "믿음과 행함"의 조화(調和)와 균형(均衡)을 잡아주고 있습니다. 다시 말하면 의롭다함을 얻음으로 그 몸이 성령이 거하시는 전이 된 자들만이 의로운 삶을 살기를 열망한다는 말씀인 것입니다.

ⓔ 기록(記錄)된 갈라디아서가 어찌하여 이 시대에 선포(宣布)되는 갈라디아서가 되어야 하는가? 현대교회 안에는 할례를 받아야 구원을 얻는다고 주장하는 자들은 더 이상 없습니다. 그러나 하나님께서 예수 그리스도를 통하여 이루어주신 복음, 그리하여 값없이 거저 주시는 복음을 변하게 하려는 시도는 더욱 기승을 부리고 있기 때문입니다. 그 배후에는 사탄이 도사리고 있음을 망각해서는 안 됩니다. 사탄은 거짓의 아비입니다. 그러므로 정신을 차리지 않으면 누구라도 거짓의 아비에게 악용될 수 있는 것입니다.

갈라디아서와 현대교회

⑩ 그 대표적인 증상의 하나로 현대교회의 강단에서는 복음의 핵심인 칭의(稱義)교리에 대한 설교가 점점 사라져가고 있다는 점을 들 수 있습니다. 이는 복음이 사라지고 있다는 변명의 여지가 없는 명백한 증거입니다. 그들은 말합니다. '우리는 복음을 받아드렸다, 거듭났다, 이제는 성장이요, 성화다'. 이것은 복음을 일탈하여 율법으로 돌아가고 있는 현대판, "다른 복음"일 수 있는

것입니다.

    ㉠ 복음(福音)은 한 번 통과하고 마는 그런 것이 아닙니다. 복음으로 구원 얻고, 복음으로 자라고, 성화의 삶을 살아갈 수 있게 해주는 것도 오직 복음의 능력인 것입니다. 율법은 칭의만을 주지 못한 것이 아니라 우리에게 성화(聖化)도 주지 못했음을 유념해야 합니다.

    ㉡ 강단에서 칭의교리가 사라지게 되면 성도들에게서는 기쁨도 사라지게 됩니다. 왜냐하면 복음만이 "큰 기쁨의 좋은 소식"(눅 2:10)이기 때문입니다. 복음이 사라지게 되면 성도들은 "다른 복음"이라는 멍에 하에서 신음하게 되는 것입니다. 이 속박으로부터 성도들을 자유하게 하기 위해서 갈라디아서는 기록되었고 또한 선포되어야 하는 것입니다.

갈라디아서가 선포되는 현장에는 기쁨이 있습니다. 감사가 있습니다. 찬양이 있습니다. "오직 사랑으로 서로 종노릇" 하는 섬김이 있습니다.

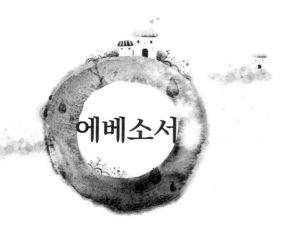

에베소서

**주제 : 교회는 그의 몸이니 만물 안에서 만물을
충만하게 하시는 이의 충만함이니라(1:23)**

에베소서의 중심주제를 "교회론"이라고 말합니다. 이는 교회가
얼마나 웅대하고 "영광스러운 교회"(5:27)인가를 인식하는 측면
에서는 맞는 말입니다. 교회가 무엇인가? "교회는 그의 몸이니 만
물 안에서 만물을 충만하게 하시는 이의 충만함이니라"(1:23)고
말씀합니다. 그러면 교회의 머리가 되시는 그리스도는 어떤 분이
신가? 그리스도론이라 하는 골로새서에서는 "그 안에는 신성의
모든 충만이 육체로 거하시는"(골 2:9) 분이라고 말씀합니다. "충
만"은 머리에만 충만한 것이 아닙니다. 그러므로 몸 된 교회도

"하나님의 모든 충만하신 것으로 너희에게 충만하게 하시기를 구하노라"(3:19) 합니다. 이것이 영광스러운 교회입니다.

에베소서에는 "충만"이라는 말이 일곱 번 등장하는데 이는 공허(空虛)한 것과 반대되는 개념입니다. 세상에 죄가 들어옴으로 말미암아 공허하고 마치 산산조각이 난 유리처럼 깨지고 말았던 것입니다. 그런데 예수 그리스도의 구속으로 말미암아,

　㉠ "그는 우리의 화평이신지라 둘로 하나를 만드사 원수 된 것 곧 중간에 막힌 담을 자기 육체로 허셔서"(2:14), 하나님과 죄인 사이를 화목하게 하시고

　㉡ 유대인과 이방인을 하나가 되게 하시고

　㉢ "하늘에 있는 것이나 땅에 있는 것이 다 그리스도 안에서 통일되게 하려 하심이라"(1:10)고 말씀합니다. 이런 맥락에서 에베소서의 주제가 "통일"(統一)이라 할 수 있습니다.

이점을 3:9절에서는 "영원부터 만물을 창조하신 하나님 속에 감추어졌던 비밀의 경륜"이라고 말씀합니다. 당시 유대주의자들은 이를 모르고 이방인 그리스도인들을 차별하고 이방인의 사도인 바울을 배척했던 것입니다. 이것이 교회요 하나님의 나라 건설인 것입니다.

사도는 에베소서를 기록하면서 "그것을 읽으면 내가 그리스도의 비밀을 깨달은 것을 너희가 알 수 있으리라"(3:4)고 말씀합니다. 6:19절에서는 "복음의 비밀"이라고 말씀합니다. 바울은 자신의 사명을 두 가지로 들고 있는데,

　① 첫째는 "나에게 이 은혜를 주신 것은 측량할 수 없는 그리스도의 풍성함을 이방인에게 전하게 하시고"(3:8),

　② 둘째는 "영원부터 만물을 창조하신 하나님 속에 감추어졌던

비밀의 경륜이 어떠한 것을 드러내게 하려 하심이라"(3:9)고 진술합니다. 이는 바울의 사명만이 아닌 모든 그리스고의 증인들의 사명이기도 합니다. 이 웅대하고 영광스러움을 "드러내고" 있는 것이 에베소서인 것입니다.

〈1장〉

① 1장은 교회를 세우기 위한 자료 선택(選擇)이라고 말할 수 있습니다. 교회의 구성원 한 사람 한 사람을,
  ㉠ 하나님께서는 창세 전에 택해 놓으셨다(1:4)는 것입니다. 선택해 놓으신 그들을
  ㉡ 그리스도께서는 "그의 피로 말미암아 속량"(1:7) 즉 값을 주고 사셨다고 말씀합니다. 값으로 사신 그들을 성령께서는
  ㉢ "인치심"(1:13)으로 하나님의 소유됨을 나타내셨다는 것입니다. 한 사람의 그리스도인이 되기 위해서는 성부의 택하심과 성자의 속량하심과 성령의 인치심으로 말미암은 성 삼위 하나님의 작품이라는 점이 얼마나 놀라운 하나님의 경륜입니까?

〈2장〉

② 2장에서는 1장에서 준비해놓으신 그들이 서로 연결하여 지어져 가는, 즉 교회가 세워져 가고 있음을 보여줍니다.
  ㉠ "너희는 사도들과 선지자들의 터 위에 세우심을 입은 자라"(20상) 한 "터"가 있습니다.
  ㉡ "그리스도 예수께서 친히 모퉁잇돌이 되셨느니라"(2:20) 한 건축할 때에 제일 처음으로 놓는 "모퉁잇돌"이 그리스도 시라고 말씀합니다.

ⓒ 그런 후에 "건물마다 서로 연결하여 주 안에서 성전이 되어가고"(21
상) 하고 한 사람 한 사람의 작은 성전들이 연결되어가는 이것이 교
회라는 것입니다.

ⓔ 그러면 교회가 누구의 집인가? "너희도 성령 안에서 하나님이 거하
실 처소가 되기 위하여 그리스도 예수 안에서 함께 지어져 가느니
라"(2:22)고 말씀합니다.

"성령 안에서, 예수 안에서, 하나님이 거하실 처소가 되기 위하여"
한 교회건설은 성령과 성자와 성부와 관련된 삼위일체 하나님의 사
역이라는 말씀입니다. 형제가 교회의 일원이 되었다는 것이 얼마나
영광스러운지를 아셨습니까?

ⓜ 그리스도는 "우리의 화평이신지라 둘로 하나를 만드사 원수 된 것
곧 중간에 막힌 담을 자기 육체로 허셨다"(2:14)라고 말씀합니다.
전에는 하나님과 인간 사이에 그리고 인간과 인간 사이에 수많은 담
이 가로막혀 있었습니다. 모형으로 주어진 성막·성전에는 막힌 담
이 많이 있었는데 이는 죄로 말미암은 것입니다. 그런데 그리스도의
구속으로 말미암아 하나님과 인간 사이의 담을 허셨습니다.

또한 인간과 인간 사이, 즉 유대인과 이방인 사이의 담을, 남자와
여자, 상전과 종의 사이에 가로놓여 있던 담을 허셨습니다. 그래서
하나님과 인간 사이를 화목하게 하셨으며, 인간과 인간 사이를 하나
되게 하사 서로 연결하여 지어져 가게 하셨다는 말씀입니다.

모든 그리스도인은 똑같은 두 사람이 없을 정도로 다양합니다만 그
들을 그리스도 안으로 부르시어 하나로 품으신 것입니다. 이것이 바
울 신학을 한마디로 요약한 "엔 크리스토", 즉 "그리스도 안에서"의
뜻입니다.

ⓗ 교회는 오직 둘이 있을 뿐인데 하나는 하늘에 있는 천상(天上)교회
요, 하나는 땅에 있는 지상(地上)교회입니다. 하나님의 궁극적인 목
표는 "하늘에 있는 것이나 땅에 있는 것이 다 그리스도 안에서 통일

되게 하려 하심이라"(1:10)고 말씀합니다. 구약시대는 물리적인 성막과 성전을 하나님이 거하시는 처소(處所)라고 불렀습니다만 신약시대에는 교회를 "하나님이 거하실 처소"(2:22)라고 말씀합니다.

〈3장〉

③ 3장에서는 교회를 위한 사도의 기도(祈禱)가 등장합니다. 마치 솔로몬이 성전을 완공하고 기도를 드림과 같이 사도도 2장에서 교회건설을 진술한 후에 3장에서 기도를 드립니다.

㉠ 그리고 "솔로몬이 기도를 마치매 불이 하늘에서부터 내려와서 그 번제물과 제물들을 사르고 여호와의 영광이 그 성전에 가득하니"(대하 7:1) 함과 같이, 사도 바울의 기도도 "하나님의 모든 충만하신 것으로 너희에게 충만하게 하시기를 구하노라"(3:19)고 마치고 있습니다. 아시겠습니까? 교회란 하나님의 모든 충만하심으로 충만하게 하신 그렇게 영광스러운 것입니다.

㉡ 그런데 우리는 더 나아가야 합니다. 왜냐하면 골로새서 2:9-10절에서 그리스도 안에는 "신성의 모든 충만이 육체로 거하시고"라고 말씀하면서 "너희도 그 안에서 충만(充滿)하여졌으니"(골 2:10)라고 말씀하시기 때문입니다.

이점을 고린도전서에서는 성도들을 향해 "너희 몸은 너희가 하나님께로부터 받은바 너희 가운데 계신 성령의 전인 줄을 알지 못하느냐"고 묻고 있고, 이들의 공동체인 교회를 향해 "너희는 너희가 하나님의 성전인 것과 하나님의 성령이 너희 안에 계시는 것을 알지 못하느냐"(고전 6:19, 3:16)고 묻고 있는 것입니다. 그렇습니다. 머리에만 충만하고 몸은 텅텅 빈 것이 아닙니다. 몸에도 충만합니다.

하나님께서 참 것의 그림자에 그토록 영광으로 충만하게 하셨다면, 자기 아들의 피로 사신 실체인 하나님의 교회에는 영광으로 더욱 충만하게 하실 것을 확신할 수 있는 것입니다. 오순절에 강림하신 성령은 다락방에 충만한 것이 아니었습니다. 거기 모인 120명 제자들에게 충만하였던 것입니다.

이제 교회의 비교할 수 없는 영광스러움을 아셨습니까? 알고만 있지 마십시오. 믿는다고만 말하지 마십시오. 누리십시다. 예배드릴 때 그 영광 중에 들어와 있음을 묵상하십시오. 눈에 보이는 것이 어떠하든지 하나님의 신실하신 약속의 말씀에 근거하여 이를 확신하시기를 바랍니다. 무엇보다도 형제 자신이 이토록 영광스러운 주님의 몸 된 교회의 일원임을 명심하십시오. 이를 망각하지 마시기 바랍니다.

〈4장〉

④ 사도는 4장 이하에서 이 교회의 영광스러움을 구체적으로 삶에 적용시키고 있습니다.

㉠ "너희가 부르심을 받은 일에 합당하게 행하라"(4:1)고 말씀합니다.

㉡ "평안의 매는 줄로 성령의 하나 되게 하신 것을 힘써 지키라"(3) 하십니다. 이는 "하나" 되도록 힘쓰라는 말이 아닙니다. "몸이 하나요 성령도 한 분이시니 이와 같이 너희가 부르심의 한 소망 안에서 부르심을 받았느니라 주도 한 분이시요 믿음도 하나요 세례도 하나요 하나님도 한 분이시니"(4-6) 한, 즉 우리는 교회의 일원으로 태어날 때에 하나라는 것입니다. 그런데 이를 파괴하려는 자가 있다는 것입니다. 그래서 "힘써 지키라"하는 것입니다.

ⓒ 주님은 승천하시면서 교회에 "목사와 교사"(11)를 주셨다고 말씀합니다. "이는 성도를 온전하게 하여 봉사의 일을 하게 하며 그리스도의 몸을 세우려 하심이라"(12) 합니다. "성도를 온전하게"란 성숙을 가리킵니다. 그러므로 "범사에 그에게까지 자랄지라"(15) 하십니다.

ⓔ 교회 구성원들의 분자(分子)는 다양합니다. 그러나 "믿음도, 소망도, 성령도, 주도, 하나님도 하나"라는 것이 공통분모(共通分母)라는 뜻입니다. 그러므로 "서로 친절하게 하며 불쌍히 여기며 서로 용서하기를 하나님이 그리스도 안에서 너희를 용서하심과 같이 하라"(4:32) 하십니다.

〈5장〉

⑤ 다시 강조합니다만 "교회"(敎會)가 하나님의 영광으로 충만하다는 것은 구성원인 성도 한 사람 한 사람이 충만함을 의미합니다. 또한 성도 한 사람 한 사람이 충만하다는 것은,

㉠ 그들의 보금자리인 가정(家庭)에 충만함을 의미합니다. 그래서 "아내들이여 자기 남편에게 복종하기를 주께 하듯 하라"(5:22)

㉡ "남편들아 아내 사랑하기를 그리스도께서 교회를 사랑하시고 그 교회를 위하여 자신을 주심같이 하라"(25) 하십니다. 그런데 아내와 남편에 대한 권면의 문맥을 보면 "오직 성령으로 충만함을 받으라"(5:18) 하신 문맥에서 하신 권면이라는 점입니다. 그리스도인 아내, 그리스도인 남편 노릇을 한다는 것은 결코 쉬운 일이 아닙니다. 성령의 충만함이 없이는 불가능하다는 뜻이 됩니다.

〈6장〉

⑥ 이어서 6장에서는 "자녀들아 주 안에서 너희 부모에게 순종하라"(6:1)고 자녀들이 있고, "또 아비들아 너희 자녀를 노엽게 하지 말고 오직 주의 교훈과 훈계로 양육하라"(4) 한 부모가 있습니다.

㉠ 하나님의 영광이 교회에 충만하기 위해서는 구성원인 성도들의 "몸과 가정"에 충만해야만 가능하여진다는 말씀입니다. 만일 가정에 충만하지 못한다면 그런 가정들의 모임인 교회도 충만할 수는 없을 것이기 때문입니다.

㉡ 나아가 그들이 섬기는 직장·기업에도 충만해야 한다는 것입니다. 사회생활과 교회생활은 결코 둘이 아니라 하나입니다. 그리스도인으로서의 사회생활·가정생활에 실패하게 되면 그것은 교회생활의 실패를 의미합니다.

㉢ 그래서 "종들아 두려워하고 떨며 성실한 마음으로 육체의 상전에게 순종하기를 그리스도께 하듯 하라"(6:5)

㉣ "상전들아 너희도 그들에게 이와 같이 하고 위협을 그치라 이는 그들과 너희의 상전이 하늘에 계시고 그에게는 사람을 외모로 취하는 일이 없는 줄 너희가 앎이라"(9)고 권면하는 것입니다.

㉤ 사도는 교회의 사명을 "만물 안에서 만물을 충만하게 하시는 이의 충만함이니라"(1:23)고 말씀하는데, 그리스도인들이 개인적으로, 가정적으로, 사회의 일원으로서 충만한 삶을 살아갈 때 만물(萬物)은 하나님의 영광(榮光)으로 충만(充滿)해질 수 있는 것입니다.

㉥ 사도는 마지막 부분에서 "마귀의 간계를 능히 대적하기 위하여 하나님의 전신 갑주를 입으라"(6:11)고 권면합니다. 이것은 지금까지 건설해 놓은 교회(敎會)를 파괴하려는 대적을 막기 위해서 성벽(城壁)을 쌓고 단단히 방비하라는 뜻과도 같습니다. 그 성(城) 안에는 "영광스런 교회·아내·남편·자녀들·부모·종들·상전"이 있기에 "마귀의 간계를 능히 대적하기 위하여 하나님의 전신 갑주를 입으라"하

는 것입니다.

⑦ 교회에 향하신 하나님의 경륜은 과거(過去)와 현재(現在)와 미래(未來)에 걸쳐져 있습니다.
　㉠ 교회를 세우시기 위해서 이미 자기 아들을 내어주셨으며 성령을 보내주셨습니다. 이것은 과거지사입니다.
　㉡ 현재에도 계속적으로 "교회를 보양"(5:29)하고 계십니다.
　㉢ 또한 장차 "자기 앞에 영광스러운 교회로 세우사 티나 주름 잡힌 것이나 이런 것들이 없이 거룩하고 흠이 없게"(5:27) 하실 것입니다. 이것은 주님의 재림으로 완성되는 것입니다.

형제여, 교회는 사람이 세운 것도 아니고 사람이 보양하는 것도 아니며 사람이 이루어나가는 것도 아닙니다. "내가 이 반석 위에 내 교회를 세우리니 음부의 권세가 이기지 못하리라"(마 16:18) 하신 이는 그리스도 예수이십니다.

하나님의 주권 앞에 순복하십시다. 내가 이루어 보겠다고 날뛰는 것도 교만이지만, 낙심하고 좌절하는 것도 또 다른 교만임을 명심하십시다. 하나님의 교회는 하나님이 세우시고 하나님이 보양하시며 하나님이 완성해 나가십니다. 이것이 영광스러운 교회입니다.

빌립보서

주제 : 복음 안에서의 교제와 참여

빌립보교회는 바울이 2차 선교여행 중에 개척한 교회요, 빌립보서는 사도 바울의 옥중서신입니다. 바울이 빌립보서를 기록하게 된 직접적인 동기는 옥중에 있는 바울 사도에게 빌립보 성도들이 예물을 보내준 데서 비롯되었습니다. 선물의 전달자인 에바브로디도가 중병에 걸렸다 하나님의 은혜로 건강을 회복하게 되자 그를 돌려보내면서 그의 편에 편지를 보내게 된 것입니다.

① 빌립보서의 총 주제는 "복음 안에서의 교제(交際)와 참여"(參與)라 할 수 있습니다. 왜냐하면 바울이 개척한 여러 교회 중에서 복음을 받은 시초부터 교제를 지속해오면서 선교 사업에 동

참한 교회가 빌립보교회였기 때문입니다.

　　㉠ 사도는 서두(序頭)에서 "내가 너희를 생각할 때마다 나의 하나님께 감사하며 간구할 때마다 너희 무리를 위하여 기쁨으로 항상 간구함은 너희가 첫날부터 이제까지 복음을 위한 일에 참여하고 있기 때문이라"(3-5) 말씀하고, 서신을 끝마치면서도 "빌립보 사람들아 너희도 알거니와 복음의 시초에 내가 마게도냐를 떠날 때에 주고 받는 내 일에 참여한 교회가 너희 외에 아무도 없었느니라 데살로니가에 있을 때에도 너희가 한 번뿐 아니라 두 번이나 나의 쓸 것을 보내었도다"(4:15-16)고 진술합니다.

　　㉡ 고린도 교회에 보낸 편지에서 "내가 너희와 함께 있을 때 비용이 부족하였으되 아무에게도 누를 끼치지 아니하였음은 마게도냐(빌립보)에서 온 형제들이 나의 부족한 것을 보충하였음이라"(고후 11:9)고 말씀함을 봅니다. 이처럼 빌립보 교회는 사도 바울과 아름다운 교제를 지속하면서 선교에 참여한 교회였습니다.

　　그렇다고 마게도냐 교회들이 부요한 교회는 아니었습니다. "환난의 많은 시련과 극심한 가난"(고후 8:2) 가운데서도 복음전파에 동참했다고 말씀합니다.

교제와 참여의 서신

　　② 그래서 바울은 빌립보 성도들을 향해서 "내가 너희 무리를 위하여 이와 같이 생각하는 것이 마땅하니 이는 너희가 내 마음에 있음이며(1:7), 내가 예수 그리스도의 심장으로 너희 무리를 얼마나 사모하는지 하나님이 내 증인이시니라"(1:8)고 말씀합니다. 또한 "나의 사랑하고 사모하는 형제들, 나의 기쁨이요 면류관인 사랑하는 자들아"(4:1)합니다. 이처럼 빌립보서는 그리스도의

심장이 고동치는 "사랑의 서신"입니다.

그리스도 심장의 서신

③ 그런 중에 로마 옥중에 갇힌 바울은 에바브로디도 편에 보내준 빌립보 성도들이 선물을 또 받게 된 것입니다. 이것이 중요한 의미를 갖는 것은 단순한 물질적인 교제가 아니라, 주님께서 바울을 부르실 때에 "그가 내 이름을 위하여 얼마나 고난을 받아야 할 것을 내가 그에게 보이리라"(행 9:16) 하신 주의 이름과 복음을 위한 바울의 "고난에 동참"함이라는 점입니다.

  ㉠ 그래서 "그러나 너희가 내 괴로움에 함께 참여하였으니 잘하였도다"(4:14)고 칭찬하면서 "이는 받으실만한 향기로운 제물이요 하나님을 기쁘시게 한 것이라"(4:18) 합니다.

  ㉡ 바울은 "만일 너희 믿음의 제물과 섬김 위에 내가 나를 전제로 드릴지라도 나는 기뻐하고 너희 무리와 함께 기뻐하리니 이와 같이 너희도 기뻐하고 나와 함께 기뻐하라"(2:17-18) 합니다.

바울은 그들의 "믿음의 제물·사랑의 봉사"가 너무나 귀하고 감사해서 그 위에 "나를 관제로 드릴지라도" 즉 순교의 피를 전제로 부어드린다 해도, 나는 기뻐하고 너희 무리와 함께 기뻐하리라 하는 것입니다. 그러므로 빌립보서는 네 장에 불과한 옥중서신이면서도 "기쁨"이라는 말이 열여섯 번이나 등장합니다. 이런 의미에서 빌립보서는 "기쁨의 서신"이라 불리기도 합니다.

기쁨의 서신

④ 복음을 위한 "교제 · 사랑 · 기쁨"은 필연적으로 "예수 그리스도"가 중심(中心)에 오게 마련입니다. 그러므로 빌립보서는 전체가 104절에 불과하고, 또한 교리적인 내용이 아님에도 불구하고 "예수 · 그리스도 · 주" 등 우리 주 예수 그리스도를 호칭하는 단어가 73회나 등장하는 것이 이를 말해줍니다. "주 안에, 그리스도 안에"라는 말도 열다섯 번이나 등장합니다.

　㉠ 이런 맥락에서 선물을 받고도 곧바로 빌립보 성도들에게 고마움을 표하지 않고, "내가 궁핍하므로 말하는 것이 아니니라 어떠한 형편에든지 나는 자족하기를 배웠노라"(4:11)고 말씀합니다. 무슨 뜻인가? 선물을 받은 바울은 이렇게 말할 수도 있었습니다. '나는 누군가 면회 오기를 기다리고 있었다. 그러나 아무도 와주지 않았다. 그러던 중 너희가 선물을 보내줘서 고맙다. 나를 생각하는 자가 너희 밖에 없구나'. 이렇게 말했다면 빌립보 성도들은 기뻐했을 것입니다.

　㉡ 그러나 바울을 부르셔서 이방인의 증인을 삼으신 주님의 체면(體面)은 어떻게 된단 말인가? 그래서 "내게 능력 주시는 자 안에서 내가 모든 것을 할 수 있느니라"(4:13)고 꼿꼿한 자세로 주님을 높여드리는 것입니다. 이것이 그리스도 중심입니다. 그러므로 빌립보서는 "예수 그리스도 중심의 서신"입니다.

예수 그리스도 중심의 서신

⑤ 이런 맥락에서 본서를 좀 더 깊이 묵상해본다면 빌립보서가 "마음의 편지"임을 발견하게 될 것입니다. "마음"이라는 말이 여덟 번(1:7, 2:2,2,3,5,5, 4:2,7) 등장하는데 바울은 빌립보 성도들을 마치 연인(戀人)처럼 "너희가 내 마음에 있다"(1:7)라고 말씀합니다. 그리고 "그리스도의 심장"(1:8)으로 사랑한다고 말씀합니다.

ⓐ 그러면서 빌립보 성도들에게도 "너희 안에 이 마음을 품으라 곧 그리스도 예수의 마음이니(2:5), 주 안에서 같은 마음을 품으라(4:2), 너희 마음과 생각을 지키시리라"(4:7)고 권면합니다.

ⓑ 바울은 그리스도의 심장으로 빌립보 성도들을 사랑하고, 빌립보 성도들은 "그리스도의 마음"으로 바울에게 행하기를 그리스도에게 하듯 했던 것입니다. 그러므로 빌립보서에는 그리스도의 심장이 고동치는 서신입니다. 이제 각 장의 개요를 살펴보면 다음과 같습니다.

마음의 서신

⑥ 제1장

ⓐ 복음 안에서 교제와 참여한 빌립보 성도들을 생각하면서 하나님께 감사와 기도를 드리면서

ⓑ 자신이 옥에 갇히게 된 것이 복음의 퇴보(退步)가 아니라 도리어 복음의 진보(進步)되었다고 격려합니다.

ⓒ 그리고 순교를 당하게 될지도 모를 상황에서 바울의 "간절한 기대와 소망"이 무엇인가? "지금도 전과 같이 온전히 담대하여 살든지 죽든지 내 몸에서 그리스도가 존귀하게 되게 하려 하나니"(1:20)합니다.

⑦ 제2장

ⓐ 너희 안에 그리스도 예수의 마음을 품으라 합니다. 그리고 빌립보서의 심장이라 할 수 있는 하나님의 본체(本體)이신 그리스도께서 자기를 낮추시고 죽기까지 복종하신 기독론(基督論)을 말씀합니다.

ⓑ 이에 근거하여 한 마음 한 뜻이 될 것과 생명의 말씀(복음)을 밝히는 삶을 살 것을 권면하면서

ⓒ 죽기에 이르러도 자기 목숨을 돌아보지 아니한 충성스러운 종 디모

데와 에바브로디도를 천거합니다.

⑧ 제3장
㉠ 할례를 주장하는 율법주의자들을 "개들, 몸을 상해하는 할례당"이라 부르면서 자신이 가진 의는 믿음으로 하나님께 난 의라고 복음의 핵심을 말씀합니다.
㉡ 여러 사람들이 그리스도 십자가의 원수로 행하고 있다고 눈물을 흘리며 진술합니다.
㉢ 우리의 시민권은 하늘에 있다는 것과 영화될 소망을 말씀함으로 빌립보 성도들을 격려합니다.

⑨ 제4장
㉠ 결론적인 권면으로 "주 안에 서라" 합니다.
㉡ 유오디아와 순두게에게 주 안에서 같은 마음을 품으라고 권면합니다.
㉢ 주 안에서 기뻐하라, 관용하라, 염려하지 말고 감사하라 합니다.
㉣ 끝으로 보내준 선물에 대한 고마움을 표하면서, 이것이 하나님께는 받으실 만한 향기로운 제물이요, 너희에게는 열매라고 말씀합니다.
㉤ 풍성한 대로 너희 모든 쓸 것을 채우시리라 하면서 서신을 마치고 있습니다.

⑩ 빌립보서가 우리에게 촉구하는 바가 무엇인가? 이를 요약하면,
㉠ 최우선적으로 "주 안에서 항상 기뻐하라 내가 다시 말하노니 기뻐하라"(4:4) 한 "기쁨"을 회복하는 일입니다. 이는 옆으로 밀어놓은 복음이 설교의 중심에 옴으로만이 회복이 될 수 있는 문제입니다.
㉡ "주 안에 서라"(4:1, 1:27) 한 "서 있는" 신앙입니다. 이 또한 "그

말씀이 여러분을 능히 든든히 세우사 거룩하게 하심을 입은 모든 자 가운데 기업이 있게 하시리라"(행 20:32) 한 복음으로 만이 가능하여지는 것입니다.

ⓒ "너희 안에 이 마음을 품으라 곧 그리스도 예수의 마음이니"(2:5) 한, 그리스도의 마음을 품는 일입니다. 이는 몰라서 못하는 것이 아닙니다. 그러므로 이는 "하라, 하라"는 교훈으로 가능한 것이 아니라, 복음을 통해서 하나님의 사랑이 마음에 부은 바 되어야 가능해지는 것입니다

ⓓ 생명의 말씀을 밝히는 삶, 세상에서 빛들로 나타내는 삶(2:15-16)을 사는 일입니다. 오늘의 현실은 입으로는 전하면서 행위로는 복음의 빛을 가로막고 있는 실정입니다.

ⓔ "개들을 삼가고 행악하는 자들을 삼가고 몸을 상해하는 일을 삼가라"(3:2)한 "삼가는" 일입니다. 이는 결국 복음을 보수(保守)하라는 뜻입니다.

그런데 "이제도 눈물을 흘리며 말하노니 여러 사람들이 그리스도의 십자가의 원수로 행하느니라"(3:18) 한 것은 누구를 염두에 두고 한 말씀인가를 생각하게 합니다. 이는 빌립보교회가 아닌 현대교회, 한국교회를 향해서 하는 말씀으로 다가옵니다.

골로새서

주제 : 머리를 붙들지 아니하는지라(2:19)

골로새 교회는 바울이 "내 육신의 얼굴을 보지 못한 자들"(2:1) 이라 말씀한 대로 바울에 의하여 세워진 교회가 아닙니다. 그리고 "내가 매인 것을 생각하라"(4:18)는 말씀에서 알 수 있듯이 옥중에서 기록한 서신입니다.

그런 바울이 골로새서를 기록하게 된 동기는 골로새 교회에서 온 에바브라(1:7)를 통해서 교회 내에 이단(異端)이 침투했다는 긴급한 보고를 받게 되었기 때문입니다. 이를 바로 잡기 위해서 보낸 서신이 "골로새서"입니다.

이러한 골로새서를 이해하는데 있어서 결정적으로 중요한 두 구절(句節)이 있습니다. 골로새서는 이 두 구절에 대한 해설이라 해도 과언이 아니라 할 만큼 중요한 의미가 있는데, 그러므로 이 두 말씀의 의미를 바로 알고 붙잡고 있기만 한다면 견고한 신앙이 되어 이단에 미혹될 염려가 없다 하겠습니다.

교회의 머리 되심

① 첫째는 "그는 몸인 교회의 머리시라"(1:18상)는 말씀입니다. 에베소서의 주제가 교회는 그리스도의 <몸>이라는 "교회론"이라면, 골로새서는 그리스도가 교회의 <머리>가 되신다는 "기독론"(基督論)이라고 할 수 있습니다. 그렇다면 그리스도께서 어떻게 해서 교회의 머리가 되셨다는 것인가?

㉠ "그는 몸인 교회의 머리시라 그가 근본이시요 죽은 자들 가운데서 먼저 나신 이시니 이는 친히 만물의 으뜸이 되려 하심이요" (1:18) 한 "죽으시고 다시 사심"을 통해서 교회의 머리가 되셨다는 것입니다. "머리와 몸"의 관계란 떨어질 수도 없고 떼어놓을 수도 없는 연합(聯合)의 관계를 의미합니다.

㉡ 이에 대한 예표를 아담에게 배필을 지어주시는 방도(창 2장)를 통해서 계시하셨는데 "여호와 하나님이 아담을 깊이 잠들게 하시니 잠들매 그가 그 갈빗대 하나를 취하여"라는 특이한 방도로 배필을 지어주셨던 것입니다. "아담이 이르되 이는 내 뼈 중의 뼈요 살 중의 살이라"(창 2:21,23), 즉 자신의 몸이라고 고백합니다.

㉢ 하나님은 하나를 둘이 되게 하신 것입니다. 그런데 여기서 멈추신 것이 아니라 "이러므로 남자가 부모를 떠나 그의 아내와 합하여 둘이 한 몸을 이룰지로다"(창 2:24)고 둘을 하나가 되게 하셨다고 말씀합니다. 이런 아담과 하와의 관계를 둘이 한 몸을 이룬 "머리와

몸"의 관계가 되게 하셨다고 말씀합니다.

바울은 이를 통해서 "이 비밀이 크도다 나는 그리스도와 교회에 대하여 말하노라"(엡 5:32)고 주님과 교회와의 관계를 깨달았던 것입니다. 그러므로 성경은 교회와 그리스도의 관계를 "머리와 몸, 남편과 아내, 포도나무와 가지" 등으로 묘사하고 있는 것입니다.

ⓔ 머리와 몸의 관계, 즉 하나가 되었기 때문에 "너희가 세례로 그리스도와 〈함께〉 장사되고 또 죽은 자들 가운데서 그를 일으키신 하나님의 역사를 믿음으로 말미암아 그 안에서 〈함께〉 일으키심을 받았느니라"(2:12)고 말씀하는 것입니다. 이것이 "이 비밀이 크도다" 한 "연합교리"의 신비입니다.

② 그런데 골로새서를 해석하는 두 번째로 중요한 말씀은, 이 "머리를 붙들지 아니하는지라"(2:19상) 한 점입니다. 골로새 교회에 침투한 이단들은 한마디로 머리 되시는 그리스도, 다시 말하면 주님의 "죽으심과 다시 살아나심"을 붙들지 아니하고 지엽적(枝葉的)인 것들을 구원의 조건인 양 내세웠던 것입니다.

ⓐ 골로새서에 등장하는 그들의 주장을 요약해보면 "누가 철학과 헛된 속임수로 너희를 사로잡을까 주의하라"(2:8)한 대로 십자가의 도(道)보다는 세상의 철학을 더 내세웠고

ⓑ 할례를 받고(2:11), 절기나 초하루나 안식일(2:16) 등 율법의 의식을 지켜야 한다고 주장했고

ⓒ 천사숭배(2:18)와 같은 신비주의요

ⓓ 붙잡지도 말고 맛보지도 말고 만지지도 말라(2:21) 등의 금욕주의적인 것이었습니다. "이런 것들은 자의적 숭배와 겸손과 몸을 괴롭게 하는 데는 지혜 있는 모양이나 오직 육체 따르는 것을 금하는 데는 조금도 유익이 없느니라"(2:23)고 단언합니다.

이 두 구절, 즉 그리스도가 교회의 머리 되신다는 것과 머리를 붙들지 않는다는 말씀은 골로새 교회에 있어서 만이 아니라 동서고금을 막론하고 참 교회냐, 거짓 교회냐를 분별하는 시금석(試金石)이 되는 말씀이요, 현대교회에도 더욱 적실성이 있는 중요한 원리가 되는 것입니다.

머리를 붙들지 아니함

그렇다면 교회의 "머리를 붙든다"는 것이 구체적으로 무엇을 의미하는가? 여기에는 두 가지 요소가 있다 하겠습니다.

③ 첫째는 그분이 누구이신가에 대한 바른 고백이 있어야 하는 것입니다. 주님께서도 제자들을 향하여 친히 "너희는 나를 누구라 하느냐"(마 16:15)고 물으셨습니다. 모든 그리스도인들은 이 질문에 대한 바른 신앙고백이 있어야 하는 것입니다.

- ㉠ "당신은 죽은 나사로를 살리신 분, 당신은 오병이어로 5000명을 먹이시는 분, 당신은 38년 된 병을 고쳐주신 분"이라는 답변 등은 머리를 붙드는 것이 아닙니다.
- ㉡ 그러면 교회의 머리 되시는 그리스도는 누구신가? "그는 보이지 아니하시는 하나님의 형상이요"라고 말씀합니다. 빌립보서의 표현대로 하면 "그는 근본 하나님의 본체"(빌 2:6)시라는 말씀입니다.
- ㉢ 요한복음은 "태초에 말씀이 계시니라 이 말씀이 하나님과 함께 계셨으니 이 말씀은 곧 하나님이시니라"(요 1:1)합니다. 히브리서에서는 "이는 하나님의 영광의 광채시요 그 본체의 형상이시라"(히 1:3)고 말씀합니다. 예수 그리스도는 성자 하나님이십니다.

② "만물이 그에게서 창조되되"(1:16)라고 창조주라고 말씀합니다. 요한복음에서는 "만물이 그로 말미암아 지은 바 되었으니 지은 것이 하나도 그가 없이는 된 것이 없느니라"(요 1:3)고 말씀합니다. 히브리서에서는 "또 그로 말미암아 모든 세계를 지으셨느니라"(히 1:2) 합니다. 교회의 머리 되시는 예수 그리스도는 하나님이시요 창조주이십니다. 형제는 예수 그리스도를 이러한 분으로 고백하고 있습니까? 불신자들이란 이에 동의할 수 없다는 사람들입니다.

④ 머리를 붙든다는 두 번째 의미는 이러한 분이 우리를 위해서 무엇을 행해주셨는가를 알고 믿는 것입니다.

㉠ "그의 십자가의 피로"(1:20상), 즉 십자가에 달려 죽어주셨다는 것입니다. 왜 죽어주셨는가? "화평을 이루사 만물 곧 땅에 있는 것들이나 하늘에 있는 것들이 그로 말미암아 자기와 화목하게 되기를 기뻐하심이라"(1:20하)고 우리의 화목제물이 되어주시기 위해서라고 말씀합니다.

㉡ 1:22절에서도 "그의 육체의 죽음으로 말미암아 화목"하게 해주셨다고 말씀하십니다. 누구를 위해서 죽어주셨다고 말씀하고 있는가? "전에 악한 행실로 멀리 떠나 마음으로 원수(怨讐)가 되었던 너희"(1:21)라고 말씀합니다. "원수"를 위해서 죽어주셨다는 것입니다. "곧 우리가 원수 되었을 때에 그의 아들의 죽으심으로 말미암아 하나님과 화목하게 되었다"(롬 5:10)는 말씀입니다. "원수"란 하나님을 믿으라는 말만 해도 듣기 싫어하고 미워하고 안색이 변하는 사람들, 이것이 "마음으로 원수"된 상태입니다. 그러했던 우리를 위해서 하나님은 자기 아들을 화목제물로 내어주신 것입니다.

이것이 우리를 위하여 행해주신 일입니다. 이를 믿는 것이 머리를 붙드는 것입니다.

증서를 찢어버리심

⑤ 예수 그리스도의 죽으심과 다시 살아나심을 통하여 어떤 일이 일어났는가? "우리를 거스르고 불리하게 하는 법조문으로 쓴 증서를 지우시고 제하여 버리사 십자가에 못 박으시고 통치자들과 권세들을 무력화하여 드러내어 구경거리로 삼으시고 십자가로 그들을 이기셨느니라"(2:14-15)고 선언합니다. 성경 전체를 통해서도 그리스도의 십자가 승리를 가장 장엄하게 묘사하고 있는 중요한 대목입니다.

ⓐ 첫째로 "법조문에 쓴 증서(證書)"란 채무증서, 죄 값에 팔린 노비(奴婢)문서와 같은 것입니다.

ⓑ 둘째로 이를 "지우시고 제하여 버리사 십자가에 못 박으셨다"고 말씀합니다. 이는 온전히 청산되었음을 가리킵니다. 그리하여 해방되고 자유자가 되었음을 의미합니다. 얼마나 철저한 청산(淸算)입니까?

ⓒ 셋째로 "통치자들과 권세들을 무력화하여 드러내어 구경거리로 삼으시고 십자가로 그들을 이기셨느니라"고 선언합니다. 얼마나 통쾌한 승리입니까!

ⓓ 그럼에도 불구하고 "너희가 세상의 초등학문에서 그리스도와 함께 죽었거든 어찌하여 세상에 사는 것과 같이 규례에 순종하느냐 사람의 명령과 가르침을 따르느냐"(2:20,22)고 붙들고 있던 머리를 놓친 그들을 책망합니다.

이점을 갈라디아서에서는 "이제는 너희가 하나님을 알 뿐 아니라 더욱이 하나님의 아신 바 되었거늘 어찌하여 다시 약하고 천박한 초등학문으로 돌아가서 다시 그들에게 종노릇하려 하느냐"(갈 4:9)라고 말씀합니다.

⑥ "그러므로 먹고 마시는 것과 절기나 초하루나 안식일을 이유로 누구든지 너희를 비판하지 못하게 하라"(2:16)고 단언합니다.

　㉠ "이것들은 장래 일의 그림자"(2:17)라고 말씀합니다. 그러므로 구약성경에 나타난 법조문들은 밝히 드러난 복음의 빛에 의하여 해석되어야 하는 것입니다. 구약성경을 통해서 "그림자·모형·예표" 등으로 보여주셨던 것이 "이제는 그의 성도들에게 나타났다"(1:26), 즉 실체로, 실물로, 성취로 "밝히" 나타났다는 것입니다.

　㉡ 그러므로 머리를 붙들고만 있다면 이러저러한 일로 "폄론"(남을 비평하는 말)을 받을 이유가 없다는 말씀입니다. "그리스도께서 우리로 자유롭게 하려고 자유를 주셨기"(갈 5:1) 때문입니다.

⑦ 그러면 "머리"를 붙들고 있는 자들은 어떠한가? "만일 너희가 믿음에 거하고 터 위에 굳게 서서 너희 들은바 복음의 소망에서 흔들리지 아니하면 그리하리라"(1:23), 이것이 머리를 붙들고 있는 그리스도인들입니다.

"그러므로 너희가 그리스도 예수를 주로 받았으니 그 안에서 행하되 그 안에 뿌리를 박으며 세움을 받아 교훈을 받은 대로 믿음에 굳게 서서 감사함을 넘치게 하라"(2:6-7). 이것이 머리를 붙들고 승리하는 삶입니다.

영광스러운 교회

⑧ 여기 경이로운 말씀이 있는데 교회의 머리가 되시는 그리스도 안에는 "신성의 모든 충만(充滿)이 육체로 거하시고"(2:9) 합

니다. 지당한 말씀입니다. 헌데 다음을 주목해보시기 바랍니다. "너희도 그 안에서 충만(充滿)하여 졌으니"(2:10)라고 말씀한다는 점입니다. 많은 그리스도인들은 자신이 빈 깡통인 양 생각하는 경향이 있습니다. 그래서 가련한 모습을 하고 "주십시오, 주십시오"라고 간구하고 있는데, 성경은 "충만하여 졌다"고 말씀하는 것입니다. 이것이 어떻게 가능하여졌단 말인가?

ㄱ 이는 "머리" 되시는 그리스도가 "모든 충만"한 가운데 있기 때문에 몸도 충만해졌다는 말씀입니다. 머리만 충만하고 몸은 텅텅 비어있는 것이 아닙니다. 이를 찬양하고 있는 것이 시편에 있습니다.

> 형제가 연합하여 동거함이
> 어찌 그리 선하고 아름다운고
> 머리에 있는 보배로운 기름이
> 수염 곧 아론의 수염에 흘러서
> 그의 옷깃까지 내림 같고(시 133:1-2) 합니다.

ㄴ 대제사장인 아론의 머리에 기름을 붓습니다. 그 기름이 수염에 흘러서 "옷깃까지", 즉 손끝 발끝까지 흘러내립니다. 이 그림자를 통해서 대제사장이시며 교회의 머리가 되시는 그리스도의 "기름 부으심"이 몸의 모든 지체들인 그리스도인들에게까지 흘러내림을 바라보고 있는 것입니다. 그래서 "너희도 그 안에서 충만하여졌다"라고 말씀하는 것입니다. 머리에게 되어 진 모든 일(죽으심과 다시 사심, 고난과 영광)은 동일하게 몸에도 되어진 일이라는 것이 연합교리의 진수입니다.

⑨ "그 안에는 지혜와 지식의 모든 보화가 감추어져 있느니

라"(2:3) 합니다. 그런데 "너희가 (그러하신)그리스도 예수를 주로 받았다"(2:6)는 것입니다. 그러므로 그리스도인들이란 "충만"(充滿)할 뿐만이 아니라 "모든 보화"를 소유한 부요(富饒)한 자들이라는 것입니다.

　　㉠ 이를 알았기에 사도 바울은 "근심하는 자 같으나 항상 기뻐하고 가난한 자 같으나 많은 사람을 부요하게 하고 아무 것도 없는 자 같으나 모든 것을 가진 자로다"(고후 6:10)고 말씀했던 것입니다.

　　㉡ "이는 너희가 죽었고 너희 생명이 그리스도와 함께 하나님 안에 감추어졌음이라"(3:3)고 말씀합니다. 이점을 에베소서에서는 "또 함께 일으키사 그리스도 예수 안에서 함께 하늘에 앉히시니"(엡 2:6) 합니다. 얼마나 경이로운 말씀입니까? 머리 되시는 그리스도께서 하나님 오른쪽에 앉아 계심으로 몸인 교회도 "그와 함께" 하늘에 앉아 있다는 것입니다. 그러므로 그리스도인들의 구원이란 절대적으로 안전(安全)합니다.

　　㉢ "우리 생명이신 그리스도께서 나타나실 그 때에 너희도 그와 함께 영광 중에 나타나리라"(3:4) 합니다. 주님이 재림하시는 날 우리의 낮은 몸도 주님의 영광의 몸과 같이 변하게 될 것입니다. 이보다 더한 영광스러움이란 없습니다.

교회의 사명

⑩ 그렇다면 교회가 담당해야 할 사명이 무엇인가? "우리가 그를 전파하여 각 사람을 권하고 모든 지혜로 각 사람을 가르침은"(1:28상) 합니다. "전파하는 것과 가르치는 것"이 교회 사명입니다. 왜 가르쳐야 하는가? "각 사람을 그리스도 안에서 완전한 자로 세우려 함이니"(1:28하), 즉 성숙한 그리스도인이 되게 하기

위해서입니다.

㉠ "이를 위하여 나도 내 속에서 능력으로 역사하시는 이의 역사를 따라 힘을 다하여 수고하노라"(1:29)고 말씀합니다. 복음 증언은 성령의 사역입니다. 그런데 증언하는 방도는 성령께서 그리스도인들 안에 계시어 그를 종으로, 도구로, 의의 병기로 사용하여 증언하신다는 말씀입니다. 그러므로 "힘을 다하여 수고"해야 하는 것은 우리가 할 몫입니다. 이것이 그의 몸 된 지체들이 감당해야 할 사명입니다.
마지막으로 다시 상기시킵니다만 "머리를 붙들지 아니하는지라"는 말씀은 골로새 교회에 국한된 것이 아니라 현대교회에 더욱 적실성이 있는 긴급한 말씀입니다.

㉡ "십자가의 도"를 미련한 것으로 여기고 철학·인문학·심리학·세상 초등학문 등으로 설득하려 한다면 이는 분명 머리를 붙들고 있지 아니한 것입니다.

㉢ 축복을 "십자가"보다 더 많이 말하고 있다면 이는 변명의 여지없이 머리를 붙들고 있지 않은 것입니다.

㉣ 기사와 이적과 방언이나 신유 등을 대속이나 칭의 교리보다 더 강조하고 있다면 이는 머리를 붙들고 있지 않은 것입니다.

⑪ "그러므로 너희는 하나님이 택하사 거룩하고 사랑받는 자처럼 긍휼과 자비와 겸손과 온유와 오래 참음을 옷 입고"(3:12)합니다.

㉠ "그리스도의 말씀이 너희 속에 풍성히 거하여 모든 지혜로 피차 가르치며 권면하고 시와 찬송과 신령한 노래를 부르며 감사하는 마음으로 하나님을 찬양하고"(3:16) 합니다.

㉡ 이 점에서 주목할 점은 "그리스도의 말씀이 너희 속에 풍성히 거하여"라는 말씀입니다. 골로새서와 에베소서는 동시에 기록하여 두기고

가 전해준 서신입니다. 그런데 "그리스도의 말씀이 너희 속에 풍성히 거하여"라는 대목을 에베소서에서는 "성령으로 충만함을 받으라"(엡 5:18)는 것으로 표현되어 있다는 점을 주목해야 합니다. 왜냐하면 "성령 충만과 말씀 충만"은 둘이 아니라 하나라는 것입니다. 성령은 말씀을 통해서 역사하시기 때문입니다.

성령 충만이 무엇인가? 우리 안에 풍성히 거하는 말씀에 의하여 마음과 생각, 몸과 영이 지배를 받는 삶입니다. 머리를 굳게 붙드십시다. 그리고 말씀 충만, 성령 충만하시기를 기원합니다.

데살로니가
전서

주제 : 믿음의 역사와 사랑의 수고와 소망의 인내(1:3)

데살로니가는 마게도냐 주(州)의 수도인데 바울의 2차 선교여행 때에 교회가 세워졌습니다. 그 기사가 사도행전 17장에 기록되어 있습니다. 바울은 유대인의 회당에서 세 안식일에 성경을 가지고 강론했는데, "그 중에 어떤 사람 곧 경건한 헬라인의 큰 무리와 적지 않은 귀부인도 권함을 받고 바울과 실라를 따랐다"(4)고 말씀합니다.

그러나 유대인들이 시기하여 소동을 일으키는 바람에 바울은 데살로니가를 떠나 베뢰아로 옮겨 선교했습니다. 그런데 데살로니가에 있는 유대인들이 베뢰아까지 따라와 소동을 벌여 아덴으로 옮기게 됩니다.

아덴에서 바울은 환난 중에 있는 데살로니가 형제들이 염려되어 디모데를 보내고 자신은 고린도로 왔습니다. 거기서 데살로니가 형제들이 믿음을 굳게 지키고 있다는 디모데의 보고를 받고는 이 격려의 서신을 써서 보내게 된 것입니다.

데살로니가전서는 3:6절에서 "지금은 디모데가 너희에게로부터 와서 너희 믿음과 사랑의 기쁜 소식을 우리에게 전하고 또 너희가 항상 우리를 잘 생각하여 우리가 너희를 간절히 보고자 함과 같이 너희도 우리를 간절히 보고자 한다 하니, 너희 믿음으로 말미암아 너희에게 위로를 받았노라"(3:6-7)는 현재시제(現在時制)를 분기점으로 하여,

- ㉠ 앞부분(1:1-3:5)은 주로 데살로니가에 교회가 세워지게 된 경위를 설명하는 과거(過去)의 내용이고
- ㉡ 뒷부분(3:6-5:28)은 질문에 대한 답변과 권면 등 현재적(現在的)인 기사입니다.

① 데살로니가전서를 통해서 현대교회가 주목해야 할 점은 데살로니가에 교회가 세워지게 된 경위를 진술하는 앞부분(1:1-3:5)인데 특히 1장을 주목해야 합니다. 이에 대해 네 가지 요점을 살펴보도록 하겠습니다.

- ㉠ 첫째로 바울이 증언한 복음의 내용이 무엇인가?
- ㉡ 둘째로 복음을 증언할 때 어떤 역사가 일어났기에 3주간이라는 단시일 내에 그토록 견고한 교회가 세워질 수 있었는가 하는 점과
- ㉢ 셋째는 진정 복음을 받은 자는 어떤 변화가 일어나는가 하는 점과
- ㉣ 넷째로 복음 전도자는 어떤 자세로 임해야 하는가 하는 점입니다.

이상 네 가지 요점이 현대교회의 전도(傳道), 선교(宣敎)를 점검하는 체크리스트라 하겠습니다.

바울이 증언한 복음(福音)의 내용이 무엇인가?

② 첫째로 바울이 증언한 복음의 내용이 무엇인가? 바울은 복음을 가지고 이방인의 도시 데살로니가로 들어갔습니다. 그리고 전했습니다. 이 점에서 주목할 점은 어떤 방도로 전했는가 하는 전도방법이 아니라 무엇을 전했는가 하는 복음의 내용(內容)입니다. 그 내용을 사도행전이 제공해주고 있는데,
- ㉠ 성경을 가지고 강론하며
- ㉡ 뜻을 풀어 그리스도가 해를 받고 죽은 자 가운데서 다시 살아나야 할 것을 증언하고
- ㉢ 이르되 내가 너희에게 전하는 이 예수가 곧 그리스도라(행 17:2-3)고 입증했다고 말씀합니다.

이 점에서 한 가지 언급할 점은 "죽은 자 가운데서 다시 살아나야 할 것을 증언(證言)하고"한 "증언"이 개역 본에는 "증명(證明)했다"로 되어있다는 점입니다. 그런데 원어는 증언(martureo)이 아닌 증명(para tithemi)으로 되어있습니다. 이점이 왜 중요하냐 하면 증명을 뜻하는 "파라 티테미"는 '두 장면을 나란히 놓다'라는 뜻이기 때문입니다. 그러니까 그리스도에 대한 구약성경의 언약·예언·예표·모형·그림자 등과 "예수님에게 되어진 일"을 나란히 놓았다는 뜻입니다. 그랬더니 꼭 들어맞는 것이 아닌가! 그러므로 예수=그리스도시다 라고 증명을 했다는 것입니다. 이점이 얼마나 중요한가요? 성령께서 구약성경을 기록하게 하셔

서 미리 준비해놓으신 목적은 예수가 그리스도이심을 증명하게 하려는 것이요, 이를 증명하라고 세움을 받은 자들이 "내 증인이 되리라" 하신 전도자들이요, 이렇게 하는 것이 성경을 기록한 목적대로 바르게 사용하는 것이 되기 때문입니다. 바울은 데살로니가에 가서 "예수가 십자가에 못 박혀 죽으셨다. 그런데 하나님이 다시 살리셨다. 이렇게 되어질 것이 구약성경에 미리 예언되어 있는데 그대로 성취되었다. 예수가 바로 하나님께서 언약하신 그리스도시다. 그분이 심판주로 다시 오신다"라고 증언했다는 것입니다.

복음은 어떻게 역사하는가?

③ 둘째로 이처럼 성경을 들어 복음을 증언하면 어떤 역사가 일어났는가 하는 점입니다.

㉠ "이는 우리 복음이 너희에게 말로만 이른 것이 아니라 또한 능력과 성령과 큰 확신으로 된 것임이라"(1:5) 합니다. 복음 전도는 성령님의 사역인데 증인들을 들어 쓰신다는 점입니다. 십자가상에서 "다 이루었다"고 선언하신 그리스도는 사명을 완수하심으로 승천하시고 성령께서 강림하심은 그리스도께서 죽으시고 다시 사심을 통하여 이루어 놓으신 복음을 증언하기 위한 임무교대였던 것입니다. 바울이 복음을 증언하자 성령께서는 "능력과 큰 확신"으로 역사하여 주셨습니다.

고린도 교회에 보낸 서신에서도 "내 말과 내 전도함이 설득력 있는 지혜의 말로 하지 아니하고 다만 성령의 나타나심과 능력으로 하여 너희 믿음이 사람의 지혜에 있지 아니하고 다만 하나님의 능력에 있게 하려 하였노라"(고전 2:4-5)고 진술합니다.

ⓒ 여기 중요한 요점이 있는데 데살로니가 형제들이 어떻게 단 시일 내
에 그처럼 견고한 신앙, 소문난 믿음(1:8)의 소유자들이 되었는가?
"너희 믿음이 사람의 지혜에 있지 아니하고 다만 하나님의 능력에
있게 하였노라"(고전 2:5). "사람의 지혜"로도 사람들을 교회로 모을
수는 있다는 것입니다. 그러나 그 "믿음"은 꺾어다 꽂은 꽃과 같아
서 뿌리가 없는 것입니다. 오직 성령으로 거듭난 믿음만이 "많은 환
난 가운데서 성령의 기쁨으로 말씀을 받아 우리와 주를 본받은 자가
되었다"(1:6)고 말씀합니다. 데살로니가 형제들의 믿음이 환란 중에
서도 이처럼 확고할 수 있었던 원동력이 복음과 함께 역사하시는 성
령의 능력에 있었던 것입니다.

부인할 수 없는 표적

④ 셋째로 진심으로 복음을 받은 자는 어떤 변화가 일어나는가
하는 점입니다. 이점이 1:8-10절 내용입니다.

㉠ "주의 말씀이 너희에게로부터 마게도냐와 아가야에만 들릴 뿐 아니
라 하나님을 향하는 너희 믿음의 소문이 각처에 퍼졌으므로 우리는
아무 말도 할 것이 없노라", 소문난 믿음이 되고

ⓒ "너희가 어떻게 우상을 버리고 하나님께로 돌아와서 살아 계시고 참
되신 하나님을 섬기는지" 한 결단한 믿음이 되고

ⓒ "또 죽은 자들 가운데서 다시 살리신 그의 아들이 하늘로부터 강림
하실 것을 너희가 어떻게 기다리는지를 말하니 이는 장래의 노하심
에서 우리를 건지시는 예수시니라" 한 "믿음의 역사, 사랑의 수고,
소망의 인내"(1:3)를 구비한 지정의적인 신앙인격자들이 되었다는
것입니다.

이런 결단과 변화가 일어나게 된 동기는 부인할 수 없도록 복음을 확고하게 증명을 하여 제시했기 때문인데 그 핵심이 그리스도의 "죽으심과 다시 살아나심"입니다. 예수가 그리스도시오, 성경대로 죽으시고 살아나셨다는 그 다음은 무엇으로 이어지게 되는가? "알지 못하던 시대에는 하나님이 간과하셨거니와 이제는 어디든지 사람에게 다 명하사 회개하라 하셨으니 이는 정하신 사람으로 하여금 천하를 공의로 심판(審判)할 날을 작정하시고 이에 그를 죽은 자 가운데서 다시 살리신 것으로 모든 사람에게 믿을 만한 증거(證據)를 주셨음이니라"(행 17:30-31) 한 심판 주로 오신다는 재림입니다.

　　⑤ 구약성경은 이에 대한 좋은 예표를 제공해주고 있는데 앗수르의 수도 니느웨 성이 회개한 일입니다. 이방 니느웨에 불가사의한 회개운동이 일어나게 된 동기가 무엇인가? "그 일이 니느웨 왕에게 들리매 왕이 보좌에서 일어나 왕복을 벗고 굵은 베 옷을 입고 재 위에 앉으니라" 합니다. 그리고 사람은 물론 가축에게까지 금식을 명하고 "힘써 하나님께 부르짖으라, 하나님이 뜻을 돌이키시고 그 진노를 그치사 우리가 멸망하지 않게 하시리라"(욘 3:6-9)고 명합니다. 어떻게 이런 불가해(不可解)한 일이 일어났는가?
　　㉠ "사십 일이 지나면 니느웨가 무너지리라"(욘 3:4)는 심판의 경고와
　　㉡ 이 심판경고를 부정할 수 없게 한 요나의 표적(表迹)이 있었기 때문입니다. 주님은 말씀하십니다. "요나가 니느웨 사람들에게 표적이 됨과 같이 인자도 이 세대에 그러하리라"(눅 11:30), 즉 그리스도께서 우리 죄를 위하여 죽으셨다 사흘 만에 살아나신 주님의 부활이 그분

이 심판주로 다시 오신다는 경고를 부정할 수 없게 하는 이 세대에 보여주신 "그리스도의 표적"이라는 말씀입니다.

이런 회개운동이 데살로니가에서 일어난 복음의 역사입니다. "예수 그리스도는 어제나 오늘이나 영원토록 동일하시니라"(히 13:8), 지금도 성경을 들어 예수 그리스도와 복음을 이처럼 증명 (para tithemi)한다면 "형제들아 우리가 어찌할꼬"하는 역사가 일어날 것입니다.

⑥ 넷째로 복음 전도자는 어떤 자세로 임해야 하는가 하는 점입니다.

㉠ "우리가 너희 가운데서 너희를 위하여 어떤 사람이 된 것은 너희가 아는 바와 같으니라"(1:5b) 합니다. 무슨 뜻인가? 복음을 전하면 사람들은 귀로만 듣는 것이 아니라 눈으로 전도자의 일거수일투족을 주시한다는 점을 명심해야 합니다. 2:5절에서도 "너희도 알거니와 우리가 아무 때에도 아첨하는 말이나 탐심의 탈을 쓰지 아니한 것을 하나님이 증언하시느니라" 합니다.

수사학에서 강조하는 설득의 3대 요소도 "에토스Ethos(인품·인격), 파토스Pathos(감성), 로고스Logos(이성)"인데 이 중 가장 중요한 것은 "에토스"라고 말합니다. 그가 증언하는 복음이 아무리 중요해도 전하는 자의 신앙인격이 떨어지면 아무도 믿지 않는다는 것입니다. 이 점에서 "그들이 하나님을 시인하나 행위로는 부인하니 가증한 자요"(딛 1:16), 즉 입으로는 전하고 삶으로는 부인한다는 뜻인데 오늘날 우리의 전도가 이러한 것은 아닌지 심각하게 돌아보아야 할 것입니다.

이상을 요약하면 복음을 첫째로 "말"로 전했습니다. 그런데 둘째로 말로만이 아니라 "능력과 성령과 큰 확신"으로 된 것이요, 셋째로 "믿음의 역사, 사랑의 수고, 소망의 인내"가 나타나게 되었고, 넷째로 "우리가 너희 가운데서 어떤 사람이 된 것은 너희가 아는 바와 같으니라" 한 전도자의 자세가 나타나는데 그러면 "어떠한 사람"이 되었는가?

ⓛ "오직 하나님께 옳게 여기심을 입었다"고 말씀합니다.

ⓒ "사람을 기쁘게 하려 함이 아니요 오직 우리 마음을 감찰하시는 하나님을 기쁘시게 하려 함이라"(2:4) 합니다.

ⓔ "아첨하는 말이나 탐심의 탈을 쓰지 아니했다"(2:5)고 말씀합니다.

ⓜ "하나님의 복음뿐 아니라 우리의 목숨까지도 너희에게 주기를 기뻐함은"(2:8) 합니다.

ⓗ "우리가 너희 믿는 자들을 향하여 어떻게 거룩하고 옳고 흠 없이 행하였는지에 대하여 너희가 증인이요 하나님도 그러하시도다"(2:10) 합니다. 이것이 전도자의 자세입니다. 현대교회 전도자의 자세도 이와 같아야 하지 않겠는가?

복음의 핵심

⑦ 다시 강조합니다만 전도는 방법론(方法論)의 문제가 아니라 무엇을 전할 것인가 하는 내용이 중요한 것입니다. 사도행전이나 서신서를 보면 오늘날 설교자들이 복음인 줄로 생각하고 열을 올리고 있는 "오병이어, 죽은 나사로를 살리심, 축복을 받으라" 등은 한마디도 언급이 없다는 점입니다. 복음의 핵심은,

ⓐ "예수께서 우리를 위하여 죽으사(5:10)

ⓛ 우리가 예수께서 죽으셨다가 다시 살아나심을 믿을진대"(4:14)

ⓒ "또 죽은 자들 가운데서 다시 살리신 그의 아들이 하늘로부터 강림

하신다"(1:10) 한 "죽으심과 다시 사심"에 있는 것입니다. 십자가에 못 박혀 죽임을 당한 예수가 사흘 만에 다시 살아나셨다는 부활(復活)이 역사적인 사실이라면, 다시 오신다는 재림(再臨) 또한 역사적으로 일어날 것을 확신하게 되는 것입니다.

⑧ 그러므로 데살로니가전서에는 그리스도의 재림이 각 장마다 강조되어 있습니다. 이는 죽으심과 다시 사심에 근거한 필연적인 결과입니다.

  ㉠ 1장 끝에는 "또 죽은 자들 가운데서 다시 살리신 그의 아들이 하늘로부터 강림하실 것을 너희가 어떻게 기다리는지를 말하니 이는 장래의 노하심에서 우리를 건지시는 예수시니라"(1:10) 합니다.

  ㉡ 2장 끝에서는 "우리의 소망이나 기쁨이나 자랑의 면류관이 무엇이냐 그가 강림하실 때 우리 주 예수 앞에 너희가 아니냐"(2:19) 합니다.

  ㉢ 3장은 "너희 마음을 굳건하게 하시고 우리 주 예수께서 그의 모든 성도와 함께 강림하실 때에 하나님 우리 아버지 앞에서 거룩함에 흠이 없게 하시기를 원하노라"(3:13)고 끝맺고 있습니다.

  ㉣ 4장 끝에서도 "주께서 호령과 천사장의 소리와 하나님의 나팔 소리로 친히 하늘로부터 강림하시리니"(4:16)라고 말씀합니다.

  ㉤ 5장 마지막 부분에서도 "우리 주 예수 그리스도께서 강림하실 때에 흠 없게 보전되기를 원하노라"(5:23) 합니다.

하나님의 구원계획은 그리스도의 "재림"으로 비로써 완성됩니다. 그러므로 그리스도의 초림·죽으심·다시 사심·승천·재림은 끊어질 수 없는 황금고리인 것입니다. 어찌하여 그리스도께서 죽으셨는가? 우리 죄를 위해서입니다. 어찌하여 그들에게 복음을 전해주어야 하는가? 우리 주님께서 심판주로 오시기 때문입니다.

복음은 가르는 기능이 있다

⑨ 이 점에서 유념할 점은 복음을 전하기만 하면 모든 사람이 "아멘"하고 다 믿게 되는가? 아닙니다. 복음에는 심판(審判)하는 기능이 있다는 점입니다. "하나님의 아들이 네 죄를 위하여 죽으셨다. 그리고 살아나셨다. 심판주로 다시 오신다"는 복음 선포는 "차차 생각해 보아라"하는 식의 유예를 용납하지 않습니다.

　㉠ 복음전파는 사람들 앞에 "구원과 멸망, 천국과 지옥" 두 길을 제시합니다. 그리고 결단(決斷)하게 합니다. 그러므로 복음이 선포되는 현장에는 영접하는 자와, 배척하는 자로 갈라지는 역사가 일어난다 말씀입니다. "우상을 버리고 하나님께로 돌아와서 살아계시고 참되신 하나님을 섬기는"(1:9) 자들과

　㉡ "천하를 어지럽게 하던 이 사람이 여기도 이르매"(행 17:6) 하고 대적하는 자로 갈라지게 된 것입니다. 그러므로 복음이 전파되는 곳마다 교회가 세워지고 동시에 대적하는 박해가 일어났던 것입니다. 이것이 "전도의 미련한 것으로 믿는 자들을 구원하시기를 기뻐하시는"(고전 1:21) 하나님의 방법입니다.

그리스도인의 표지

⑩ 마지막으로 그리스도인의 표지(標識)에 대해 생각하고자 합니다. 사도 요한은 그의 서신에서 "만일 우리가 하나님과 사귐이 있다 하고 어둠에 행하면 거짓말"(요일 1:6, 2:4, 4:20), 즉 거짓 믿음이라고 단언합니다. 참 믿음과 거짓 믿음이 있다면 "그리스도인의 표지"가 무엇인가 하는 점입니다. 이점을 사도는 "믿음의

역사, 사랑의 수고, 소망의 인내", 즉 신망애(信望愛)로 요약합니다.

ㄱ "너희가 어떻게 우상을 버리고 하나님께로 돌아와서", 이것이 믿음의 역사입니다.

ㄴ "살아 계시고 참되신 하나님을 섬기는"(1:9), 이는 사랑의 수고입니다.

ㄷ "또 죽은 자들 가운데서 다시 살리신 그의 아들이 하늘로부터 강림하실 것을 너희가 어떻게 기다리는지를 말하니"(1:10), 이것이 소망의 인내입니다.

이 믿음·사랑·소망이 그가 "하나님의 사랑하심을 받고 택하심을 입은"(1:4) 증거라고 말씀합니다. 신앙이란 어려운 것도 복잡한 것도 아닙니다. "믿음·사랑·소망" 이 세 가지 요소만 구비하여 온전하면 되는 것입니다.

⑪ 데살로니가전서는 "신(信)·망(望)·애(愛)"에 대한 해설이라 해도 과언이 아닐 정도로 이점이 강조되어 있습니다.

ㄱ "지금은 디모데가 너희에게로부터 와서 너희 믿음과 사랑의 기쁜 소식을 우리에게 전해"(3:6)주었다고 말씀합니다. 믿음은 하나님과 바른 관계를 이루어주고 사랑은 성도들을 하나로 묶어주는 "띠"입니다.

ㄴ 바울은 서신을 마치기 전에 "믿음과 사랑의 호심경을 붙이고 구원의 소망의 투구를 쓰자"(5:8)하고, 다시 한번 "신·망·애"로 무장할 것을 강조합니다.

ㄷ 그리하여 데살로니가 교회는 복음을 받은 것만이 아니라 "주의 말씀", 곧 복음과 믿음을 전파하는 소문난 교회(1:8)였습니다. 복음은 교회를 세우고, 복음은 교회를 통하여 확장되어 나가는 것입니다. 어느 시대를 물론하고 교회가 활력이 넘치고 그 시대에 소금과 빛의

역할을 감당할 수 있었던 것은 십자가의 은혜(믿음)와 부활의 승리(사랑)와 재림의 소망을 튼튼히 붙잡고 있었던 교회입니다. 그들은 땅을 내려다보고 있었던 것이 아니라 위를 바라보고 있었기 때문입니다. "너희를 부르시는 이는 미쁘시니 그가 또한 이루시리라"(5:24), 이루실 것을 확신하고 있었습니다.

⑫ 그렇다면 어떻게 전도해야 하는가? 현대교회의 문제가 무엇인가 하는 점은 분명해진 것입니다. 복음(福音)은 변함이 없고 "예수 그리스도는 어제나 오늘이나 영원토록 동일하시고"(히 13:8), 성령께서 영원토록 우리와 함께(요 14:16) 하신다면 오늘의 전도 현장에도 이러한 역사가 일어날 것이 분명합니다. 문제는

㉠ 전파하는 내용과

㉡ 복음 전도자의 자세에 문제가 있는 것은 아니겠습니까?

㉢ 또한 먼저 믿는 자들의 삶이 본이 되지 못하는 데 있는 것은 아닙니까?

이제 생각해보아야 하겠습니다. 오늘의 전도에는 복음의 핵심인 그리스도의 죽으심과 다시 사심이 중심에 와 있는가? 오늘의 전도자의 자세는 하나님 보시기에 옳게 여기심을 받고 있는가? 현대교회 성도들은 그리스도인 됨의 표지인 "믿음 · 사랑 · 소망"을 간직하고 있는가?

데살로니가
후서

주제 : 하나님의 공의로운 심판과 성도들의 의로운 삶

    데살로니가후서의 중심점은 "주님은 분명히 다시 오신다. 그런데 재림 전에 먼저 어떤 일이 일어날 것인가"라는 점을 일깨워주어 건전한 재림신앙을 세워주려는데 있습니다.

    바울이 후서를 기록하게 된 동기가 무엇인가? 먼저 보낸 전서(前書)에는 그리스도의 재림(再臨)이 강조되어 있습니다. 이는 환난 중에 있는 데살로니가 형제들에게 소망을 주고 격려하기 위해서였습니다. 그런데 이를 곡해하여 주의 날이 이르렀다고 동심(動心)하여 규모 없이 행하는 자들이 있다는 소식을 듣게 된 것입니다. 이를 바로잡아주기 위한 것이 후서를 기록하게 된 주된 동기입니다.

　데살로니가후서는 세 장으로 되어있는데 말씀하는 순서(順序)와 논리전개(論理展開)에 주목해야 의도를 바르게 깨닫게 됩니다. 왜냐하면 여기에 절묘함이 있기 때문입니다. 만일 순서와 논리를 등한히 여긴다면 재림신앙이 훼손될 염려가 있고 후서의 생명력을 상실할 수도 있다는 점을 조심해야 합니다.

하나님의 공의로운 심판

　① 1장의 중심점은 "주님은 분명히 강림하신다"는 점을 강조함에 있습니다. "주 예수께서 자기의 능력의 천사들과 함께 하늘로부터 불꽃 가운데에 나타나신다"(1:7)고 단언합니다. 그렇다면 이런 의구심이 들게 되는데, 바울이 후서를 기록하게 된 동기가 광신적(狂信的)인 재림사상을 시정해 주기 위해서 아닌가? 그런데 또다시 "주 예수께서 능력의 천사들과 함께 불꽃 중에 나타나신다"라고 재림을 강조한다면 불붙는데 기름을 뿌리는 격이 아닌가? 하고 생각할 것입니다.

　㉠ 그런 것이 아닙니다. 여기에 본서의 영광스러움이 있고 바울의 확고한 믿음이 있습니다. 1장에는 "하나님의 공의"(公義)라는 말이 두 번(5,7) 강조되어 있는데, 그리스도의 재림은 하나님의 공의와 결부된 문제로 확고부동한 교리라는 것입니다.

　㉡ 재림이 없으면 심판도 없고 불의(不義)에 대한 심판이 없으면 하나님의 공의(公義)도 없는 것이 되고, 그리스도의 십자가도 헛된 것이 되고 맙니다. 왜냐하면 십자가 사건은 "곧 이 때에 자기의 의로우심을 나타내사 자기도 의로우시며"(롬 3:26)한 하나님의 공의를 충족

시킨 사건이기 때문입니다.

　그리스도께서 능력의 천사들과 함께 불꽃 중에 강림하셔서 "너희로 환난을 받게 하는 자들에게는 환난으로 갚으시고 환난을 받는 너희에게는 우리와 함께 안식으로 갚으시는 것이 하나님의 공의"(1:6-7)라고 말씀합니다. 그리스도의 재림(再臨)과 공의(公義)의 심판이 있다는 점을 추호의 흔들림이 없이 확고하게 세워주고 있는 것입니다.

ⓒ 주님은 심판하시기 위해서만 오시는 것이 아닙니다. 약속하신 대로 믿는 자들을 영접하러 오십니다. "그 날에 그가 강림하사 그의 성도들에게서 영광을 받으시고 모든 믿는 자들에게서 놀랍게 여김을 얻으시리라"(1:10) 합니다. 그러므로 1장에는 "환난"이라는 말이 세 번(6,6,7), "영광"도 네 번(9,10,12,12) 등장합니다. "강림하사 그의 성도들에게서 영광을 받으시고(10), 너희도 그 안에서 영광을 받게 하려 함이라"(12)고 말씀합니다.

ⓔ 이는 우리의 낮은 몸이 주님의 영광의 몸과 같이 변화하여 "영광으로 영광에 이르게 될" 것을 의미합니다. 그래서 기이(奇異)히 여김을 얻으시리라 하는 것입니다. 반면 환난 받게 하던 자들은 "주의 얼굴과 그의 힘의 영광을 떠나 영원한 멸망의 형벌을 받으리로다"(9) 합니다. 이것이 하나님의 공의로운 심판인 것입니다.

영접하러 오시는 그리스도

　② 이 점에서 1장에 세 번(1:9,10,12) 등장하는 "영광"을 주목해야 합니다. 왜냐하면 구원계획에는 하나님의 이름과 명예가 걸려있기 때문입니다. "나는 나를 위하며 나를 위하여 이를 이룰 것이라 어찌 내 이름을 욕되게 하리요 내 영광을 다른 자에게 주지 아니하리라"(사 48:11) 하십니다.

㉠ 그런데 그리스도의 재림으로 구원계획은 완성되고 하나님의 이름과 영광도 온전히 회복되는데, 만일 재림이 없다면 구원계획은 미완성에 그치게 되고 하나님의 이름과 명예는 어찌 된단 말인가?

㉡ 그러므로 그리스도의 재림은 확고하다는 것이 바울의 논증입니다. 바울은 "나는 부활하신 주님을 만나본 사람이다"라고, 자신의 경험에 의존하여 논증하고 있지 않습니다. 또한 그들을 감상적으로 위로하고 있는 것도 아닙니다. "하나님의 공의(公義)와 하나님의 이름과 영광"에 입각해서 재림에 대한 확신을 심어주면서 위로와 격려를 하고 있는 것입니다.

재림 전에 있을 징조

③ 2장은 "우리 주 예수 그리스도의 강림하심과 우리가 그 앞에 모임에 관하여"(1) 하고 시작되는데, 이것이 후서의 본론(本論)이라 할 것입니다. 1장에서 먼저 재림의 확실성을 입증한 후에 2장에서 바른 재림(再臨)관을 세워주고 있는 것입니다.

㉠ "영으로나 또는 말로나 또는 우리에게서 받았다 하는 편지로나 주의 날이 이르렀다고 해서 쉽게 마음이 흔들리거나 두려워하거나 하지 말아야 한다는 것이라"(2)고 경계하면서, "누가 어떻게 하여도 너희가 미혹되지 말라" 하면서 재림 전의 징조에 대해 언급합니다.

㉡ "먼저 배교하는 일이 있고"

㉢ "저 불법의 사람 곧 멸망의 아들이 나타나기 전에는 그 날이 이르지 아니하리니"(3) 하면서

㉣ "불법의 비밀이 이미 활동하였으나 지금 막고 있다"는 것과

㉤ "그 때에 불법한 자가 나타나리니 주 예수께서 그 입의 기운으로 그를 죽이시고 강림하여 나타나심으로 폐하시리라"(8) 합니다.

ⓑ "악한 자의 나타남은 사탄의 활동을 따라 모든 능력과 표적과 거짓 기적과 불의의 모든 속임으로 멸망하는 자들에게 있으리니 이는 그들이 진리의 사랑을 받지 아니하여 구원함을 받지 못함이라"(9-10)고 말씀합니다.

이상의 진술을 요약하면 주의 재림 전에 적그리스도와 거짓 선지자가 먼저 나타나게 되고 이로 인하여 많은 사람들이 낙오하게 될 것과 진리에 굳게 서 있지 못한 자들이 미혹을 당하게 되리라는 것입니다.

④ 그렇다면 어찌하여 "불법의 사람", 즉 적그리스도의 출현이 재림 전에 있게 되는가 하는 점입니다. 이는 하나님이 힘이 모자라서가 아니라 "필요악"(必要惡)이라 할 것입니다.

ⓐ 왜냐하면 "이러므로 하나님이 미혹의 역사를 그들에게 보내사 거짓 것을 믿게 하심은"(2:11) 라고 말씀하기 때문입니다. "하나님이 미혹의 역사를 보내신다, 거짓 것을 믿게 하신다", 이는 우리의 인식을 뒤엎는 언급인데 이렇게 하시는 의도를 무엇이라 언급하는지를 주목하시기 바랍니다.

ⓑ "진리를 믿지 않고 불의를 좋아하는 모든 자들로 하여금 심판을 받게 하려 하심이라"(2:12)고 그 의도를 말씀합니다. 적그리스도의 출현은 "알곡과 쭉정이"를 가르기 위한 필요악이라는 말씀입니다. 그래서 바울은 "때가 이르리니 사람이 바른 교훈을 받지 아니하며 귀가 가려워서 자기의 사욕을 따를 스승을 많이 두고 또 그 귀를 진리에서 돌이켜 허탄한 이야기를 따르리라"(딤후 4:3-4)고 경계했던 것입니다.

ⓒ 이점이 다니엘서에도 분명히 나타나는데 "그의 악으로 말미암아 백성이 매일 드리는 제사가 넘긴 바 되었고, 그것이 또 진리를 땅에

던지며 자의로 행하여 형통하였더라"(단 8:12)는 언급입니다. 이런 뜻입니다. 교회가 타락했기 때문에 이를 정화하기 위해서 적그리스도에게 내어줌을 당한다는 말씀입니다. 예루살렘이 바벨론에게 내어준 바 된 것과 같은 이치인 것입니다. 이상의 말씀은 말세를 만난 현대 교회에 경종이 됩니다.

승천으로부터 재림까지 교회가 지켜야 할 일들

⑥ 3장은 1-2장을 통해서 말씀한 바를 적용하는 부분입니다. "끝으로 형제들아"(1) 하면서 우리가 행해야 할 책임을 말씀합니다. 이는 그리스도의 초림으로부터 재림까지 교회가 지켜야 할 일들인데 이를 요약하면 다음과 같습니다.

ㄱ "주의 말씀이 너희 가운데서와 같이 퍼져나가 영광스럽게"(1) 되기를 기도하라고 말씀합니다. 이는 교회의 사명이 복음전파에 있음을 나타냅니다.

ㄴ "또한 우리를 부당하고 악한 사람들에게서 건지시옵소서 하라"(2) 합니다. 이는 어느 시대나 교회를 대적하는 자가 있다는 점을 나타내는 것으로 우리를 긴장하게 합니다.

ㄷ "우리가 명한 것을 너희가 행하고 또 행할 줄을 우리가 주 안에서 확신하노라"(4) 합니다. 이는 주님이 오시는 날까지 말씀대로 교회를 섬겨야 할 것을 의미합니다.

ㄹ "게으르게 행하고 우리에게서 받은 전통대로 행하지 아니하는 모든 형제에게서 떠나라"(6) 합니다. 이는 교회가 성별되어야 할 것을 의미하고,

ㅁ "순종하지 아니하거든 그 사람을 지목하여 사귀지 말고 그로 하여금 부끄럽게 하라"(14) 합니다. 이는 교회의 성별을 위해서 권징이 불

가피함을 의미합니다. 이것들이 데살로니가 교회만이 아니라, 주님 오시는 날까지 지상의 모든 교회가 준행해야 할 일입니다.

1장의 핵심은 "하나님의 공의"에 있고
2장의 핵심은 "불법"에 있고
3장의 핵심은 "규모" 즉 책임에 있습니다.

하나님의 공의는 불법을 묵과하실 수 없으십니다. 그러므로 "공의로운 심판" 곧 그리스도의 재림은 확고합니다. 그리하여 결론은 "영원한 멸망"(1:9)과 "영원한 위로"(2:16)로 갈라지게 된다는 점입니다. 이 소망을 가진 자마다 제 위치에서 제 직무를 수행하면서 규모 있는 삶, 즉 책임 있는 그리스도인의 삶을 살라는 말씀입니다.

디모데전서

주제 : 하나님의 집에서 어떻게 행하여야 할 것들(3:15)

    디모데 전후서와 디도서를 가리켜 목회서신이라고 부릅니다. 그것은 이 서신들이 노 사도인 바울에 의해 젊은 제자들인 디모데와 디도에게 그들의 목회를 돕기 위해서 보내진 서신들이기 때문입니다. 디모데전서와 디도서가 같은 시기에 기록되었고, 디모데후서는 순교직전에 기록한 바울의 마지막 서신입니다.

    이런 맥락에서 디모데전서는 목회서신적인 성격이 현저한 반면, 후서는 자신의 사역을 결산하면서 사랑하는 제자에게 마지막으로 당부하는 유언과 같은 말씀입니다. 선한 싸움을 싸우고 달려갈 길을 마치려는 사도는 자신이 붙잡고 싸웠던 성령의 검과 자신이 붙잡고 달음질쳤던 복음의 바통을 계주자(繼走者)들에게 물려주려는 것입니다.

바울은 디모데전서의 기록(記錄)목적을 "내가 속히 네게 가기를 바라나 이것을 네게 쓰는 것은 만일 내가 지체하면 너로 하여금 하나님의 집에서 어떻게 행하여야 할지를 알게 하려 함이니 이 집은 살아 계신 하나님의 교회요 진리의 기둥과 터니라"(3:14-15)고 밝히고 있습니다.

이처럼 전서의 중심점은 "하나님의 교회"에 있습니다. 하나님의 교회에서 어떻게 행하여야(섬겨야) 할 것인가? 디모데전서의 주제가 여기에 맞춰져 있습니다. 이를 각 장별로 요약하면 다음과 같습니다.

다른 교훈과 바른 교훈 간의 갈등

① 1장의 열쇠는 "너를 지도한 예언을 따라 그것으로 선한 싸움을 싸우라"(18)는 데 있습니다. 바울은 마게도냐로 가면서 디모데를 에베소에 머물게 했습니다. 왜냐하면, "다른 교훈"(1:3)을 가르치는 자들이 있었기 때문에 이를 막기 위해서였습니다. 거짓 교사들의 가르침은 "악성 종양이 퍼져나감과 같은데, 어떤 사람들의 믿음을 무너뜨렸기"(딤후 2:17-18) 때문입니다.

㉠ 첫 장에서 "아들 디모데야 내가 네게 이 교훈으로써 명하노니 전에 너를 지도한 예언을 따라 그것으로 선한 싸움을 싸우라"(18)고 명한 사도는, 마지막 장에서도 "오직 너 하나님의 사람아… 믿음의 선한 싸움을 싸우라"(6:11-12)고 거듭 당부합니다. 이렇게 명하고 있는 바울 자신도 평생의 사역을, "내가 선한 싸움을 싸웠다"(딤후 4:7)고 "선한 싸움"으로 정의합니다.

ⓛ 그런데 사도 바울이 "내가 선한 싸움을 싸우고" 한 "싸움"을 목회서신의 문맥으로 본다면 불신자들에게 복음을 전하다가 당한 박해를 의미하기보다는 교회 안에서 비 진리와 맞서서 복음을 보수(保守)한 싸움임을 알게 됩니다. 이 바통이 디모데에게로 계승되었고 이 싸움은 그리스도께서 재림하시는 날까지 계속될 선한 싸움인 우리들의 몫입니다.

교회의 제사장적 사명

② 2장의 중심점은 "모든 사람을 위하여 간구와 기도와 도고와 감사를 하라"(1)는 "기도"에 있습니다. 이 "기도"는 개인적인 기도를 말하는 것이 아니라, 공 예배시의 기도를 가리킵니다. 어찌하여 교회는 "모든 사람"을 위하여 기도해야 하는가? 예수 그리스도의 중보사역으로 말미암아 우리를 "제사장"으로 삼아주셨기 때문입니다. 기도는 모든 사람을 대신하여 하나님의 은혜 보좌 앞에 나아가는 제사장적인 섬김입니다.

구약시대의 제사장들의 직무를 보십시오. 제사장이 하나님 앞에서 섬기는 것은 자신을 위해서가 아니라 백성을 위해서였습니다. 1장의 주제가 하나님께 받은 말씀을 하나님을 대리(代理)하여 백성들에게 전하는 것이라면, 2장의 주제는 모든 사람을 대신(代身)하여 하나님 앞에 나아가 기도하라는 말씀입니다. 그렇다면 기도도 "그의 나라와 그의 의"를 위한 또 다른 선한 싸움이라 할 수 있는 것입니다.

하나님의 교회를 섬기는 자의 자격

③ 3장의 내용은 "하나님의 교회를 섬기는 자의 자격", 곧 "감독과 집사"의 자격입니다. 이들은 영적 싸움을 싸우는 하나님의 군대의 지휘관들이기 때문입니다. 교회가 1-2장의 사명을 바르게 감당하기 위해서는 지도자들이 필요하고, 그것도 자격을 구비한 잘 훈련된 자라야 할 것입니다.

그러므로 그 기준이 엄격한 것을 보게 됩니다. 이 기준은 어느 시대에나 동일한 기준입니다. 현대교회의 격이 낮아지게 된 원인 중 하나가 교회가 제직들의 임명 기준을 격하(格下)시킨 데 원인이 있는 것이 아닌지 깊은 반성이 요청되는 대목입니다.

미혹하게 하는 영의 가르침과 귀신의 가르침

④ 4장에는 "미혹하게 하는 영과 귀신"(1)이 등장합니다. 영적 싸움은 성령과 악령 간의 싸움입니다. 그 "성령과 악령"은 각기 사람을 매개체(媒介體)로 하여 싸운다는 점입니다. 그리고 무기는 "말씀"이요, 방법은 "가르침"을 통해서 전개됩니다.

그래서 바울은 디모데에게 "너는 이것들을 명하고 가르치라 (11), 가르치는 것에 전념하라(13), 가르침을 살펴 이 일을 계속하라"(16)고 "가르침"을 강조합니다. 영적 싸움은 성령과 악령 간의 싸움이요, 진리와 비 진리(말씀)의 싸움이요, 가르침의 싸움임을 명심해야 합니다.

교회를 가족처럼 섬겨라

⑤ 5장의 내용은 교회 내의 다양한 계층을 어떻게 돌 볼 것인가에 대한 교훈입니다. 열쇠는 "아버지에게 하듯, 형제에게 하듯, 어머니에게 하듯, 자매에게 하듯"(1-2) 하라는 데 있습니다. 그러니까 교회를 가족처럼 섬기라는 말씀입니다.

하나님은 하나님 나라를 건설하실 때에 먼저 아담 한 사람을 지으셨습니다. 그런 후에 배필을 지어주심으로 가정을 이루게 하시고 나라로 확장해 나가셨던 것입니다. 그러므로 성도 개개인과 가정과 교회는 불가분의 관계입니다. 건강한 가정들이 모여 건전한 교회가 되는 것입니다. 그래서 "아버지에게 하듯, 형제에게 하듯, 어머니에게 하듯, 자매에게 하듯", 즉 가족에게 하듯 하라는 것입니다.

그런데 오늘날은 가정들이 공격 대상이 되어 파괴당하고 있습니다. 이는 교회의 위협이 아닐 수 없습니다. 왜 교회를 가족처럼 섬겨야 하는가? 화목하기 위해서입니다. 하나 되게 하기 위해서입니다. 결국 영적전쟁에서 승리하기 위해서입니다.

예수 그리스도 나타나실 때까지 이 명령을 지키라

⑥ 6장은 결론적인 말씀입니다. 목회서신의 가장 중요한 기록 목적 중 하나인 "다른 교훈"(3-5), 즉 이단에 대해 재차 경계를 하면서 "믿음의 선한 싸움을 싸우라"(12)고 격려합니다. 그리고 "오직 너 하나님의 사람아"라고 부르면서 "피하고, 따라야"(11) 할 것을 말씀합니다.

이 점에서 유념할 점은 "우리 주 예수 그리스도 나타나실 때까지, 이 명령을 지키라"(14)고 명한다는 점입니다. 이는 목회서신이 디모데를 뛰어넘어 주님의 재림하실 때까지 세움을 받을 모든 목회자에게 적용된다는 점을 나타냅니다.

하나님 앞과 그리스도 예수 앞에서 명하노니

⑦ 목회서신에는 "명령"하는 말이 열 번 정도 등장합니다. 바울 자신도 다른 서신과는 달리 서두에서 "우리 구주 하나님과 우리의 소망이신 그리스도 예수의 명령을 따라 그리스도 예수의 사도 된 바울은"(1:1), 명령에 의해서 사도가 되었노라고 말씀합니다. 이는 "이십 세 이상으로 싸움에 나갈 만한 모든 자를 계수하라" 하신 광야교회의 정신이기도 합니다.

ㄱ 하나님께서는 유월절 양의 피로 구속하여 내신 이스라엘 백성들을 "내 백성"이라고만 하신 것만이 아니라, "여호와의 군대"(출 7:4, 12:41,51)라고 말씀하셨습니다. "곧 그들이 여호와의 명령을 따라 진을 치며 여호와의 명령을 따라 행진하고 또 모세를 통하여 이르신 여호와의 명령을 따라 여호와의 직임을 지켰더라"(민 1:3, 9:23)고 말씀합니다. 모든 그리스도인들이란 "여호와의 군대", 십자가 병사로 모집한 자들(딤후 2:4)입니다.

ㄴ "하나님과 그리스도 예수와 택하심을 받은 천사들 앞에서 내가 엄히 명하노니"(5:21) 합니다. 또한 "만물을 살게 하신 하나님 앞과 본디오 빌라도를 향하여 선한 증언을 하신 그리스도 예수 앞에서 내가 너를 명하노니 우리 주 예수 그리스도께서 나타나실 때까지 흠도 없고 책망받을 것도 없이 이 명령을 지키라"(6:13-14)고 명령의 권위와 엄중함을 더합니다.

경건에 이르기를 연단하라

⑧ 그러므로 하나님의 군사로서 선한 싸움을 싸워야 하는 자에게는 훈련(訓練)이 불가결입니다. 훈련은 두 가지 방면(方面)으로 이루어집니다. 첫째는 자신과의 싸움인데 이를 한마디로 "경건"이라고 말씀합니다. 이 짧은 서신 속에 경건이라는 말이 아홉 번이나 등장하고 있는 것만 보아도 이 점을 얼마나 중요시 여기고 있는가를 깨닫게 됩니다.

㉠ 경건이란 하나님과의 바른 관계성을 나타내는 경외심을 의미합니다. 경건이란 무엇을 행해야 하는 이전에 어떠한 사람이 되어야 마땅한가 하는 신앙인격을 나타냅니다. 그러므로 경건이란 자신을 쳐서 복종시키는 싸움입니다. 이는 자동으로 되는 것이 아니라 "오직 경건에 이르기를 연단하라"(4:7)한 훈련으로 가능해지는 것입니다. 만일 목회자가 자신과의 싸움, 즉 경건생활에 실패한다면 하나님의 교회를 섬길 수는 없는 것입니다.

㉡ 둘째는 대적과의 싸움입니다. 우리의 대적은 누구인가? 바울은 디모데 전후서 모두에서 "마귀의 올무에 빠질까, 마귀의 올무에서 벗어나"(딤전 3:7, 딤후 2:26)라고 "마귀"를 언급합니다. 우리의 대적은 사탄입니다. 목회란 하나님의 백성들을 "마귀의 올무에서 벗어나게, 마귀의 올무에 빠지지 않게" 돌보는 일이라 말할 수 있습니다. 그렇다면 이를 위한 영적 싸움의 무기는 무엇인가? 의외라고 여길는지 모르겠습니다만 영적 전쟁이란 "말씀의 전쟁"입니다.

㉢ 영적 전쟁을 "영의 전쟁"이라고 말한다면 이의를 제기할 분은 없을 것입니다. 그런데 그 성령께서 말씀을 통하여 역사한다는 것은 간과하기 쉬운 점입니다.

가르침을 삼가 이 일을 계속하라

⑨ 그러므로 영적 전쟁은 "가르침"의 전쟁이라 할 수 있습니다. 첫 말씀이 "너를 권하여 에베소에 머물라 한 것은 어떤 사람들을 명하여 다른 교훈을 가르치지"(1:3) 못하게 하기 위해서라고 말씀합니다. "어떤 사람들이 믿음에서 떠나 미혹하는 영과 귀신의 가르침을 따르리라"(4:1)고 경계합니다. "누구든지 다른 교훈을 하며 바른말 곧 우리 주 예수 그리스도의 말씀과 경건에 관한 교훈을 따르지 아니하면"(6:3-5), "다른 교훈"에 빠지게 될 것을 경고합니다.

ㄱ 이단의 미혹에 넘어가지 않기 위한 비결은 가르치는 일입니다. 가르친다는 것이 얼마나 중요한지요? "너는 이것들을 명하고 가르치라(4:11), 내가 이를 때까지 읽는 것과 권하는 것과 가르치는 것에 전념하라"(4:13) 하십니다. "네가 네 자신과 가르침을 살펴 이 일을 계속하라 이것을 행함으로 네 자신과 네게 듣는 자를 구원하리라"(4:16)고 말씀합니다.

ㄴ 사탄은 첫째로 예수 그리스도를 믿지 못하도록 방해를 합니다. 이는 구원을 얻지 못하게 하려는 훼방입니다. 그런데 이에 실패하여 예수를 믿게 되면 둘째로 배우지 못하게 합니다. 그리하여 배우지 못한 무지(無知)한 자, 무기력(無氣力)한 자, 무장하지 못한 자, 그리하여 있으나 마나 한 자가 되도록 하려는 것입니다.

ㄷ 믿음은 들음에서 난다고 말씀했는데, 바른 믿음만 그런 것은 아닙니다. 심령을 죽이는 "악성 종양이 퍼져나감과 같은"(딤후 2:17) 이단의 믿음도 들음에서 나는 것입니다. 하나님께서는 네가 먹는 날에는 반드시 죽으리라 말씀하셨는데, 사탄은 네가 결코 죽지 아니하리라고 말했던 것입니다. 하와는 그 말을 듣지 말았어야 했습니다.

② 그래서 바울은 "하나님의 말씀"을 "성령의 검"이라고 표현했던 것입니다. 이를 알았기에 바울은 "잘 다스리는 장로들을 배나 존경할 자로 알되 말씀과 가르침에 수고하는 이들에게는 더욱 그리할 것이니라"(5:17)고 말씀합니다.

그런 뜻에서 가르치기를 게을리하는 목회자는 양의 무리를 무장해제를 시키는 것과 같고, 반면 배우기를 게을리하는 신자는 사탄의 포로가 되기로 자청하는 것과 같다 하겠습니다. 이를 효과적으로 수행하기 위해서 "하나님의 교회"에는 가르치는 일과 다스리는 일을 잘하는 감독을 세워야 하며, 목회자가 "기도하는 일과 말씀 사역에 힘쓰기"(행 6:4) 위해서 재정과 행정을 관리할 "집사"(3:8-13)를 세워야 할 것을 말씀합니다.

목회서신의 심장은 복음

⑩ 디모데전서의 중심점은 2:5-7절입니다. 바울은 "어떻게 행해야 할 것", 즉 실천적인 방법만을 말씀하는 것이 아닙니다. 왜 이렇게 하지 않으면 안 되는가 하는 당위성(當爲性)을 말씀합니다. 이점에 확고해야 목회도 바르게 할 수 있기 때문입니다.

㉠ "하나님은 한 분이시요 또 하나님과 사람 사이에 중보자도 한 분이시니 곧 사람이신 그리스도 예수라"(2:5)고 그리스도가 유일하신 "중보자"임을 말씀합니다. 중보자가 되시기 위해서 "하나님이시면서 동시에 사람"이 되셨다는 것입니다.

㉡ 그러면 우리 주님은 중보자의 역할을 어떻게 수행하셨는가? "그가 모든 사람을 위하여 자기를 대속물로 주셨으니"(2:6) 합니다. 대속물로 주셨다는 것은 대신 죽어주셨음을 의미합니다. 이것은 엄청난 말

씀입니다. "자기를 대속물로 주셨다", 이것이 없었다면 "복음도, 구
원도, 중보도, 목회서신도" 전부 없는 것입니다.

ⓒ 출애굽 당시의 중보자는 모세라 할 수 있습니다. 그런데 사도는 "중
보자도 한 분이시니"라고 말씀합니다. 왜냐하면 진정한 중보란 죄
값을 대신 책임지는 자인데 모세는 율법을 전해주는 중보, 즉 정죄
하는 역할을 했을 뿐이기 때문입니다. 결론은 구약의 성도들도 "한
분" 그리스도의 중보를 통해서 하나님께 나아가고, 화목하고, 구원을
얻었다는 말씀입니다.

⑪ 그러면 다음에는 무엇이 따라와야 마땅합니까? "이를 위하
여 내가 전파(傳播)하는 자와 사도로 세움을 입은 것은 참말이요
거짓말이 아니니"(2:7)한 전파자입니다. 그래서 "기약이 이르러
주신 증거니라"(2:6하) 한 것입니다.

㉠ 말씀하는 순서를 주목하시기 바랍니다. 바울은 자신이 사도(使徒)라
는 것보다 "전파하는 자"로 세움을 입은 것을 먼저 꼽고 있습니다.
하나님의 아들이 사람이 되셔서 죽으시고 다시 사심을 통해서 이루
어 놓으신 복음 전파자로 세움을 받았다는 것은 그 무엇에도 비할
수 없는 영광스러움이요, 중차대한 사명임을 인식했기 때문입니다.

㉡ 그래서 "미쁘다 모든 사람이 받을만한 이 말이여 그리스도 예수께서
죄인을 구원하시려고 세상에 임하셨다 하였도다 죄인 중에 내가 괴
수니라"(1:15)고 고백하기에 이릅니다. 형제도 "내가 전파하는 자로
세움을 입은 것은 참말이요 거짓말이 아니라"고 소명감과 사명감에
확고합니까?

㉢ 그렇다면 형제여, 먼저 경건에 이르기를 훈련하십시다. 다음으로 성
령의 검 곧 하나님의 말씀으로 무장하십시다. 그리하여 진리를 보수
하는 싸움과 진리를 전파하는 싸움을 싸워 나가십시다.

ⓔ 그리고 배우면서 가르치기를 계속하십시다. 이것이 하나님의 교회를 세우는 일이요, 사탄의 간계를 멸하는 선한 싸움입니다. 주님의 이름으로 다시 부탁합니다. 배우면서 가르치십시다. 목회에 지름길은 없습니다.

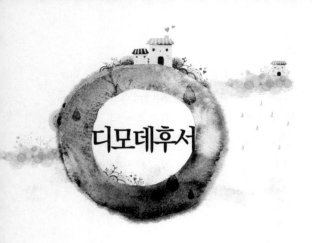

주제 : 너는 복음을 지키고, 가르치고, 전파하라

　칼빈은 "디모데후서는 성경의 어떤 책보다도 나에게 지대한 영향을 주었다"고 말하고 있습니다. 그렇다면 우리(특히 목회자)에게도 지대한 영향을 줄 수 있는 서신임이 분명합니다. 어떤 의미에서 그러할까요? 디모데후서는 기록할 당시의 배경(背景)을 염두에 두고 접근해야 그 중심부에 도달할 수 있습니다.

　바울은 "전제와 같이 내가 벌써 부어지고 나의 떠날 시각이 가까웠도다"(4:6)고 말합니다. 그렇다면 순교의 순간이 목전에 이른 것을 알고 사랑하는 믿음의 아들 디모데에게 유언과 같은 마지막 서신을 쓰고 있는 목적이 어디에 있는가?

디모데후서의 기록목적

① 당시 상황은 계시록에서 짐승(적그리스도)으로 묘사된 네로의 박해는 극에 달한 때였고, "어떤 사람들의 믿음을 무너뜨리는" 거짓 선생들의 악성 종양이 퍼져나감과 같은 다른 복음(2:17-18)이 기승을 부리고 있던 때입니다. 그리하여 "아시아에 있는 모든 사람이 나를 버린 이 일을 네가 아나니"(1:15) 한 대로 복음을 보수하는 일이 흔들리고 있던 때입니다. 이런 상황을 뒤로 한 채 떠나야 하는 바울의 관심사는 자신의 죽음에 있었던 것이 아니라, "복음을 그리고 성도들"을 누구에게 부탁할 것인가에 집중되어 있었던 것입니다. 바울의 관심사는 언제나 그러했습니다.

옥중서신인 빌립보서에서도 "내가 그 둘 사이에 끼었으니 차라리 이 세상을 떠나서 그리스도와 함께 있는 것이 훨씬 더 좋은 일이라 그렇게 하고 싶으나 내가 육신으로 있는 것이 너희를 위하여 더 유익하리라"(빌 1:23-24)고 심경을 말합니다. 개인적인 욕망으로는 빨리 주님에게 가기를 원하나, 성도들을 생각한다면 좀 더 머물러 있는 것이 유익하리라는 뜻입니다.

② 먼저 명심해야 할 점은 목회서신은 요즘 말하는 "성장학"이 아니라는 점입니다. 하나님의 교회, 주님의 몸 된 교회를 어떻게 섬겨야 하는가 하는 바른 섬김입니다. "이 집은 살아계신 하나님의 교회요 진리의 기둥과 터니라"(딤전 3:15) 한 바른 교회가 우선인 것입니다. 그러면 "진리의 기둥과 터"가 무엇인가?

㉠ 디모데후서의 중심점은 1:9-11절이라 할 것입니다. "하나님이 우리를 구원하사 거룩하신 소명으로 부르심은 우리의 행위대로 하심이 아니요 오직 자기의 뜻과 영원 전부터 그리스도 예수 안에서 우리에게 주신 은혜대로 하심이라"(9)고 "은혜"라고 말씀합니다.

㉡ 그리고 이 "은혜"가 "이제는 우리 구주 그리스도 예수의 나타나심으로 말미암아 나타났으니 그는 사망을 폐하시고 복음으로써 생명과 썩지 아니할 것을 드러내신지라"(10) 합니다. 이는 두 마디로 되어 있는데,

    ㉮ "우리 구주 그리스도 예수의 나타나심으로 말미암아 나타났다"는 것과

    ㉯ "그는 사망을 폐하시고 복음으로써 생명과 썩지 아니할 것을 드러내신지라", 요약하면 "나타나서, 드러내셨다"는 것입니다.

㉢ "나타나셨다"는 것은 "말씀이 육신이 되어 우리 가운데 거하시매"(요 1:14) 한 성육신의 나타나심을 가리킵니다.

㉣ 그러면 무엇을 드러내셨다는 것인가? "복음"이라고 대답합니다. 그리스도는 육신을 입고 나타나신 것만이 아니라 "그는 사망을 폐하시고 복음으로써 생명과 썩지 아니할 것을 드러내신지라" 합니다. 사도는 "나타나심과 드러내심" 이 두 가지 요점을 가리켜 "복음"이라고 말씀합니다. 이것이 교회의 진리요 기둥과 터인 것입니다.

③ 그런 후에 사도는 "내가 이 복음을 위하여 선포자와 사도와 교사로 세우심을 입었노라"(1:11)고 자신의 사명을 언급합니다. 여기서도 사도보다는 "선포자로 세움을 입었다"는 점을 앞에나 놓고 있습니다. 왜냐하면 하나님께서 자기 아들을 통해서 "나타나시고, 드러내신" 복음을 증언하는 전도자로 세움을 입었다는 것은 무엇보다도 우선하는 영광스럽고도 중차대한 사명임을 인식

했기 때문입니다.

   ㉠ 성경을 가장 바르게 사용하는 길은 기록한 목적대로 해석하여 전하는 일입니다. 그렇다면 이런 상황 하에서 기록된 본서의 기록목적이 무엇인가? 바울은 이제까지 자신이 "지키고, 가르치고, 전파한" 복음을 디모데에게도 "보수하고, 가르치고, 전파하라"고 부탁하고 있는 것입니다.

   ㉡ 이런 맥락에서 목회서신에 등장하는 "나, 너, 그들"을 분별하고 인식한다는 것은 중요한 요점이 됩니다. "나"는 디모데후서를 기록하는 송신자 바울이요, "너"는 수신자인 디모데를 가리킵니다. 그렇다면 "그들"은 누구를 가리키는 말인가? 이점을 뒤에 가서 확인하게 될 것입니다. 먼저 "나"라는 바울이, "너"라는 디모데에게 사명을 계승시키는 내용부터 살펴보도록 하겠습니다.

④ "나" 바울은,

   ㉠ "내가 이 복음을 위하여 선포자와 사도와 교사로 세우심을 입었노라"(1:11)

   ㉡ "복음으로 말미암아 내가 죄인과 같이 매이는 데까지 고난을 받았으나 하나님의 말씀은 매이지 아니하니라"(2:9)

   ㉢ "전제와 같이 내가 벌써 부어지고 나의 떠날 시각이 가까웠도다"(4:6)

   ㉣ "나는 선한 싸움을 싸우고 나의 달려갈 길을 마치고 믿음을 지켰으니"(4:7)

   ㉤ "이제 후로는 나를 위하여 의의 면류관이 예비되었으므로 주 곧 의로우신 재판장이 그 날에 내게 주실 것이며"(4:8)

   ㉥ "주께서 내 곁에 서서 나에게 힘을 주심은 나로 말미암아 선포된 말씀이 온전히 전파되어 모든 이방인이 듣게 하려 하심이니"(4:17)합니다. 이것이 "나"인 바울이 담당한 사명이요 사역입니다.

⑤ "너" 디모데는,

㉠ "그러므로 너는 내가 우리 주를 증언함과 또는 주를 위하여 갇힌 자 된 나를 부끄러워하지 말고 오직 하나님의 능력을 따라 복음과 함께 고난을 받으라"(1:8)

㉡ "너는 그리스도 예수 안에 있는 믿음과 사랑으로써 내게 들은 바 바른 말을 본받아 지키고"(1:13)

㉢ "우리 안에 거하시는 성령으로 말미암아 네게 부탁한 아름다운 것을 지키라"(1:14)

㉣ "또 네가 많은 증인 앞에서 내게 들은 바를 충성된 사람들에게 부탁하라"(2:2)

㉤ "너는 그리스도 예수의 좋은 병사로 나와 함께 고난을 받으라"(2:3)

㉥ "너는 진리의 말씀을 옳게 분별하며 부끄러울 것이 없는 일꾼으로 인정된 자로 자신을 하나님 앞에 드리기를 힘쓰라"(2:15)

㉦ "너는 이것을 알라 말세에 고통하는 때가 이르러"(3:1)

㉧ "이같은 자들에게서 네가 돌아서라"(3:5)

㉨ "그러나 너는 배우고 확신한 일에 거하라 네가 누구에게서 배운 것을 알며"(3:14)

㉩ "하나님 앞과 살아 있는 자와 죽은 자를 심판하실 그리스도 예수 앞에서 그가 나타나실 것과 그의 나라를 두고 엄히 명하노니 너는 말씀을 전파하라 때를 얻든지 못 얻든지 항상 힘쓰라 "(4:1-2)

㉪ "그러나 너는 모든 일에 신중하여 고난을 받으며 전도자의 일을 하며 네 직무를 다하라"(4:5)

㉫ "나는 주께서 네 심령에 함께 계시기를 바라노니"(4:22) 합니다. 이것이 "너"인 디모데에게 계승시키는 사명이요, 권면입니다. 그리고 본서를 받고 있는 우리가 감당해야 할 사명이기도 합니다.

그런데 디모데후서를 이해하기 위해서는 또 하나의 관계성인

"너와 그들"을 놓쳐서는 안 된다는 사실입니다. 목회서신에는 "너와 그들"이 자주 등장합니다. "너"는 디모데가 분명한데 "그들"은 누구를 가리키는 것일까요? "다른 교훈 · 다른 복음"을 말하고 있는 다수의 거짓 선생들입니다. 바울이 언급하는 "선한 싸움"은 불신자들을 상대한 것보다는, 교회 내에 침투한 거짓 선생들과의 싸움이 더욱 치열했던 것입니다. 이제 디모데의 사명은 바울의 뒤를 이어 복음을 보수하고, 성도들을 이 같은 자들로부터 지켜야 하는 것입니다.

⑥ "그들"은,
㉠ "망령되고 헛된 말을 버리라 그들은 경건하지 아니함에 점점 나아가나니"(2:16)
㉡ "그들의 말은 악성 종양이 퍼져나감과 같은데"(2:17)
㉢ "진리에 관하여는 그들이 그릇되었도다 부활이 이미 지나갔다 함으로 어떤 사람들의 믿음을 무너뜨리느니라"(2:18)
㉣ "거역하는 자를 온유함으로 훈계할지니 혹 하나님이 그들에게 회개함을 주사 진리를 알게 하실까 하며"(2:25)
㉤ "그들로 깨어 마귀의 올무에서 벗어나 하나님께 사로잡힌 바 되어 그 뜻을 따르게 하실까 함이라"(2:26)
㉥ "그들 중에 남의 집에 가만히 들어가 어리석은 여자를 유인하는 자들이 있으니"(3:6)
㉦ "그들도 진리를 대적하니 이 사람들은 그 마음이 부패한 자요 믿음에 관하여는 버림받은 자들이라"(3:8) 합니다. 이는 1차적으로는 디모데에게 하는 경계이지만 주님 오시는 날까지 지상에 있게 될 모든 교회, 목회자들에게 적용되는 경계인 것입니다.

⑦ 그러면 "너와 그들"을 분별하는 시금석이 무엇인가? "너는 진리의 말씀을 옳게 분별하며"(2:15)한 성경을 바르게 분별하느냐 여부에 달린 것입니다. 그래서 즉 디모데와 거짓 선생과의 차별화(差別化)를 위해서 사도는 "그러나"라는 뒤집는 말을 합니다.

ⓐ "그러나 하나님의 견고한 터는 섰으니"(2:19) 합니다.

ⓑ "그러나 너는 배우고 확신한 일에 거하라 너는 네가 누구에게서 배운 것을 알며"(3:14)

ⓒ "그러나 너는 모든 일에 신중하여 고난을 받으며 전도자의 일을 하며 네 직무를 다하라"(4:5) 합니다.

그런가 하면 "우리"라는 대명사에도 관심을 기우려야 할 것입니다. 이 "우리"는 바울과 디모데 그리고 모든 신실한 주의 종들을 다 일컫는 말씀이기 때문입니다.

⑧ "우리",

ⓐ "하나님이 우리에게 주신 것은 두려워하는 마음이 아니요 오직 능력과 사랑과 절제하는 마음이니"(1:7)

ⓑ "하나님이 우리를 구원하사 거룩하신 소명으로 부르심은 우리의 행위대로 하심이 아니요 오직 자기의 뜻과 영원 전부터 그리스도 예수 안에서 우리에게 주신 은혜대로 하심이라"(1:9)

ⓒ "미쁘다 이 말이여 우리가 주와 함께 죽었으면 또한 함께 살 것이요 참으면 또한 함께 왕 노릇 할 것이요 우리가 주를 부인하면 주도 우리를 부인하실 것이라 우리는 미쁨이 없을지라도 주는 항상 미쁘시니 자기를 부인하실 수 없으시리라"(2:11-13)

ⓓ "이제 후로는 나를 위하여 의의 면류관이 예비되었으므로 주 곧 의로우신 재판장이 그날에 내게 주실 것이며 내게만 아니라 주의 나타나심을 사모하는 모든 자에게도니라"(4:8)고 소망과 확신을 줍니다.

승리자 바울

⑨ 최후의 서신을 기록하고 있는 바울의 처지는 어떠한가? "데마는 이 세상을 사랑하여 데살로니가로 갔고 그레스게는 달마디아로 갔고, …갔고, …갔고, 다 나를 버렸으나" 한 고독한 처지에 있습니다. 육적으로 생각하면 쇠사슬에 매여 지하 감방에 갇힌 몸으로 처형을 눈앞에 두고 있는 노 사도의 모습이 외롭고 쓸쓸해 보이기까지 합니다. 핸들리 모울의 말대로 눈물 없이는 읽을 수 없는 것이 디모데후서이기도 합니다. 그러나 바울은,

    ㉠ 자신을 승리자로 묘사합니다. "나는 선한 싸움을 싸우고 나의 달려갈 길을 마치고 믿음을 지켰으니 이제 후로는 나를 위하여 의의 면류관이 예비되어 있다"(4:7-8)라고 선언합니다.

    ㉡ "주께서 내 곁에 서서 나에게 힘을 주심은"(4:17) 합니다. 다 버리고 떠났어도 주님만은 끝까지 함께 하셔서 떠나시지 않았노라고 단언합니다.

    ㉢ "복음으로 말미암아 내가 죄인과 같이 매이는 데까지 고난을 받았으나 하나님의 말씀은 매이지 아니하니라"(2:9)고 복음의 능력을 믿고 있습니다.

    ㉣ 이단들이 "어떤 사람들의 믿음을 무너뜨리느니라 그러나 하나님의 견고한 터는 섰으니"(2:18-19)하고 선포합니다.

⑩ 무엇이 바울로 하여금 이처럼 담대하게 하였는가? 바울은 오스티안 웨이에서 참수당했다고 전합니다. 그가 참수대로 걸어가면서 무엇을 생각했을까? 어떤 말씀을 붙잡고 있었을까? 그는 틀림없이 2:11-13절의 말씀을 묵상하고 있었을 것입니다.

미쁘다 이 말이여
우리가 주와 함께 죽었으면 또한 함께 살 것이요
참으면 또한 함께 왕 노릇할 것이요
우리가 주를 부인하면 주도 우리를 부인하실 것이라
우리는 미쁨이 없을지라도
주는 항상 미쁘시니
자기를 부인하실 수 없으시리라.

㉠ 바울 사도는 하나님을 미쁘신 분으로, 하나님의 말씀을 미쁘신 말씀으로 고백합니다. 바울은 디모데 전후서를 통해서 "미쁘다 이 말이여"를 다섯 번(딤전 1:15, 3:1, 4:9, 딤후 2:11,13)이나 강조하고 있습니다. 사도는 마지막 순간에 어찌하여 주님을 "미쁘신 주님으로", 그리고 그분의 말씀을 "미쁘신 말씀"으로 고백하고 있을까? "능력의 주님, 은사의 주님, 축복의 주님"으로 언급하고 있지 아니할까? "은사도, 능력도, 축복도, 기사와 이적"도 폐할 날이 옵니다. 그러나 "오직 주의 말씀은 세세토록 있도다 하였으니 너희에게 전한 복음이 곧 이 말씀이니라"(벧전 1:25) 한 언약의 말씀만이 변함이 없이 영원하기 때문입니다.

㉡ 죽도록 충성한 노 사도가 순교를 목전에 두고 의지할 주님은 미쁘신 주님이요, 붙들어야 할 말씀은 미쁘신 언약의 말씀이었던 것입니다. "우리는 미쁨이 없을 지라도 주는 항상 미쁘시니 자기를 부인(否認)하실 수 없으시리라"(2:13)고 인간의 거짓됨과 하나님의 참되심을 진술합니다.

사도는 "주는 항상 미쁘시니 자기를 부인하실 수 없으시리라" 합니다. 무슨 뜻인가? "주와 함께 죽으면 또한 함께 살 것이라"는 약속을 지켜주시지 않는다면, 우리가 속았다는 것 이전에 "진실하신 하나님, 의로우신 하나님"이라는 자신을 부인하는 것이 된다는 것입니다. 하나님은 그러실 수 없는 분이라는 말씀입니다.

ⓒ 사도는 "이로 말미암아 내가 또 이 고난을 받되 부끄러워하지 아니함은 내가 믿는 자를 내가 알고 또한 내가 의탁한 것을 그 날까지 그가 능히 지키실 줄을 확신함이라"(1:12)고 말씀합니다. 그러면 바울이 "의탁한 것, 그날까지 능히 지키실 줄을" 확신하는 것이 무엇인가? 디모데후서의 상황과 문맥으로 볼 때 그리스도께서 "나타나셔서 들어내신 복음"이라는 것이 됩니다. 그렇습니다. 복음은 하나님이 이루어주신 "하나님의 복음"이요, 독생자를 통해서 주신 "아들의 복음"(롬 1:1,9)인 것입니다. 이렇게 이루어주신 복음을 그리스도의 날까지 지켜주실 분도 궁극적으로는 하나님이시라는 고백인 것입니다.

항상 미쁘신 주

⑪ 사도는 성령의 감동하심으로 자신이 떠난 이후의 세태(世態)를 예언적으로 말씀하고 있는데 이점은 우리에게 큰 경계가 됩니다.

㉠ "너는 이것을 알라 말세에 고통하는 때가 이르러 사람들이 자기를 사랑하며 돈을 사랑하며 자랑하며 교만하며 비방하며 부모를 거역하며 감사하지 아니하며 거룩하지 아니하며, 쾌락을 사랑하기를 하나님 사랑하는 것보다 더하는"(3:1-4) 그런 시대가 오리라고 진술합니다. 그리하여 많은 사람들이 경건의 모양만 있는 형식적인 종교인으로 남게 될 것을 말씀합니다.

㉡ 또한 "때가 이르리니 사람이 바른 교훈을 받지 아니하며 귀가 가려워서 자기의 사욕을 따를 스승을 많이 두고 또 그 귀를 진리에서 돌이켜 허탄한 이야기를 따르리라"(4:3-4)고 경고합니다. 즉 복음진리는 혼잡되고, 참 복음은 외면당하게 될 것이라는 경계입니다. 이를

말씀하는 의도가 무엇인가? 디모데는 바울이 복음을 위하여 많은 고난을 받는 것을 보고 알고 있습니다.

ⓒ 디모데에게 너의 때에는 호조건이 되리라고 말하는 것이 아니라, "더욱 악하여"(3:13) 질 것을 경계함으로 그로 하여금 비장한 결의를 다지게 하기 위해서입니다. 그러므로 "때가 이르리니, 말세에" 한 언급이 먼 훗날 주님의 재림직전의 어느 짧은 기간을 가리키는 것이 아니라, 주님의 초림으로부터 재림까지의 전 기간을 일컫는 말씀입니다. 사도는 "그러나 너는" 달라야 한다고 말씀합니다. 그러므로 이런 자들에게서 "네가 돌아서라" 합니다.

ⓔ 우리가 처한 시대가 더욱 말세를 재촉하고 있는 "그때"가 아닌가 하는 위기의식을 갖게 합니다. 이런 의미에서 이 시대의 사역자들은 디모데후서의 말씀에 귀를 기우려야 할 때입니다. 복음을 보수하고, 복음을 가르치며, 복음을 전파하고, 복음과 함께 고난을 받을 각오가 되어있는 오늘의 디모데가 절실히 요청되고 있습니다.

형제에게도 디모데후서가 "지대한 영향을 주는 책"이 되었습니까? 바울이 우리에게 부탁하는 말씀을 한마디로 요약한다면 "그러나 너는"(3:14, 4:5) 달라야 한다. 복음과 함께 고난을 받으라는 말씀입니다.   -아멘-

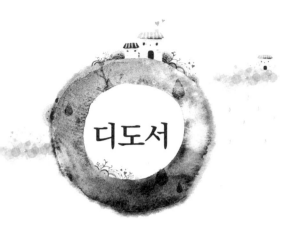

디도서

주제 : 하나님이 행해주신 교리와 성도가 행해야 할 의무

디도서와 디모데전서는 사도 바울에 의하여 같은 시기에 믿음의 아들들에게 보내진 목회서신입니다. 바울은 "어떤 사람들을 명하여 다른 교훈을 가르치지 말게"(딤전 1:3) 하기 위해서 디모데를 에베소에 머물게 하였고, "남은 일을 정리하고 내가 명한 대로 각 성에 장로들을 세우게"(딛 1:5) 하기 위해서 디도를 그레데에 머물게 했습니다.

디모데전서의 절반 분량인 디도서는 디모데전서의 요약이라 할 수 있습니다. 그런데 이처럼 짧은 목회서신 임에도 불구하고 디도서의 두드러진 특징은 핵심적인 교리(敎理)들을 모두 담고 있다는 점입니다. 바울의 의도는 분명합니다. "하나님의 집에서 어떻게 행하여야 할지를 알게 하려 함이니 이 집은 살아 계신 하나님의 교회요 진리의 기둥과 터니라"(딤전 3:15), "진리의 기둥과 터", 즉 하나님이 행해주신 교리에 입각해서 하나님의 교회를 어떻게 섬겨야 하는가 하는 목회자의 책임을 말씀하기 위해서입니다.

은혜와 영광과 사랑의 나타내심

① 사도는 어찌하여 목회서신에서 이처럼 핵심적인 교리를 말씀하는 것일까요? 목회는 기술이 아닙니다. 복음 하나님께서 계획하신 바요, 그의 아들을 예수 그리스도를 통해서 성취하셨고, 성령님에 의해서 증언하시는, 즉 적용하시는 성삼위 하나님의 역사인 것입니다. 목회자란 성령께서 "내가 불러 시키는 일을 위하여 바나바와 사울을 따로 세우라"(행 13:2) 하신 의의 병기인 것입니다. 이런 맥락에서 디도서에는 핵심적인 부분이 두 곳이 있는데,

    ㉮ 2:11-14절과
    ㉯ 3:4-7절입니다.

이 중심부에서 주목할 점은 세 번 등장하는 "나타나심"(2:11, 13, 3:4)을 이해하는 일입니다.

    ㉠ 첫 번 나타남은 2:11절인데 "모든 사람에게 구원을 주시는 하나님의 은혜(恩惠)의 나타남"입니다. 이는 주님의 성육신의 나타남을 가리킵니다. 그런데 "은혜가 나타났다"는 표현 속에는 주님의 "탄생과 죽으심과 다시 사심"이 포함되어 있습니다. 왜냐하면 그리스도의 대속을 통해서만 "모든 사람에게 구원을 주시는" 은혜가 나타나는 것이

가능하여지기 때문입니다.

ⓒ 두 번째 나타나심은 2:13절인데 "구주 예수 그리스도의 영광이 나타나심"입니다. 이는 주님의 재림(再臨)을 가리킵니다. 이처럼 주님의 초림과 재림을 말씀하는 바울 사도의 의도가 무엇인가? 이는 초림과 재림 사이를 살아가는 성도들이 어떤 삶을 살아야만 마땅한가를 말씀하기 위해서입니다. "신중함과 의로움과 경건함으로 이 세상에 살고"(2:12) 합니다. "신중"이 개역에는 "근신"으로 되어있는데 이는 자신과의 관계요, "의로움"은 이웃과의 관계이고, "경건함"은 하나님과의 관계를 나타냅니다.

ⓒ 세 번째 나타남은 3:4절인데 "우리 구주 하나님의 자비와 사람 사랑하심을 나타내심"입니다. 이는 하나님이 우리에게 어째서 이렇게 행해주셨는가를 말씀함인데, 우리에게 자격이나 공로가 있어서가 아니라 전적으로 "하나님의 자비와 사랑"하심 때문이라는 것입니다.

변화된 신분과 지위

② 이처럼 "은혜와 영광과 사랑"을 나타내심으로 우리에게 어떤 변화가 일어났는가? 크게 다섯 가지를 말씀합니다.

㉠ 첫째는 "불법에서 우리를 속량"(2:14)하여 주셨다고 말씀합니다. "속량"이란 대신 값을 지불하고 자유하게 해주심을 가리킵니다. 우리는 죄 값에 팔린 사탄의 노예였습니다. 이를 속량해준다는 것은 죄 값인 사망, 즉 대신 죽어주심으로만이 가능해지는 것입니다. 그래서 "그가 우리를 대신하여 자신을 주셨다"(2:14상)라고 말씀하는 것입니다.

신구약을 막론하고 죄 값에 팔린 자가 하나님의 백성이 되는 방도는 "속량"을 통해서 분임을 명심한다는 것은 중요한 요점입니다. 다른 점이 있다면 구약시대 성도들은 그림자인 유월절 양의 피를 통해서

"속량"(출 6:7)을 받았다는 점이 다를 뿐입니다.

ⓛ 둘째는 "중생"(重生), 즉 거듭남(3:5)을 받았습니다. 그리스도인이 된다는 것은 악한 사람이 선한 사람으로 개선(改善)되는 것이 아닙니다. 옛사람은 죽고 새사람으로 다시 태어남, 즉 새로운 탄생인 것입니다. 이는 한 알의 밀이 땅에 떨어져 죽음으로 많은 열매를 맺음 같이 그리스도의 죽으심으로 가능해진 것입니다.

ⓒ 셋째는 "의롭다 함"(3:7상)을 얻었습니다.

이는 의롭게 되었다는 뜻이 아닙니다. 하나님께서 인간을 율법을 통해서 보시게 되면 모든 사람이 죄 아래 있고, 심판 아래 있게 됩니다. 오직 우리를 대신하여 정죄를 받으신 예수 그리스도의 십자가의 피를 통해서 보실 때에 의롭다고 여겨주실 수 있는 것입니다. 그러므로 칭의 교리는 우리를 정죄감에서 자유하게 해줍니다. 하나님의 은혜의 보좌 앞에 담대히 나아가게 해줍니다.

ⓔ 넷째는 "상속자"(3:7하)가 되었다고 말씀합니다. 상속자란 대를 이을 자를 가리킵니다. 하나님께서 우리에게 행해주신 일은, "속량·중생·칭의"가 끝이 아닙니다. 심지어 하나님의 자녀가 되었다는 것이 전부가 아닙니다. 이렇게 행해주신 목적은 "상속자"가 되게 하시기 위해서라는 것입니다. 성경은 구원 얻은 성도들을 "상속자" 또는 유업(遺業)을 이을 자라고 말씀합니다.

탕자의 비유에서 아버지가 큰아들에게, "내 것이 다 네 것이로되"(눅 15:31) 한 상속자란 뜻입니다. 이는 인간이 들을 수 있는 최고 최대의 축복입니다. 우리는 하나님의 영광에 참여하게 됩니다. 하나님 나라를 상속받게 될 자들입니다.

ⓜ 다섯째로 우리 몸의 "영화"를 암시해주고 있습니다.

"구주 예수 그리스도의 영광이 나타나실"(2:13) 때, 즉 재림 때에 우리는 어떻게 되는가? "나팔 소리가 나매 죽은 자들이 썩지 아니할 것으로 다시 살아나고 우리도 변화되리라"(고전 15:52)고 말씀합니다. "우리의 낮은 몸을 자기 영광의 몸의 형체와 같이 변하게 하시리라"(빌 3:21) 말씀합니다.

이 "영화"를 염두에 두었기에 "재림"이라 하지 않고 "영광(榮光)의 나타나심"이라고 표현하고 있는 것입니다. 이것이 우리의 변화된 신분(身分)과 지위입니다. 이는 "우리가 행한 바 의로운 행위로 말미암지 아니하고 오직 그의 긍휼하심을 따라(3:5), 그의 은혜를 힘입어"(3:7) 되어진 일입니다.

③ "이 말이 미쁘도다 원하건대 너는 이 여러 것에 대하여 굳세게 말하라"(3:8상) 합니다. 에베소서에서는 "복음의 비밀을 담대히 알리게 하옵소서 할 것이니"(엡 6:19)라고 말씀합니다.

그렇다면 설교자가 "굳세게, 담대히 말해야" 할 것이 무엇인가? 먼저는 하나님께서 자기 아들을 통해서 행해주신 "속량, 중생, 의롭다함, 상속자로 삼으심, 죽을 몸의 영화" 등입니다. 그런 연후에 "이는 하나님을 믿는 자들로 하여금 조심하여 선한 일을 힘쓰게 하려 함이라"(3:8하)한 윤리가 따르게 되는 것입니다.

선한 일에 열심히 하는 자기 백성

④ 그렇다면 성도들은 어떤 삶을 살아가도록 해야 하는가? 한마디로 "선한 일을 열심히 하는 자기 백성이 되게 하려하심"(2:14하) 이라고 말씀합니다. 바울은 하나님이 행해주신 원리에 입각해서 권면합니다.

㉠ 우리는 "속량"을 받아 하나님의 친 백성이 되었기 때문에(2:14), 선한 일에 열심히 해야 합니다.

ⓛ 우리는 "중생의 씻음과 성령의 새롭게 하심을"(3:5) 받았기 때문에 새로운 삶을 살아야 마땅합니다.
ⓒ 우리는 "그의 은혜를 힘입어 의롭다 하심을"(3:7) 얻었기 때문에 의로운 삶을 살아야 한다는 것입니다.

교회란 하나님의 친 백성, 하나님의 상속자들을 맡아 교훈하며 훈련하는 특수학교입니다. 말하자면 하나님의 자녀들, 왕세자들을 돌보는 지상에 세워진 유일한 기관입니다. 이를 알았다면 우리가 어떤 삶을 살아야 마땅하겠습니까? "선한 일에 열심히 하는 자기 백성이 되라"고 권면합니다.

⑤ 그런데 사도가 디도를 그레데 교회에 파송한 목적이 무엇인가? 이것이 목회자들이 명심해야 할 점입니다.
㉠ 첫째는 교회에 침투한 이단의 가르침을 막는 일입니다. "그들의 입을 막을 것이라 이런 자들이 더러운 이득을 취하려고 마땅하지 아니한 것을 가르쳐 가정들을 온통 무너뜨리는도다"(1:11)합니다.
ⓛ 이단과는 반대로 "바른 교훈"(2:1)을 가르쳐 성도들을 바로 세우는 일입니다.
ⓒ 이 일을 지속적으로 감당할 "각 성에 장로들을 세우는"(1:5) 일입니다.

형제여, 다시 요약해서 말씀드립니다. 먼저 하나님이 행해주신 일을 굳세게 선포하십시다. 그리스도의 대속으로 말미암아 하나님의 친 백성이 되고, 중생과 의롭다하심을 얻어 하나님의 상속자가 되었습니다. 이를 먼저, 더 많이, 역설(力說)하라는 말씀입니다. 그렇게 하노라면 자발적인 순종이 뒤따르게 되는 것입니다.

"거듭나고, 의롭다 함"을 얻은 우리로 말미암아 하나님의 말씀이 비방을 받으시게 해서야(2:5) 되겠습니까? "상속자가 되고 영화롭게 될" 자녀들로 말미암아 아버지의 이름이 모독을 받으시게 해서야 되겠습니까? 단연코 하나님의 친 백성들은 "이는 범사에 우리 구주 하나님의 교훈을 빛나게 하려 함"(2:10)이라고 말씀합니다. 하나님의 교훈을 빛나게 하십시다. 이 세상 사는 동안 근심함과 의로움과 경건함으로 살아가면서 두 번째 나타나심을 사모하십시다.

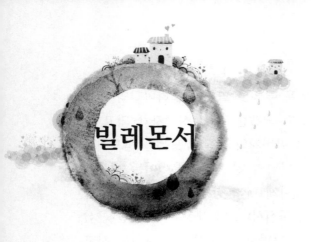

빌레몬서

주제 : 그러므로 네가 나를 동역자로 알진대 그를 영접하기를 내게 하듯 하고(1:17)

빌레몬서에는 중요한 세 인물(人物)이 등장합니다.

㉠ 먼저는 빌레몬서의 송신자(送信者)인 바울입니다. 그는 교회를 박해하다가 주님을 만나 사도가 되어 복음을 증언하던 중 현재 로마 옥중에 갇혀있는 몸입니다.

㉡ 다음은 본 서신의 수신자(受信者)인 빌레몬입니다. 그는 바울을 통해서 그리스도인이 되었고, 현재는 골로새 교회 성도로서 노예들을 거느리고 있는 상전입니다.

㉢ 마지막으로 오네시모입니다. 그는 빌레몬의 노예인데 도망쳐 나와 바울을 만나서 그리스도인이 되었고 현재는 바울과 함께 로마에 있습니다.

① 빌레몬서는 바울이 오네시모를 빌레몬에게 돌려보내면서 그를 사랑받는 형제로 영접해달라고 부탁하는 내용입니다. 여기서 세 가지 물음이 제기될 수 있습니다.

  ㉠ 바울은 오네시모를 왜 돌려보내야 하는가?
  ㉡ 오네시모는 빌레몬에게 왜 돌아가야 하는가?
  ㉢ 빌레몬은 오네시모를 왜 형제로 영접해 주어야 하는가? 빌레몬서는 이 세 가지 질문에 대한 답변이라 할 수 있습니다.

빌레몬서가 던지는 세 가지 질문

② 세 가지 질문에 대한 해답을 얻기 위해서는 먼저 빌레몬서에서 주목해야 할 점이 있습니다. 그것은 이 세 사람을 하나로 묶어주고 있는 공통분모(共通分母)와 같은 또 한 분이 등장한다는 점입니다. 그분은 예수 그리스도이십니다. 모두가 25절 밖에 안 되는 짧은 서신에서 모두 열한 번이나 언급하고 있습니다. 여기에 해답(解答)이 있기 때문입니다.

  ㉠ 이런 맥락에서 빌레몬서의 주인공(主人公)은 바울이 아닙니다. 빌레몬과 오네시모는 더욱 아닙니다. 빌레몬서를 통해서 증언되어야 할 주인공(主人公)은 바로 예수 그리스도이십니다. 본문에는 "그리스도 안에서"가 두 번(8,20), "주 안에서"가 두 번(16,20), "그리스도 예수 안에서"가 한 번(23), 모두 합해서 "~안에서 그리스도"가 다섯 번이나 등장합니다.

  ㉡ 세 사람은 모두가 "그리스도 안에, 주 안에" 있는 사람들입니다. 만일 등장(登場)하는 세 사람 중 어느 한 사람이라도 그리스도 예수 안에 있지 않고 밖에 있었다면 빌레몬서는 성립(成立)되지 않았을 것입니다.

ⓒ 이 점에서 바울 · 빌레몬 · 오네시모의 관계성이 우선이 아닙니다. 이
들 세 인물이 하나님과 어떤 관계에 있느냐가 먼저입니다. 예수 그
리스도의 구속으로 말미암아 수직적(垂直的)인 하나님과의 관계가
화목하게 되었기 때문에 수평적(水平的)인 이웃과의 관계도 회복되
는 것이 가능하게 된다는 점을 놓쳐서는 안 됩니다. 예수 그리스도
는 "우리의 화평이신지라"(엡 2:14), 그러므로 오직 "그리스도 안에
서, 우리 주 예수 그리스도의 은혜"(25) 안에만이 해답이 있는 것입
니다.

③ 이들 세 사람은 전에는 남남이었으며 타인(他人)이었습니다.
그들 상호 간의 관계만이 그러했던 것이 아니라 하나님과의 관계
도 분리된 상태에 있었습니다. 성경은 말씀합니다. "그 때에 너희
는 그리스도 밖에 있었고 이스라엘 나라 밖의 사람이라 약속의
언약들에 대하여는 외인이요 세상에서 소망이 없고 하나님도 없
는 자이더니"(엡 2:12)라고 말씀합니다.

ⓐ 그러했던 이들이 그리스도 예수 안에서 하나님과 화목하게 되므로
그들의 관계성이 새롭게 형성되기에 이른 것입니다. 그런 의미에서
빌레몬서는 빌레몬 개인에게 보낸 사신(私信)이 아니라 "네 집에 있
는 교회(敎會)에 편지하노니"(2) 한 교회에 보내진 말씀입니다.

ⓑ 그러니까 빌레몬서도 "성령이 교회들에게 하시는 말씀"(계 2:7)으로
받아야 하는 것입니다. 하나님과의 관계가 회복된 성도들은 이웃과의
관계성을 어떻게 유지해야 하는가? 이것이 빌레몬서가 교회에게 하
시는 핵심적인 주제입니다.

ⓒ 그렇다면 이들은 "그리스도 예수 안에서" 어떠한 관계여야 하는가?
"동역자(1)요, 함께 병사(2) 된 자요, 아들(10)이요, 심복(12)이요,
곧 사랑받는 형제"(16) 라고 말씀합니다. 이점이 "거기에는 헬라인

이나 유대인이나 할례파나 무할례파나 야만인이나 스구디아인이나 종이나 자유인이 차별이 있을 수 없나니 오직 그리스도는 만유시요 만유 안에 계시니라"(골 3:11) 한 하나로 묶어주는 복음의 능력과 승리가 있는 것입니다.

④ 그러므로 빌레몬서의 키워드는 "하나님 우리 아버지와 주 예수 그리스도로부터"(3) 라는 인사말에서 찾을 수 있습니다. 예수 그리스도를 따라 "한마음과 한 입으로"(롬 15:6) 하나님을 "우리 아버지"라 부르게 되었다면, 우리의 관계성은 분명 사랑받는 형제(兄弟)들인 것입니다.

만일 빌레몬과 오네시모가 그리스도 안에 있는 자들이 아니라면, 그리하여 하나님의 자녀들이 아니라면, 빌레몬서는 기록되지 아니하였을 것이요, 형제로 둘 자라고 부탁도 하지 않았을 것입니다.

⑤ 그래서 바울 사도는 빌레몬에게 "주 예수와 및 모든 성도에 대한 네 사랑과 믿음이 있음을 들었다"(5)라고 말씀합니다. 이는 중요한 정의(定義)입니다.

　㉠ "믿음과 사랑", 이 둘은 그리스도인의 표지(標識) 즉 신분증명서(身分證明書)와도 같은 특성이기 때문입니다. 왜냐하면 "믿음"은 하나님과의 관계를 화목하게 하고, "사랑"은 형제 상호 간의 유대를 결속시켜주는 요인이기 때문입니다. 그러므로 "믿음과 사랑"이 없다면 하나님과의 관계성도, 성도 상호 간의 관계성도 성립되지 않는 것입니다.

　㉡ 사도는 에베소 형제들을 향해서도 "너희 믿음과 모든 성도를 향한

사랑을 나도 듣고"(엡 1:15) 감사하기를 그치지 아니한다고 말씀합니다. 골로새 형제들에게도 "이는 그리스도 예수 안에 너희의 믿음과 모든 성도에 대한 사랑을 들음이요"(골 1:4) 합니다.

ⓒ 순서로는 하나님께서 자기 아들을 통하여 이루어주신 속량을 믿는 "믿음"이 먼저고, 이 은혜를 입은 자들에게는 필연적으로 하나님과 이웃을 사랑하는 "사랑"이 뒤따르게 마련입니다. 그래서 "믿음"을 앞세우고 있는 것입니다. 그런데 빌레몬서에서는 "모든 성도에 대한 네 사랑과 믿음이 있음을 들음이니"(5)라고 "사랑"을 앞세우는 의도가 무엇인가? 오네시모를 받아주라는 빌레몬의 사랑에 호소하기 때문입니다. 바울은 빌레몬에게 "믿음과 사랑"이 있음을 믿기에 오네시모를 돌려보내고 있는 것입니다.

나에게 회계하라

⑥ 그런데 사도 바울은 오네시모를 돌려보내기만 하는 것이 아니라 그가 저지른 잘못에 대한 책임(責任)을 자신이 대신 담당하겠노라고 말씀합니다. "그가 만일 네게 불의를 하였거나 네게 빚진 것이 있으면 그것을 내 앞으로 계산하라 나 바울이 친필로 쓰노니 내가 갚으려니와"(18-19상)라고 말씀합니다. 빌레몬서에서 이 대목이 빠졌다면 "소리 나는 구리와 울리는 꽹과리"가 되고 말았을 것입니다.

ⓐ 이런 관점으로 빌레몬서를 새롭게 바라볼 때 중요한 요점을 발견하게 되는데, 바울은 우리 죄를 대신 회계(會計)하여주신 예수 그리스도의 예표로 빌레몬은 모든 사람을 품어주어야 하는 교회(敎會)를 대표하는 자로, 오네시모는 하나님께로 돌아가야 할 모든 죄인(罪人)의 상징으로 등장하고 있는 것입니다.

ⓛ 그러므로 빌레몬서에 등장하는 바울의 모습에서 주님의 모습을 볼 수 있게 되는 것이 이 때문입니다. 백전노장의 존귀한 사도가 도망친 한 노예의 영혼을 위하여 지하 감방의 희미한 불빛 아래서 사슬에 매인 불편한 손에 붓을 들고 중보의 편지를 쓰고 있는 그의 모습에서 영광을 떠나 종의 형체를 입으시고 이 땅에 오시어서 우리의 죄 값을 대신하여 죽기까지 복종하신 주님을 봅니다.

ⓒ "그가 만일 네게 불의를 하였거나 네게 빚진 것이 있으면 그것을 내 앞으로 계산하라 나 바울이 친필로 쓰노니 내가 갚으려니와" 한 말씀에서, "인자가 온 것은 섬김을 받으려 함이 아니라 도리어 섬기려 하고 자기 목숨을 많은 사람의 대속물로 주려 함이니라"(마 20:28) 고 말씀하시는 우리 주 예수 그리스도의 십자가의 고난을 바라보게 되는 것입니다. "나 바울이 친필로 쓰노니" 한 친필의 의미는 이것이 내 말에 대한 보증서(保證書)라는 뜻입니다.

하나님은 우리를 말로만 사랑하신 것이 아닙니다. "하나님의 사랑이 우리에게 이렇게 나타난 바 되었으니 하나님이 자기의 독생자를 세상에 보내심은 그로 말미암아 우리를 살리려 하심이라"(요일 4:9) 합니다. 그리고 "곧 이것을 우리에게 이루게 하시고 보증으로 성령을 우리에게 주신 이는 하나님이시니라"(고후 5:5)고 말씀합니다.

⑦ 이 점에서 주목할 점은 사도는 오네시모의 잘못을 대신 책임지겠다고만 말하는 것이 아니라 오네시모와 자신을 일체화(一體化)시키고 있다는 점입니다. "그러므로 네가 나를 동역자로 알진대 그를 영접하기를 내게 하듯 하라"(17), 즉 오네시모를 영접하는 것이 곧 바울 자신을 영접하는 것이라고 말씀합니다. 우리는 한 걸음 더 나아가야 합니다. 왜냐하면 주님은 "내가 진실로

너희에게 이르노니 너희가 여기 내 형제 중에 지극히 작은 자 하나에게 한 것이 곧 내게 한 것이니라"(마 25:40) 때문입니다.

㉠ 그러므로 바울은 "그리스도 예수를 위하여 갇힌 자"(1,9)요, 빌레몬은 "사랑을 받는 동역자"(1하)요, 오네시모는 "이제는 나와 네게 유익한 심복"(11-12)이라고 말씀합니다. 이 점에서 간과하지 말하야 할 점은 "오네시모"는 바울이나 빌레몬에게 만이 아니라 예수 그리스도에게도 없어서는 아니 될 유익한 신복이 되었다는 점입니다. 이것이 변화된 그리스도 안에 있는 자들의 신분과 사명인 것입니다.

㉡ 그러므로 사형(死刑)을 받아 마땅한 도망친 노예 오네시모를 용서해 주는 것만이 아니라, 놀랍게도 "이 후로는 종과 같이 대하지 아니하고 종 이상으로 곧 사랑받는 형제로 둘 자라"(16)고 말씀하는 것입니다. 하나님은 우리를 지옥만 면하게 하여 주신 것이 아니라 자녀로 삼아주셨고 상속자가 되게 하여 주셨습니다.

㉢ 그러므로 만일 빌레몬이 "그를 영접하기를 내게 하듯 하라"(17)는 사도의 간구를 거절한다면 그의 "믿음"은 거짓이요, 만일, "이후로는 종과 같이 대하지 아니하고 종 이상으로 곧 사랑받는 형제로 둘 자라"(16)는 요청을 거절한다면 그의 "사랑"은 헛것임이 판명이 되고 마는 것입니다.

㉣ 반면 상전과의 깨어진 관계를 회복시켜주기 위해서 빌레몬에게로 돌려보내는 바울의 의도를 외면한 채 신변의 위험을 염려하여 오네시모가 돌아가기를 거부했다면 그의 "회개(悔改)와 믿음"이 거짓임이 입증되고 마는 것입니다.

㉤ 반면 바울이 주인의 물건을 도둑질하여 도망친 명백한 죄인인 오네시모를 돌려보내지 않고 옹호하고 있다면 바울에게 걸려있는 "주의 이름"과 그가 증언하는 "복음"의 영광스러움에 누를 끼치게 되었을 것입니다.

⑧ 형제여,

㉠ 빌레몬서를 대하면서 나 자신이 하나님의 영광을 도둑질해서 도망쳤던 오네시모라는 고백이 있습니까? 하나님은 "배역한 자식들아 돌아오라 내가 너희의 배역함을 고치리라"(렘 3:22)고 말씀하십니다.

㉡ 그렇다면 이제 형제가 그리스도의 사랑으로 용서해주고 받아주어야할 오네시모는 누구인가 묻게 됩니다. "그를 영접하기를 내게 하듯하라"(17)고 빌레몬서는 현제에게 말씀하고 있습니다.

㉢ 바울이 빌레몬에게 "네 자신으로 내게 빚진 것"이 있다고 말씀하는 의도가 무엇이겠습니까? 이는 빌레몬이 바울이 증언하는 복음을 통해서 구원을 얻었다는 점을 나타냅니다. 그런데 형제여, 모든 그리스도인이란 하나님 앞에 "일만 달란트" 빚을 탕감함을 받은 자들입니다. 이를 진정 믿는 자라면 내게 "백 데나리온" 빚진 자의 목을 조를 수 있단 말입니까?

그래서 바울 자신도 "헬라인이나 야만인이나 지혜있는 자나 어리석은 자에게 다 내가 빚진 자"(롬 1:14)라고 고백하는 것입니다. 사도는 에베소서에서 "서로 친절하게 하며 불쌍히 여기며 서로 용서하기를 하나님이 그리스도 안에서 너희를 용서하심과 같이 하라"(엡 4:32)고 말씀합니다. 여기에 모든 그리스도인들의 공통분모가 있는 것입니다.

㉣ 그러므로 바울에게서 그리스도를 볼 수 있어야만, 도망쳤다가 회개하고 돌아가고 있는 오네시모의 모습에서 바로 나 자신의 모습을 보게 되는 것입니다. 그리고 빌레몬을 통해서 누군가를 받아주지 못하고 갈등하고 있는 또 다른 나 자신의 모습을 보게 되는 것입니다.

한 가지 부언할 말씀이 남았는데 그것은 1:21-22절의 의미입니다. 사도는 "나는 네가 순종할 것을 확신하므로 네게 썼노니 네가 내가 말한 것보다 더 행할 줄을 아노라"고 신뢰를 보냅니다. 문제는 그런 후에 "오직 너는 나를 위하여 숙소를 마련하라 너희

기도로 내가 너희에게 나아갈 수 있기를 바라노라"고 말씀하는
의도가 무엇인가 하는 점입니다.

만에 하나 빌레몬이 바울의 간절한 부탁을 외면한 채 오네시모
를 극형과 사형에 처했다면 바울이 돌아왔을 때 어떻게 대할 수
있단 말인가? 그렇습니다. 이를 통해서 "오랜 후에 그 종들의 주
인이 돌아와 그들과 결산할 새"(마 25:19) 하신 말씀을 상기하게
되는 것입니다. 이런 맥락에서 "너는 어떻게 하고 있느냐?"고 빌
레몬서는 오늘의 교회에 도전하는 서신입니다.

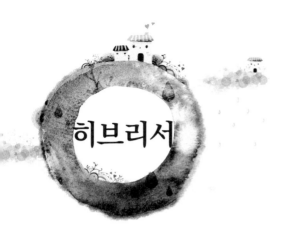

히브리서

**주제 : 그러므로 우리에게 큰 대제사장이 계시니
승천하신 이 곧 하나님의 아들 예수시라
우리가 믿는 도리를 굳게 잡을지어다(4:14)**

　　성경을 해석하는 원리는 "신약성경"을 통해서 "구약성경"을 해석해야만 합니다. 왜냐하면 구약성경은 예표와 그림자로 말씀하신 것이요 신약성경은 구약에 감추어졌던 것이 "이제는 그의 성도들에게 나타났고"(골 1:26) 한 밝히 드러났기 때문입니다. 이런 맥락에서 히브리서는 구약성경 레위기의 해설서라고 말할 수 있습니다.

　　우리가 이미 살펴본 바대로 레위기의 중심주제는 죄로 말미암아 하나님 앞에서 추방을 당한 자들이 하나님 앞으로 돌아가는 것이 어떻게 해서 가능해지는가를 모형을 통해서 계시하신 것입니다. 그것은 오직 "대속제물"과 이를 드려줄 "대제사장"을 통해서만이 가능하다는 것을 배웠습니다.

그런데 히브리서의 핵심은, "그리스도께서 좋은 일의
㉠ 대제사장으로 오셔서
㉡ 염소와 송아지의 피로 하지 아니하고 오직 자기의 피로 영원한 속죄를 이루사 단번에 성소에 들어가셨다"(9:11-12)는 점을 증언하고 있는 것입니다. 그러니까 모형과 그림자로 계시하신 것이 실체(實體)로 성취하여 주셨다는 말씀입니다.

그래서 히브리서는 "옛적에 선지자들로 여러 부분(部分)과 여러 모양으로 우리 조상들에게 말씀하신 하나님이 이 모든 날 마지막에 아들로 우리에게 말씀하셨다"(1:1-2)고 시작하고 있습니다. "옛적에, 여러 부분(部分)과 여러 모양으로" 말씀하신 것이 구약성경이요, 레위기도 그 중에 하나인 것입니다. 그러므로 히브리서를 모르고는 제사제도, 레위기를 이해할 수 없는 것입니다.

히브리서는 크게 두 부분으로 나누어집니다.
① 앞부분(1-10장)은 우리의 "대제사장"이신 그리스도께서 자신을 "제물"로 드려주신 것이 구약시대에 모형과 그림자로 계시하신 것에 대한 성취라는 점을 증언하는 내용이고,

② 뒷부분(11-13장)은 이에 대한 인간의 응답은 "오직 영혼을 구원함에 이르는 믿음을 가진 자니라(10:39), 믿음은 바라는 것들의 실상이요"(11:1) 한 오직 "믿음"임을 말씀합니다. 그래서 11장

에서는 믿음으로 승리한 사람들을 진술하는 문맥입니다.

그러면 먼저 히브리서를 기록하게 된 동기가 무엇인가부터 살펴보도록 하겠습니다.

㉠ 첫째로, "때가 오래므로 너희가 마땅히 선생이 될 터인데 너희가 다시 하나님의 말씀의 초보가 무엇인지 누구에게 가르침을 받아야 할 것이니 젖이나 먹고 단단한 식물을 못 먹을 자가 되었도다"(5:12) 한 신앙이 성장하지 않기 때문입니다. 이는 오늘의 한국교회 상황이기도 합니다. 양적(量的)으로는 성장하였으나 영적 수준은 아직도 어린아이와 같은 단계에 머물러 있기 때문에 히브리서는 우리에게도 적실성이 있는 것입니다.

㉡ 둘째로 10:39절에서는 "우리는 뒤로 물러가 침륜에 빠질 자가 아니요"라고 말씀하는데, 이로 보건대 믿음이 자라지 않은 것만이 아니라 퇴보(退步)하고 있었다는 것입니다. 예수를 믿었던 유대인들이 다시 유대교로 돌아가려고 했습니다. 그래서 "우리에게 있는 대제사장과 제물"이 구약의 제사장과 제물에 대한 실체라는 점과 영광스러움을 증언하여 견고하게 세워주려는 것입니다.

8:1절을 보겠습니다. "지금 우리가 하는 말의 요점(要點)은 이러한 대제사장이 우리에게 있다는 것이라" 합니다. 이를 개역본에서는 "이제 하는 말의 중요(重要)한 것은 이러한 대제사장이 우리에게 있는 것이라"로 되어있습니다. 히브리서의 모든 말씀이 중요하고, 성경전체가 중요한 말씀입니다만 그런 중에서도 자신을 대속제물로 드려주신 "이러한 대제사장을 우리가 모셨다"는 것은 중요한 말씀 중에 중요한 요점이라는 것입니다. 그래서 히브리서에는 "대제사장·제사장"이라는 말이 무려 서른한 번이나 등장합니다.

그러면 우리에게 있는 "대제사장"은 어떤 분이신가? 히브리서
도 복음서와 마찬가지로 두 가지 주제(主題), 즉 "예수가 누구신
가? 그분이 우리를 위해서 무엇을 행해주셨는가"를 증언하는 데
초점이 맞춰져 있습니다. 왜냐하면 이것이 "복음"이요, 이를 믿음
으로 구원을 얻기 때문입니다.

① 1장에서는 "예수가 누구신가"하는 점을 증언합니다. "하나
님의 아들이요, 모든 세계를 지으신(2) 창조자시오, 그 본체의 형
상이시라"(3), 즉 하나님이시라고 증언합니다. "저가 천사보다 얼
마큼 뛰어남은"(1:4), 즉 천사보다 우월하신 분이라고 말씀합니
다.

② 2장에서는 창조자시오, 하나님의 본체이신 분이 어찌하여
"천사들보다 잠시 동안 못하게 하심을 입은 자"(9), 즉 육신을 입
고 이 땅에 오셨는가? 다시 말하면 우리를 위해서 무엇을 행해주
셨는가를 증언합니다.
  ㉠ "하나님의 일에 자비하고 신실한 대제사장이 되어 백성의 죄를 속
    량"(17)하기 위해서라고 말씀합니다. 이 "속량"을 2:9절에서는 "모
    든 사람을 위하여 죽음을 맛보려 하심이라" 합니다. 왜냐하면 죄 값
    은 사망(死亡)이기 때문입니다.
    그러면 "속량", 즉 죽으심을 통해서 우리에게 무엇을 이루어주셨는
    가? 2:14-15절을 보겠습니다.
  ㉡ 첫째는 죽으시고 부활하심을 통해서 "사망의 세력을 잡은 자 곧 마
    귀"를 멸하시고
  ㉢ 둘째는 "또 죽기를 무서워하므로 일생에 매여 종노릇하는 모든 자들

을 놓아주기"(14-15) 위해서라고 말씀합니다.

이 점에서 확고해야 할 점이 있는데 예수님은 신약시대의 죄만을 속량하신 것이 아니라는 점입니다. 9:15절을 보겠습니다. "그는 새 언약의 중보자시니 이는 첫 언약 때에 범한 죄에서 속량하려고 죽으셨다"고 말씀합니다. 우리의 대제사장은 "첫 언약 때에 범한 죄", 즉 구약시대에 범한 죄까지 짊어지셨다는 점에 분명해야 합니다.

예를 들어 출애굽기에서 금송아지 우상을 만들어 놓고 "이는 너희를 애굽 땅에서 인도하여 낸 너희의 신이라" 했을 때도 모세의 탄원을 들으시고 "여호와께서 뜻을 돌이키사 말씀하신 화를 그 백성에게 내리지 아니 하시니라"(출 32:14) 한 죄, 민수기에서 "한 지휘관을 세우고 애굽으로 돌아가자"고 반역했을 때에도 "내가 네 말대로 사하노라"(민14:4,20) 하신 죄까지도 예수 그리스도의 대속을 통해서 해결되었다는 것입니다.

우리는 "화를 내리지 아니하셨다, 사하노라" 하신 것으로 그들의 죄가 완결(完決)된 줄로 여기고 있었습니다. 그러나 의로우신 하나님은 죄를 그냥 사하신다는 것이 공의가 용납하실 수 없는 것입니다. 그렇다고 황소와 염소의 피로 대속이 되는 것도 아니었습니다. 왜냐하면 10:4절은 "황소와 염소의 피가 능히 죄를 없이 하지 못함이라"고 말씀하기 때문입니다.

그러면 구약시대의 죄를 어떻게 처리하셨는가? 이점을 로마서 3:25-26절에서 자세하게 설명해주고 있습니다. 구약시대란 죄를 보시고도 "길이 참으시는" 기간이었다는 것입니다. 언제까지 참으셨습니까? "곧 이 때에", 즉 자기 아들을 "화목제물로 세우신 곧 이 때에 자기의 의로우심을 나타내셨다"는 것입니다. "의로움을 나타내셨다"는 것은 공의(公義)를 나타내셨다는 뜻인데, 구약시대에 범한 모든 죄에 대한 진노를 자기 아들에게 쏟으셨다는 것입니다. 이렇게 하심으로 "첫 언약 때에 범한 죄", 즉 구약시대에 범한 죄도 비로소 완결(完決)되었다는 것입니다.

그러면 "속죄제"를 드리라 명하신 의도가 무엇인가 묻게 되는데 이는 "보라 세상 죄를 지고 가는 하나님의 어린 양"(요 1:29)에 대한 예표로 주어진 것입니다. 그러므로 구약시대 제사제도는 "개혁할 때까지 맡겨둔 것이니라"(9:10)합니다. 이처럼 자기 아들로 대속을 하시고 우리들을 "의롭다"고 여겨주셨기 때문에 하나님의 구원행사는 "자기도 의로우시며"(롬 3:26), 즉 하나님의 공의에 손상함이 없이 정정당당히 행해주신 것이라는 말씀입니다.

③ 3장에서는 출애굽에 쓰임을 받은 "모세와 그리스도"를 대비해서 증언합니다. "모세는 장래에 말할 것을 증언하기 위하여 하나님의 온 집에서 <종>으로" 섬겼으나 우리의 대제사장이신 그리스도는 "그의 집 맡은 아들"이라고 말씀합니다. 그러면 모세는 무슨 일에 쓰임을 받은 "종"이었는가? "장래(將來)에 말할 것"(3:5-6), 즉 그리스도를 통해서 성취될 것을 증언하기 위하여 세움을 입은 종이라는 것입니다.

그러니까 모세를 들어 기록하게 하신 모세오경의 중심주제가 예수 그리스도를 증언하기 위해서 기록되었다는 것입니다. 이점이 주님께서 "모세를 믿었더라면 또 나를 믿었으리니 이는 그가 내게 대하여 기록하였음이라"(요 5:46)한 말씀에 분명히 나타납니다. 이는 출애굽의 사명 보다 더욱 위대한 모세의 최고의 사역이라 할 것입니다. 그래서 모세가 받은 고난이 "그리스도를 위하여 받는 수모"(11:26)라는 논리가 성립되는 것입니다. 왜냐하면 신구약을 막론하고 구주(救主)는 한 분 예수 그리스도이시기 때문입니다.

④ 4장에서는 가나안을 정복하는데 쓰임을 받은 "여호수아와 그리스도"를 대비해서, 여호수아가 "안식을 주었더라면 그 후에 다른 날을 말씀하지 아니하셨으리라" 하면서 "그런즉 안식할 때가 하나님의 백성에게 남아있도다"(4:8-9) 합니다. 그러면 누가 "안식"을 준단 말입니까? "인자는 안식일에도 주인이니라"(막 2:28) 하신 예수 그리스도이신 것입니다.

⑤ 5장 이하에서는 본격적으로 우리의 대제사장과 그가 드려준 제물이 "아론"(5:4), 즉 구약의 "제사장들과 제물"보다 얼마나 위대하시고 완전한가를 증언하는 내용입니다.
　　㉠ 아론은 "맹세 없이 제사장이 되었으되 오직 예수는 맹세로 되신 것이라"(7:21) 합니다. 시편 110:4절에서 "여호와는 맹세하고 변하지 아니하시리라" 하시면서 "너는 멜기세덱의 서열을 따라 영원한 제사장이라" 하신 예언의 성취자로 오셨기 때문입니다.
　　㉡ 구약의 제사장은 자신도 죄인이기 때문에 "먼저 자기 죄를 위하고 다음에 백성의 죄를 위하여" 속죄제를 드렸으나 우리 대제사장은 그럴 필요가 없는 "영원히 온전하게 되신 아들을 세우셨느니라"(7:27,28) 합니다.

ⓒ 구약의 제사장들은 죽음 때문에 "그들의 수효가 많았고 직분이 갈리 었으나", 우리의 대제사장은 "영원히 계시므로 그 제사장 직분도 갈 리지 아니하느니라"(7:23-24) 합니다. "그러므로 자기를 힘입어 하 나님께 나아가는 자들을 온전히 구원하실 수 있으니 이는 그가 항상 살아 계셔서 그들을 위하여(우리를 위하여) 간구하심이라"(7:25) 합 니다. "이러한 대제사장을 우리가 모셨다"는 것이 얼마나 행복한 일 이냐는 것입니다.

ⓐ 구약의 제사장들은 "송아지나 양" 같은 가축으로 제사하였으나 우리 대제사장은 "염소와 송아지의 피로 하지 아니하고 오직 자기의 피로 영원한 속죄를 이루사 단번에 성소에 들어가셨느니라"(9:12) 합니 다.

ⓜ 구약의 제사장들은 "매일 서서, 같은 제사를" 반복적(反復的)으로 드 렸습니다. 왜냐하면 "이 제사는 언제나 죄를 없게 하지 못하 기"(10:11) 때문입니다. 그러나 우리 대제사장은 "죄를 위하여 한 영원한 제사를 드리시고 하나님 우편에 앉으셨다"(10:12)고 말씀합 니다. "서서와 앉으셨다"는 대비를 주목하시기 바랍니다. 서 있다는 것은 일이 끝나지 않았음을 나타내고 앉았다는 것은 완결(完決)되었 음을 나타냅니다.

⑥ 여러분은 구약성경의 말씀 중에서 신약성경이 가장 많이 인 용하여 담대히 증언하고 있는 말씀이 무엇인지 아십니까? "내가 네 원수들로 네 발판이 되게 하기까지 너는 내 오른쪽에 앉아 있 으라" 하신 시편 110:1절입니다. 우리 주님은 지금 하나님 오른 쪽에 앉아 계십니다. 이점을 히브리서에서도 얼마나 강조하고 있 는가를 보십시오.

ⓖ 1:3절에서는 "죄를 정결하게 하는 일을 하시고 높은 곳에 계신 지극

히 크신 이의 우편에 앉으셨느니라"

ⓒ 1:13절에서는 "어느 때에 천사 중 누구에게 내가 네 원수로 네 발 등상이 되게 하기까지 너는 내 우편에 앉아 있으라 하셨느냐"

ⓒ 8:1절에서는 "이러한 대제사장이 우리에게 있다는 것이라 그는 하늘 에서 지극히 크신 이의 보좌 우편에 앉으셨으니",

ⓔ 10:12-13절에서는 "오직 그리스도는 죄를 위하여 한 영원한 제사 를 드리시고 하나님 우편에 앉으사 그 후에 자기 원수들을 자기 발 등상이 되게 하실 때까지 기다리시나니"

ⓜ 12:2절에서는 "믿음의 주요 또 온전하게 하시는 이인 예수를 바라보 자 그는 그 앞에 있는 기쁨을 위하여 십자가를 참으사 부끄러움을 개의치 아니하시더니 하나님 보좌 우편에 앉으셨느니라"고 말씀합니 다.

⑦ 우리 주님이 하나님 우편에 앉아 계신다는 점을 이처럼 강 조하는 의도가 무엇인지 아시겠습니까?

ⓐ 첫째는 경각심을 주기 위해서인데 사사기에는 "왕이 없으므로 사람 이 각기 자기의 소견에 옳은 대로 행하였더라"(삿 21:25)는 말이 네 번이나 강조되어 있습니다. 오늘도 왕이 없는 것 같이 자기 멋대로 행하는 자들이 있습니다.

ⓑ 둘째는 "자기를 바라는 자들에게 두 번째 나타나시리라"(9:28)는 재 림(再臨)에 대한 확신과 소망을 주기 위해서입니다. 우리에게 왕이 계신다는 점과 그 분이 심판주로 오신다는 두 가지만 명심해도 교회 는 개혁이 될 것입니다.

ⓒ 셋째로 우리 대제사장은 하나님 우편에 앉아만 계시는 것이 아니라 7:25절을 보십시오. "그러므로 자기를 힘입어 하나님께 나아가는 자 들을 온전히 구원하실 수 있으니 이는 그가 항상 살아 계셔서 그들 을 위하여 간구하심이라"고 말씀합니다.

그러므로 우리가 이만큼 믿음을 유지할 수 있는 것도 "내가 그들에게 영생을 주노니 영원히 멸망하지 아니할 것이요 또 그들을 내 손에서 빼앗을 자가 없느니라"(요 10:28) 하신 우리의 대제사장께서 붙잡고 간구하시기 때문이라는 점을 믿으시기 바랍니다.

ⓔ 넷째이자 궁극적인 이유는 "두 번째 나타나시리라"(9:28) 하신 재림의 소망을 확고하게 세워주기 위해서인 것입니다.

히브리서 9장에는 세 번의 "나타나심"이 있는데 그 의미를 인식한다는 것은 하나님의 구원계획을 이해하는데 중요한 요점이 됩니다.

⑧ 나타나심

㉠ 첫 번 "나타나심"은 9:26절에 있습니다. "이제 자기를 단번에 제물로 드려 죄를 없이 하시려고 세상 끝에 나타나셨느니라" 합니다. 이는 우리의 대속물이 되기 위해서 말씀이 육신 되어 나타나신 초림(初臨)을 가리키는 것으로 이미 이루어진 과거(過去) 사역입니다.

㉡ 두 번째 "나타나심"이 24절에 있습니다. "그리스도께서는 참 것의 그림자인 손으로 만든 성소에 들어가지 아니하시고 바로 그 하늘에 들어가사 이제 우리를 위하여 하나님 앞에 나타나시고" 합니다. 이는 "죽으실 뿐 아니라 다시 살아나신 이는 그리스도 예수시니 그는 하나님 우편에 계신 자요 우리를 위하여 간구하시는 자시니라"(롬 8:34)한 현재적(現在的)인 사역입니다.

㉢ 세 번째 나타나심이 28절에 있습니다. "죄와 상관없이 자기를 바라는 자들에게 두 번째 나타나시리라" 합니다. 이는 다시 오실 재림(再臨)을 가리키는 것으로 미래(未來)에 되어질 일입니다. "죄와 상관없이"란 또다시 십자가를 지기 위해서 오시는 것이 아니라 자기를 바라는 자들을 영접하러 오신다는 뜻입니다.

그러면 히브리서가 우리에게 적용되는 가장 중요한 점이 무엇인가 하는 점입니다. 히브리서에는 "들어감"이 강조되어 있습니다. "들어감"은 "추방"과 성막을 "휘장으로 막으라" 하심과 대조되는 들어감인 것입니다. 구약시대는 어떠한 상태였습니까? "첫 장막이 서 있을 동안에는(구약시대) 성소에 <들어가는 길>이 아직 나타나지 아니한 것이라"(9:8) 합니다. 왜냐하면 그토록 많은 제물이 드려졌어도 막힌 휘장이 "열려지지 않았기" 때문입니다.

그런데 10:19절을 보겠습니다. "그러므로 형제들아 우리가 예수의 피를 힘입어 성소에 들어갈 담력을 얻었나니" 합니다. 구약의 대제사장이 "피"를 가지고 지성소에 들어간 것처럼 우리도 "예수의 피"를 힘입어 지성소 곧 보좌 앞에 나아간다는 것입니다. 그러면 들어감이 어떻게 해서 가능해졌습니까?

"그 길은 우리를 위하여 휘장 가운데로 열어놓으신 새로운 살 길이요 휘장은 곧 그의 육체니라"고 설명합니다. 이는 주님께서 십자가상에서 "다 이루었다"고 선언하시자, "이에 성소 휘장이 위로부터 아래까지 찢어져 둘이 된 것"(마 27:51)을 가리킵니다. 그래서 "들어가는" 문이 열렸다는 것입니다. 이렇게 해서 주님은 "내가 문이니(요 10:9), 내가 곧 길이다"(요 14:6) 하신 "문과 길"이 되어주신 것입니다.

그러면 1500년 동안 막혔던 휘장이 열려지자 제 1차로 들어간 분이 누군지 아십니까? 6:20절을 보겠습니다. "그리로 앞서가신 예수께서 멜기세덱의 반차를 따라 영원히 대제사장이 되어 우리를 위하여 들어가셨느니라" 합니다. 그러니까 주님은 문이 열리자 "들어가는" 첫 테이프를 끊으신 것과 같은 것입니다.

그러면 주님만 들어가시고 휘장이 다시 닫혀졌습니까? 아닙니다. "그러므로 우리는 긍휼하심을 받고 때를 따라 돕는 은혜를 얻기 위하여 은혜의 보좌 앞에 담대히 나아갈 것이니라(4:16), 참 마음과 온전한 믿음으로 하나님께 나아가자"(10:22) 합니다.

그러면 들어가는 일이 언제 일어나는가? 지금 예배를 드릴 때입니다. 그리고 여러분이 기도를 드릴 때 "들어가는" 것입니다. 여러분은 휘장 밖에서 기도하는 것이 아닙니다. 주님이 열어놓으신 휘장을 통과하여 은혜의 보좌 앞에 들어간다는 점을 확신하시기 바랍니다. 그리고 "만일 땅에 있는 우리의 장막 집이 무너지면 하나님께서 지으신 집 곧 손으로 지은 것이 아니요 하늘에 있는 영원한 집이 우리에게 있는 줄 아느니라"(고후 5:1) 한 영원한 영광에 들어가게 되는 것입니다.

이제까지 살펴본 예수 그리스도의 "탄생·고난·부활·승천"은 하나님께서 자기 아들을 통해서 주권적으로 행해 주신 은혜요, 복음입니다. 그러면 우리가 행해야 할 일은 무엇인가? 11:6절을 보겠습니다. "믿음이 없이는 하나님을 기쁘시게 하지 못하나니" 한 하나님께서 자기 아들을 통하여 이루어주신 구속사역을 믿음으로 받아드리는 "오직 믿음"이라고 말씀합니다.

이 점에서 출애굽 1세대들이 어찌하여 약속의 땅에 들어가지 못했는가를 상기시킵니다. "하나님이 누구에게 맹세하사 그의 안식에 들어오지 못하리라 하셨느냐 곧 순종하지 아니하던 자들에게가 아니냐 이로 보건대 그들이 믿지 아니하므로 능히 들어가지 못한 것이라"(3:18-19) 합니다.

그리고 경계하기를 "그들과 같이 우리도 복음 전함을 받은 자이나", 만일 "들은바 그 말씀을 믿음으로 화합하지 않는다면"(4:2) 우리도 들어가지 못하리라고 경고합니다. "그러므로 우리는 들은 것에 더욱 유념함으로 흘러 떠내려가지 않도록 함이 마땅하니라"(2:1) 합니다.

히브리서 마지막 장에서는 "예수 그리스도는 어제나 오늘이나 영원토록 동일하시니라"(13:8)고 말씀합니다. 무슨 뜻입니까? 바울은 달려갈 길을 마치고 구속사의 무대를 떠났으나 바울과 함께 하셨던 주님은 형제와 함께 하신다는 말씀입니다. 문제는 "그들의 믿음을 본받으라"(13:7) 한 바울에게 있던 믿음이 나 자신에게도 있느냐 하는 점입니다.

마지막 결론은 "그러므로 우리가 흔들리지 않는 나라를 받았은즉 은혜를 받자 이로 말미암아 경건함과 두려움으로 하나님을 기쁘시게 섬길지니"(12:28) 한 "은혜를 받아 기쁘게 섬기는 일"입니다. 이것이 "이러한 대제사장을 우리가 모셨다"는 히브리서입니다. -아멘-

야고보서

주제 : 영광의 주 곧 우리 주 예수 그리스도에 대한
믿음을 너희가 가졌으니(2:1)

① 야고보서의 저자는 누군가?

야고보라는 이름은 당시에 흔한 이름이었습니다. 신약성경에도 여러 명이 등장합니다. 그런데 여러 정황으로 볼 때 주의 형제 야고보라는 것이 전통적인 학설입니다. 그는 주님의 공생애 기간에는 믿지 않았으나(요 7:3, 막 3:21), 부활하신 주님을 목격(고전 15:7)하고는 오순절에 동참(행 1:14)하게 되었고, 베드로가 예루살렘을 떠난(행 12:17) 후에는, 예루살렘 종교회의를 주관(행 15:13)하는 등 주도적인 역할을 감당했던 것입니다.

② 야고보서의 수신자는 누군가?

㉠ "흩어져 있는 열두 지파에게 문안하노라"(1:1)고 말합니다. 그러면 열두 지파는 누구를 가리키는 것인가? 이를 이스라엘 열두 지파로 한정할 이유는 없습니다. 야고보서는 어떤 특정교회에 보낸 서한이 아니라 각처에 있는 모든 하나님의 교회에 회람용으로 보내진 서신으로 보는 것이 옳을 것입니다. 이점이 베드로전서의 수신자들을 "본도 · 갈라디아 · 갑바도기아 · 아시아 · 비두니아에 있는 흩어진 나그네… 택하심을 받은 자들에게 편지하노니"(벧전 1:1,2)한 말씀에서도 알 수 있습니다.

㉡ 그러면 어찌하여 "열두 지파"라 했을까 하는 물음이 제기될 수 있습니다. 초대교회는 유대주의자들로부터 이단 취급을 당하고 있던 터라 정통성(正統性) 확립이 중요했던 것입니다. 그러니까 야고보는 "신약교회가 아브라함 · 이삭 · 야곱에게 세워주신 메시아언약을 계승한 영적 이스라엘이요 열두 지파다"라고 말씀하고 있는 셈입니다.

㉢ 이점이 "자유롭게 하는 온전한 율법"(1:25, 2:12)이라는 표현에서도 드러납니다. 우리는 율법이 없는 사람들이 아니라 모세 율법보다 우월한 "자유롭게 하는 온전한 율법"(律法)을 가지고 있다는 것입니다.

③ 야고보서의 신학적인 위치

㉠ 그러면 야고보서가 신약교회에 미치는 신학적인 위치는 무엇인가 하는 점입니다. 루터가 "집 쑤시게 같은 글"이라 혹평하면서 정경(正經)성을 부정한 데서 알 수 있듯이 야고보서는 신학적으로 논란이 많은 서신입니다. 이유는 "율법적이고 복음적이지 않다"는데 있습니다. 그렇다면 야고보가 어찌하여 이처럼 율법적인 색채가 농후한 서신을 기록하게 되었을까요?

㉡ 이점을 출애굽의 예표에서 빛을 받을 수 있습니다. 하나님은 이스라

엘 백성들을 애굽에서 속량하여 내신 후에 시내 산에 이르러 십계명을 주셨습니다. 이는 십계명을 행함으로 구원을 얻으려고 주신 것이 아닙니다. 십계명의 서문은 "나는 너를 애굽 땅, 종 되었던 집에서 인도하여 낸 네 하나님 여호와니라"(출 20:2) 하십니다. 그들은 이미 유월절 어린양의 피로 "속량하여 너희를 내 백성으로 삼고"(출 6:6-7) 하신 "하나님의 백성"들입니다. 조상 대대로 노예 신분이었던 그들이 하루아침에 하나님의 백성으로 신분(身分)이 바뀐 것입니다. 그리하여 법 없는 자가 되지 않고 하나님의 백성답게 살아가게 하기 위해서 십계명을 주셨던 것입니다. 이때를 모세는 "이것이 곧 네가 총회의 날에 호렙 산에서 네 하나님 여호와께 구한 것이라"(신 18:16)고 "총회의 날"이라고 언급합니다.

ⓒ 그렇다면 신약교회의 총회(總會)의 날은 언제인가 묻게 되는데, 바로의 노예가 하루아침에 하나님의 백성이 되었듯이 신약의 성도들도 하루아침에 신분이 바뀐 것은 마찬가지입니다. 이점을 야고보서에서도 대할 수가 있는데, "그가 그 피조물 중에 우리로 한 첫 열매가 되게 하시려고 자기의 뜻을 따라 진리의 말씀으로 우리를 낳으셨느니라"(1:18)는 놀라운 말씀을 대하게 됩니다.

ⓔ 그렇다면 야고보서의 수신자들은 "하나님의 자녀"들임이 분명합니다. 또한 "내 형제들아 영광의 주 곧 우리 주 예수 그리스도에 대한 믿음을 너희가 가졌으니"(2:1) 한 야고보서의 수신자들은 "그리스도인"들입니다. 그런데 문제는 "그리스도인과 하나님의 자녀"라는 신분(身分)에 상응하는 삶을 살아가고 있지 못하고 있다는 데 있습니다.

ⓜ 왜냐하면 태어났어도 아직은 어린아이와 같아서 구습(舊習)을 벗어버리지 못하고 있기 때문입니다. 십계명도 이제 막 애굽 바로의 노예에서 벗어난 어린 하나님의 백성들에게 주어진 계명입니다. 그래서 "…하지 말라"는 금지 명령이 많습니다. 야고보서도 아직 어린 신약교회에 주어진 윤리이기 때문에 금지 명령이 많다 할 수 있습니

다.

야고보서의 내용으로 볼 때 당시의 초대교회는 많은 문제에 직면해 있었음을 알게 됩니다. 그들을 "온전하고 구비하여 조금도 부족함이 없게"(1:4), 즉 성숙한 그리스도인이 되게 하기 위해서 야고보서는 주어진 것입니다.

ⓗ 하나님께서 모세를 통하여 구약교회에 십계명을 주셨듯이 예루살렘 교회의 의장 격인 야고보를 들어서 신약교회에 "자유롭게 하는 온전한 율법"을 주신 셈입니다. 그리하여 전체 108절 안에 54개의 명령이 들어있다고 말합니다. 그러니까 야고보서는 새 언약하에 있는 성도들에게 하나님의 자녀답게 살아가라고 주신 "자유롭게 하는 율법"이라 할 수 있습니다. 이것이 야고보서의 신학적(神學的)인 위치입니다.

④ 야고보서의 요절

㉠ 그러므로 야고보서는 "내 형제들아 영광의 주 곧 우리 주 예수 그리스도에 대한 믿음을 너희가 가졌으니"(2:1) 한 말씀에 의하여 해석되어야 마땅합니다. 왜냐하면 야고보서가 행함을 강조하고 있는 것은 분명하지만, 그렇다고 아무에게나 행함을 강조하고 있는 것은 아니기 때문입니다. 우리 주 예수 그리스도를 믿는 믿음을 받은 사람들에게 부탁하고 강조하고 있는 것입니다.

㉡ 주님의 호칭(呼稱)을 주목해 보십시오. "영광의 주 곧 우리 주 예수 그리스도"라고 최대의 영광스러운 이름으로 높이고 있습니다. 그분을 나의 주로 고백한 사람들에게 야고보서는 주어진 것입니다. 그러므로 야고보는 "네가 보거니와 믿음이 그의 행함과 함께 일하고 행함으로 믿음이 온전하게 되었느니라"(2:22)고 "믿음과 행함"을 갈라놓을 수 없도록 짝을 지어주고 있는 것을 대하게 됩니다.

야고보서는 결코 행함으로 구원을 얻는다고 말하고 있는 것이 아닙니다. 행함으로 믿음이 온전하게 되는 즉 "온전한 믿음"을 강조하고 있는 것입니다. 사도 바울도 로마서 서두에서 "모든 이방인 중에서 믿어 순종케 하나니"(롬 1:5)라고 말씀하고, 로마서를 끝마치면서 "모든 이방인 중에서 믿어 순종하게 하나니"(롬 16:26)하고 "믿음과 순종"을 동전의 앞뒤인 양 말씀하고 있습니다.

ⓒ 성경은 믿음과 행함을 둘로 보고 있지 아니합니다. 출애굽의 1세대들이 어찌하여 약속의 땅에 들어가지 못하였는가? "곧 순종하지 아니하던 자들에게가 아니냐 이로 보건대 그들이 믿지 아니함으로 능히 들어가지 못한 것이라"(히 3:18-19)고 순종하지 아니함과 믿지 아니함을 하나로 여기고 있는 것입니다.

⑤ 야고보서의 기록목적을 "인내를 온전히 이루라 이는 너희로 온전하고 구비하여 조금도 부족함이 없게 하려 함이라"(1:4)는 말씀에서 구할 수 있습니다. "믿음과 행함"은 양자택일이 아니라 믿음에 행함이 뒤따름으로 구비(具備)하여 온전하게 되기 때문입니다. 그러므로 로마서와 함께 야고보서를 주신 하나님을 찬양해야 하는 것입니다.

㉠ 야고보서를 이해하는 데 도움이 되는 말씀이 유다서에 있는데, 유다는 기록목적을 "사랑하는 자들아 우리가 일반으로 받은 구원에 관하여 내가 너희에게 편지하려는 생각이 간절하던 차에"라고 언급합니다. 유다는 본래 "구원을 들어", 즉 "복음"(福音)을 증언하려는 마음이 간절했다는 것입니다. 그런데 "성도에게 단번에 주신 믿음의 도를 위하여 힘써 싸우라는 편지로 너희를 권하여야 할 필요를 느꼈노니" 합니다. 왜냐하면 "이는 가만히 들어온 사람 몇이 있음이라"(유 1:3-4), 즉 이단이 침투했다는 소식을 접하고는 전투적인 내용으로 바꾸게 되었다는 것입니다.

⑥ 야고보뿐만 아니라 그리스도인이라면 누구라도 "일반으로 얻은 구원", 즉 로마서와 같은 복음을 증언하고 싶을 것이나 당시 초대교회 의장 격인 야고보로 하여금 행함을 강조하지 않을 수 없도록 만들었을 것입니다. 바리새인이었던 바울을 들어서 로마서를 기록하게 하신 주 성령께서는 예루살렘교회 의장격인 야고보를 들어서 실천윤리들을 말씀하게 하심으로 조화와 균형을 이루게 하셨다는 것은 너무나 합당한 일이라 하겠습니다.

ⓐ 이런 점이 "이와 같이 행함이 없는 믿음은 그 자체가 죽은 것이라"(2:17)

ⓑ "어떤 사람은 말하기를 너는 믿음이 있고 나는 행함이 있으니 행함이 없는 네 믿음을 내게 보이라 나는 행함으로 내 믿음을 네게 보이리라"(2:18)

ⓒ "네가 보거니와 믿음이 그의 행함과 함께 일하고 행함으로 믿음이 온전하게 되었느니라"(2:22) 합니다.

ⓓ "우리 조상 아브라함이 그 아들 이삭을 제단에 바칠 때에 행함으로 의롭다 하심을 받은 것이 아니냐" 한 2:21절은 "이에 성경에 이른 바 아브라함이 하나님을 믿으니 이것을 의로 여기셨다는 말씀이 이루어졌고" 한 2:23절과 결부되는 쌍가락지와 같은 말씀입니다. 이런 뜻입니다. 창세기 15장에서 믿음으로 의롭다함을 얻은 아브라함이 22장의 순종으로 그의 믿음이 온전한 믿음임이 입증(2:21)되었다는 그런 뜻인 것입니다.

불변의 진리

⑦ 야고보서가 행위(行爲)를 강조하고 있는 것은 사실입니다만,

그렇다고 율법적인 명령만 있는 것이 아닙니다. 교회의 주초(柱礎)와 같은 불변의 진리가 확고합니다.

ㅇ 〈하나님〉은 "자기의 뜻을 따라 진리의 말씀으로 우리를 낳으셨느니라"(1:18) 한 중생(重生)에 대한 언급이 있고

ㅈ "내 형제들아 영광의 주 곧 우리 주 예수 그리스도에 대한 믿음을 너희가 가졌으니"(2:1) 한 "믿음"으로 구원을 얻는다는 점을 말씀하고 있으며

ㅉ 그리고 "우리 속에 거하게 하신 〈성령〉이 시기하기까지 사모한다"(4:5) 하심으로 구원계획이 성부(1:18), 성자(2:1), 성령(4:5) 삼위 하나님의 사역을 증언하고 있습니다.

ㅌ 또한 "세상에서 가난한 자를 택하사 약속하신 나라를 상속으로 받게"(2:5) 하셨다고 "택하심·약속·상속"을 말씀하고

ㅍ 또한 "이에 성경에 이른바 아브라함이 하나님을 믿으니 이것을 의로 여기셨다"(2:23)고 복음의 핵심인 "칭의(稱義)교리"를 언급합니다.

ㅎ "그러므로 형제들아 주께서 강림하시기까지 길이 참으라"(5:7)고 재림(再臨)의 소망을 말씀하면서

ㅏ "보라 심판주가 문 밖에 서 계시니라"(5:9)고 재림의 주님께서 심판주(審判主)로 오실 것을 말씀합니다.

⑧ 율법적이라고 비난을 받는 야고보서는 "누구든지 온 율법을 지키다가 그 하나를 범하면 모두 범한 자가 되나니"(2:10)라고 증언합니다. 무슨 뜻인가? 이는 "율법의 행위로 그의 앞에 의롭다 하심을 얻을 육체가 없다"(롬 3:20)는 사도 바울의 논증과 상통하는 것입니다.

그러므로 야고보서는 마지막 절을 "그의 영혼을 사망에서 구원할 것이며 허다한 죄를 덮을 것임이라"(5:20하)고, "죄를 덮어주

신다"는 말씀으로 끝맺고 있습니다. 이는 행위구원이 아니라 전적인 하나님의 은혜인 "의롭다하심"인 것입니다. 이상에 열거한 불변(不變)의 진리들은 복음의 핵심적인 요소들입니다.

자유하게 하는 온전한 율법

⑨ 이런 불변의 기초 위에 서서 "형제들아" 하고 열네 번이나 부르면서 명령합니다. 그러므로 야고보서는 해설을 해야 알 수 있는 교리가 아니요, 설교자에게 강해하라고 주신 것도 아닙니다. 목회자는 야고보서의 말씀을 솔선수범하고, 성도들은 듣고 행하라고 주신 실천윤리임을 명심해야 합니다.

그러면 "내 형제들아 영광의 주 곧 우리 주 예수 그리스도에 대한 믿음을 너희가 가졌으니"(2:1), 어떠한 자가 되어야 마땅한가?

〈1장〉

ㄱ "시험을 당하거든 온전히 기쁘게 여기라"(1:2)
ㄴ "낮은 형제는 자기의 높음을 자랑하고
ㄷ 부한 자는 자기의 낮아짐을 자랑할지니"(1:9-10)합니다.
ㄹ "말씀을 행하는 자가 되고 듣기만 하여 자신을 속이는 자가 되지 말라"(1:22)
ㅁ "누구든지 스스로 경건하다 생각하며 자기 혀를 재갈 물리지 아니하고 자기 마음을 속이면 이 사람의 경건은 헛것이라"(1:26)
ㅂ "세속에 물들지 않는 것이 경건이라"(1:27)고 말씀합니다.

〈2장〉

㉠ "내 형제들아 영광의 주 곧 우리 주 예수 그리스도에 대한 믿음을 너희가 가졌으니 사람을 차별하여 대하지 말라"(2:1)

㉡ "자유의 율법대로 심판받을 자처럼 말도 하고 행하기도 하라"(2:12)

㉢ "긍휼을 행하지 아니하는 자에게는 긍휼 없는 심판이 있으리라 긍휼은 심판을 이기고 자랑하느니라"(2:13)

㉣ "행함이 없는 믿음은 그 자체가 죽은 것이라"(2:17)

㉤ "네가 보거니와 믿음이 그의 행함과 함께 일하고 행함으로 믿음이 온전하게 되었느니라"(2:22)고 말씀합니다.

〈3장〉

㉠ "선생 된 우리가 더 큰 심판을 받을 줄 알고 선생이 많이 되지 말라"(3:1)

㉡ "말에 실수가 없는 자라면 곧 온전한 사람이라"(3:2)

㉢ "한 입에서 찬송과 저주가 나오는도다 이것이 마땅하지 아니 하니라"(3:10)

㉣ "너희 중에 지혜와 총명이 있는 자가 누구냐 지혜의 온유함으로 그 행함을 보일지니라"(3:13)고 말씀합니다.

〈4장〉

㉠ "세상과 벗이 되고자 하는 자는 스스로 하나님과 원수되는 것이니라"(4:4)

㉡ "하나님께 복종할지어다"

㉢ "마귀를 대적하라"(4:7)

ⓔ "슬퍼하며 애통하며 울지어다"(4:9)
ⓜ "주 앞에서 낮추라 그리하면 주께서 너희를 높이시리라"(4:10)
ⓗ "서로 비방하지 말라"(4:11)
ⓢ "선을 행할 줄 알고도 행하지 아니하면 죄니라"(4:17)고 말씀합니다.

〈5장〉

ⓖ "부한 자들아, 울고 통곡하라"(5:1)
ⓛ "너희 재물은 썩었다"(5:2)
ⓒ "주께서 강림하시기까지 길이 참으라"(5:7)
ⓔ "서로 원망하지 말라"(5:9)
ⓜ "심판주가 문 밖에 서 계시니라"(5:9)
ⓗ "인내하는 자가 복되다"(5:11)
ⓢ "맹세하지 말라"(5:12)
ⓞ "고난 당하는 자가 있느냐 그는 기도할 것이요"
ⓩ "즐거워하는 자가 있느냐 그는 찬송할지니라"(5:13)
ⓩ "병든 자를 위하여 기도하라"(5:14)
ⓚ "미혹 당한 자를 돌아서게 하면, 그 영혼을 구원하리라"(5:20) 합니다. 이것이 "영광의 주 곧 우리 주 예수 그리스도에 대한 믿음을 받은 자들"(2:1)이 행해야 할 "자유롭게 하는 율법"입니다.

이상의 말씀들은 어느 시대보다도 현대교회가 실천해야 할, 그리고 누구보다도 목회자가 솔선수범해야 할 "자유롭게 하는 온전한 율법"인 것입니다. 그리하여 "구비하여 온전한 교회"(1:4)가 되어야 하겠습니다.

베드로전서

주제 : 은혜의 하나님이 굳건하게, 강하게, 견고하게
하시리라(5:10)

베드로전서는

㉠ "너희가 이제 여러 가지 시험으로 말미암아 잠깐 근심하게 되지 않을 수 없으나"(1:6)고 언급함과 같이 현재(現在) 시련 중에 있을 뿐만 아니라

㉡ "사랑하는 자들아 너희를 연단하려고 오는 불시험을"(4:12) 한 말씀이 말해주듯이 더 큰 불같은 시험이 다가오고 있는 배경에서 기록된 것입니다.

다가오고 있는 불같은 시험은 네로의 박해입니다. 이를 예견한 사도 베드로가 이 서신을 기록하게 된 동기는 이들을 견고하게 하여 불같은 시험을 능히 감당할 수 있도록 격려하기 위해서입니다.

① 그러므로 베드로전서의 요절은 5:10절입니다. "모든 은혜의 하나님 곧 그리스도 안에서 너희를 부르사 자기의 영원한 영광에 들어가게 하신 이가 잠깐 고난 당한 너희를 친히 온전하게 하시며 굳건하게 하시며 강하게 하시며 터를 견고하게 하시리라"고 말씀합니다.

그러면 성도들을 견고하게 해줄 수 있는 것이 무엇인가고 묻게 되는데 요절 중에서도 핵심은 "은혜의 하나님"입니다. 하나님께서 자기 아들을 통하여 베풀어주신 "은혜의 복음"만이 견고하게 세워줄 수 있는 것입니다. 사도 베드로는 복음서를 기록하지 않았고, 단 두 편의 서신을 전해주었을 뿐이지만 이 서신 안에 복음의 요소들이 농축되어있는 이유이기도 합니다. 사도는 "하나님의 은혜의 복음"에 근거하여 불같은 시험을 당하게 될 성도들을 "굳건하게, 강하게, 견고하게" 세워주고 있는 것입니다.

② 그러므로 최우선적으로 베드로전서에 나타난 "하나님의 은혜", 즉 복음을 살펴보아야 합니다. 사도는 서두에서 "곧 하나님 아버지의 미리 아심을 따라 성령이 거룩하게 하심으로 순종하고 예수 그리스도의 피 뿌림을 얻기 위하여 택하심을 받은 자들에게 편지하노니"(1:2)라고 말씀합니다. 누구에게 이 편지를 보낸다고 말씀하고 있는가?
 ㉠ 하나님 아버지의 미리 아시고, 택하심을 입은 자들
 ㉡ 예수 그리스도의 피 뿌림을 얻기 위하여 택하심을 받은 자들

ⓒ 성령의 거룩하게 하심으로 순종함(2)이라고 진술합니다.

2절 한절 속에는

㉮ 하나님의 택하심과

㉯ 그리스도의 구속하심과

㉰ 성령의 거룩하게 하심, 즉 삼위 하나님의 사역이 다 들어있습니다.

③ 사도가 삼위 하나님의 사역을 얼마나 강조하고 있는가를 보십시오. 한 사람의 그리스도인이 태어나기 위해서,

㉠ 성부 하나님은 "그러나 너희는 택하신 족속이요 왕 같은 제사장들이요 거룩한 나라요 그의 소유가 된 백성이니"(2:9)한 "택하시고"

㉡ 성자 그리스도는 "너희가 알거니와 너희 조상이 물려 준 헛된 행실에서 대속함을 받은 것은 은이나 금 같이 없어질 것으로 된 것이 아니요 오직 흠 없고 점 없는 어린 양 같은 그리스도의 보배로운 피로 된 것이니라"(1:18-19) 한 "속량"하시고

㉢ 성령에 의하여 "너희가 거듭난 것은 썩어질 씨로 된 것이 아니요 썩지 아니할 씨로 된 것이니 살아 있고 항상 있는 하나님의 말씀으로 되었느니라 너희에게 전한 복음이 곧 이 말씀이니라"(1:23-25) 한 "거듭나게" 해주셨다고 말씀합니다. 이처럼 사도는 불같은 시험을 당하게 될 성도들을 "복음"으로 견고하게 세워주고 있는 것입니다.

④ 견고하게 해주는 내용을 좀 더 살펴보면,

㉠ "너희 조상이 물려 준 헛된 행실에서 대속함을 받은 것은 은이나 금 같이 없어질 것으로 된 것이 아니요 오직 흠 없고 점없는 어린양 같은 그리스도의 보배로운 피로 된 것이니라"(1:18-19)고 증언하면서

㉮ "친히 나무에 달려 그 몸으로 우리 죄를 담당하셨으니"(2:24)

ⓑ "그리스도께서도 단번에 죄를 위하여 죽으사 의인으로서 불의한 자를 대신하셨으니"(3:18)라고, 우리를 위하여 대신 죽어주셨다는 "구속신앙"으로 견고하게 세워주고 있습니다.

ⓛ 그런데 사도는 그리스도의 죽으심으로 그치고 있는 것이 아니라 "찬송하리로다 그의 많으신 긍휼대로 예수 그리스도를 죽은 자 가운데서 부활하게 하심으로 말미암아"(1:3)하고 부활을 강조합니다.

㉮ "너희는 그를 죽은 자 가운데서 살리시고 영광을 주신 하나님을 그리스도로 말미암아 믿는 자니"(1:21)

㉯ "물은 예수 그리스도께서 부활하심으로 말미암아 이제 너희를 구원하는 표니"(3:21) 라고 "부활 신앙"으로 견고하게 세워줍니다.

⑤ 그러면 그리스도의 부활은 무엇으로 이어지게 되는가? "너희 믿음의 확실함은 불로 연단하여도 없어질 금보다 더 귀하여 예수 그리스도께서 나타나실 때에 칭찬과 영광과 존귀를 얻게 할 것이니라"(1:7) 한 재림(再臨)으로 나아갑니다. 그러므로 본서에는 주님의 "나타나심", 즉 재림이 강조되어 있습니다.

㉠ "너희 믿음의 확실함은 불로 연단하여도 없어질 금보다 더 귀하여 예수 그리스도께서 나타나실 때에 칭찬과 영광과 존귀를 얻게 할 것이니라"(1:7)

㉡ "그러므로 너희 마음의 허리를 동이고 근신하여 예수 그리스도께서 나타나실 때에 너희에게 가져다주실 은혜를 온전히 바랄지어다"(1:13) 합니다.

㉢ 장로들에게도 "그리하면 목자장이 나타나실 때에 시들지 아니하는 영광의 관을 얻으리라"(5:4)고 재림신앙으로 견고하게 세워주고 있습니다.

불시험을 앞에 둔 성도들을 견고하게 세워주는 방도는 복음의 핵심인 "구속신앙·부활신앙·재림신앙"으로 무장을 시켜주는, 즉 하나님의 은혜요, 복음인 것입니다. 베드로 사도는 복음서를 기록하지 않았으나 작은 서신을 통해서 복음의 요소들을 모두 언급하고 있다는 점을 주목하게 됩니다.

⑥ 이제 사도는 고난을 통과해야 할 성도들을 격려합니다. 격려의 근거를 어디에 두고 있는가? "오히려 너희가 그리스도의 고난에 참여하는 것으로 즐거워하라(4:13), 그리스도도 너희를 위하여 고난을 받으사 너희에게 본을 끼쳐 그 자취를 따라오게 하려 하셨느니라"(2:21)고 권면의 근거를 그리스도께서 우리를 위하여 당하신 고난에 두고 있습니다.

"그는 죄를 범하지 아니하시고 그 입에 거짓도 없으시며 욕을 당하시되 맞대어 욕하지 아니하시고 고난을 당하시되 위협하지 아니하시고 오직 공의로 심판하시는 이에게 부탁하시며 친히 나무에 달려 그 몸으로 우리 죄를 담당하셨으니"(2:22-24)라고 말씀합니다. 왜 이렇게 행해주셨는가?

㉠ 첫째는 "그리스도께서도 단번에 죄를 위하여 죽으사 의인으로서 불의한 자를 대신하셨으니 이는 우리를 하나님 앞으로 인도하려 하심이라"(3:18), 즉 하나님께 돌아가게 해주기 위해서라 합니다. 하나님 존전에서 추방을 당한 아담의 후예들이 하나님 앞으로 돌아갈 수 있는 유일한 방도는 그리스도의 대속을 의지하는 길뿐입니다.

㉡ 둘째는 "이는 우리로 죄에 대하여 죽고 의에 대하여 살게 하려 하심이라"(2:24하)고 말씀합니다. 이점이 얼마나 중요하고 어려운 요점인지요? 우리 옛사람은 이미 그리스도 안에서 죽은 것이다. "이제

내가 육체 가운데 사는 것은 나를 사랑하사 나를 위하여 자기 자신을 버리신 하나님의 아들을 믿는 믿음 안에서 사는 것이라"(갈 2:20)는 그런 뜻입니다.

이를 아는 자는 그리고 믿는 자는 "너희를 연단하려고 오는 불 시험을 이상한 일 당하는 것 같이 이상히 여기지"(4:12) 않게 될 것입니다. 도리어 "오히려 너희가 그리스도의 고난에 참여하는 것으로 즐거워하라"(4:13) 합니다.

⑦ 사도는 다가오는 불같은 시험을 "하나님의 집에서 심판을 시작할 때가 되었나니 만일 우리에게 먼저 하면"(4:17)하고 "심판"으로 보고 있습니다.

  ㉠ 그리고 심판의 첫 대상은 하나님의 집, 즉 교회라고 말씀한다는 점을 유념해야 합니다. 에스겔서에서도 "내 성소에서 시작할지니라 하시매 그들이 성전 앞에 있는 늙은 자(장로)들로부터 시작하더라"(겔 9:6)고 말씀합니다. 왜냐하면 교회 안에는 좋은 씨만 있는 것이 아니라 가라지도 있고, 알곡만 있는 것이 아니라 쭉정이도 있기 때문입니다. 그러므로 불같은 시험은 이를 가려내는 역할을 한다는 것입니다.
  ㉡ "그러므로 너희는 정신을 차리고 근신하여 기도하라"(4:7) 합니다. 속담에 '범에 물려가도 정신만 차리면 산다'는 말이 있듯이 '정신을 차려라' 자신이 누군가 하는 정체성(正體性)을 망각하지 말라는 격려입니다.

⑧ 사도는 서신을 마치면서 "모든 은혜의 하나님 곧 그리스도 안에서 너희를 부르사 자기의 영원한 영광에 들어가게 하신 이가 잠깐 고난을 당한 너희를 친히 온전하게 하시며 굳건하게 하시며

강하게 하시며 터를 견고하게 하시리라"(5:10)는 격려로 마치고
있습니다.

    ㉠ 이 말씀 안에는 "고난과 영광, 잠시와 영원"이 대조되어 있습니다.
    그리고 핵심은 "하나님의 은혜"입니다. 은혜의 하나님께서 그리스도
    안에서 우리를 영원한 영광(榮光)에 들어가게 하기 위하여 부르셨다
    면 잠시 받는 고난은 "너희를 친히 온전하게 하시며 굳건하게 하시
    며 강하게 하시며 터를 견고하게" 하는 연단일 뿐이라는 말씀입니다.

        "하나님의 능하신 손아래서 겸손하라"(5:6)
        "너희 염려를 다 주께 맡기라"(5:7)
        "근신하라 깨어라"(5:8)
        "그 영혼을 미쁘신 창조주께 의탁할지어다"(4:19)

    ㉡ 그리고 결론은 "이것이 하나님의 참된 은혜임을 증언하노니 너희는
    이 은혜에 굳게 서라"(5:12)는 말씀입니다. "그리스도 안에 있는 너
    희 모든 이에게 평강이 있을지어다"(5:14). −아멘−

주제 : 그리스도의 은혜와 그를 아는 지식에서
자라가라(3:18)

사도 베드로는 두 편의 서신서를 기록했습니다. 전서의 기록목적이 외부(外部)로부터 닥쳐오는 불같은 박해를 대비하기 위해 기록한 반면, 후서의 기록목적은 "그러나 백성 가운데 또한 거짓 선지자들이 일어났었나니 이와 같이 너희 중에도 거짓 선생들이 있으리라 그들은 멸망하게 할 이단을 가만히 끌어들여 자기들을 사신 주를 부인하고 임박한 멸망을 스스로 취하는 자들이라"(2:1) 한, 내부(內部)로부터 일어나게 될 거짓 선생을 경계하기 위해서 기록되었습니다.

하나님의 교회는 어느 시대를 막론하고 두 방면의 위협에 직면해 있으며, 외부로부터 오는 박해보다는 내부에 침투한 이단 사상이 치명적인 해독을 끼쳤던 것입니다.

베드로 후서를 기록할 당시의 상황은 "이는 우리 주 예수 그리스도께서 내게 지시하신 것 같이 나도 나의 장막을 벗어날 것이 임박한 줄을 앎이라"(1:14), 즉 순교가 목전에 이르렀다고 말합니다. 그러므로 "내가 힘써 너희로 하여금 내가 떠난 후에라도 어느 때나 이런 것을 생각나게 하려 하노라"(1:15) 합니다. 이런 맥락에서 베드로후서는 사도의 유언(遺言)과 같은 말씀입니다.

사도 베드로는 주님을 세 번이나 부인했던 아픈 상처를 안고 있는 사도입니다. 그러므로 인간의 연약과 거짓을 절실하게 경험한 장본인입니다. 주님은 그에게 "내가 너를 위하여 네 믿음이 떨어지지 않기를 기도하였노니 너는 돌이킨 후에 네 형제를 굳게 하라"(눅 22:32)고 명하셨습니다. 사도 베드로는 지금 그 임무를 수행하고 있는 셈입니다.

거짓 교사에 대한 경계는 사도 바울이 밀레도에서 행한 고별설교에도 나타나는데 "내 얼굴을 다시 보지 못하리라"는 말을 하면서, "내가 떠난 후에 사나운 이리가 여러분에게 들어와서 그 양떼를 아끼지 아니하며 또한 여러분 중에서도 제자들을 끌어 자기를 따르게 하려고 어그러진 말을 하는 사람들이 일어날 줄 아노니"(행 20:29-30,38)라고 경계했습니다. 그렇다면 현대교회는 더욱 이단 사상에 대한 경각심을 가져야 마땅할 것입니다.

성경은 문제에 대한 해답입니다. 그러면 베드로후서에 나타난 문제(問題)가 무엇인가?

① 첫째로 "그러나 백성 가운데 또한 거짓 선지자들이 일어났었나니, 이단을 가만히 끌어들여"(2:1) 이단이 침투한 것이 문제입니다. 이단 사상은 두 방면으로 교회에 해독을 끼치는데 그것은 복음을 변질시키는 교리(敎理)적인 왜곡과 윤리적(倫理的)인 타락입니다. 진리에서 잘못이 되면 필연적으로 윤리도 뒤틀리게 되는 것입니다.

ㄱ 베드로후서에 나타난 이단 사상의 교리적인 오류는 "자기들을 사신 주를 부인"(2:1)하는 구속교리에 대한 부정과, "주께서 강림하신다는 약속이 어디 있느냐"(3:4) 한 재림을 부인하는 것 등입니다.

ㄴ 그리고 이단 사상의 윤리적인 타락은 한마디로 "호색(2:2)과 음란"(2:18)인데, "그들이 허탄한 자랑의 말을 토하며 그릇되게 행하는 사람들에게서 겨우 피한 자들을 음란으로써 육체의 정욕 중에서 유혹하는도다"(2:18)라고 말씀합니다. "겨우 피한 자들을 음란으로써 유혹한다"는 뜻은 "음란"이 사탄의 최후무기라는 그런 느낌을 줍니다.

② 이에 대한 대비책, 즉 해답(解答)이 무엇인가? 베드로후서의 요절은 3:18절입니다. "오직 우리 주 곧 구주 예수 그리스도의 은혜와 저를 아는 지식에서 자라가라" 합니다. 이단의 유혹에 미혹되지 않는 길은 비법(秘法)이 있는 것이 아니라 "그를 아는 지식에서 자라가는" 것입니다.

ㄱ 그러므로 사도는 이단 문제로 직행하고 있는 것이 아니라 1장에서 우선적으로 "모든 것을 우리에게 주셨으니(1:3), 보배롭고 지극히 큰

약속을 우리에게 주사"(1:4)하고 하나님이 우리에게 "주셨다"는 은혜를 강조합니다.

    ⓒ 또한 "우리 주 예수를 앎으로(1:2), 우리를 부르신 이를 앎으로"(1:3)하고 "앎"을 강조합니다. 신앙이 성숙해지는 데는 어떤 지름길이 있는 것이 아니라 하나님께서 자기 아들을 통하여 "주신 것을, 알고, 믿을" 때에 내 것이 되는 것이요, 믿음이 성숙해지는 되는 것입니다.

③ 그러므로 사도의 첫 말씀이 무엇인가를 주목하시기 바랍니다. "우리 하나님과 구주 예수 그리스도의 의를 힘입어 동일하게 보배로운 믿음을 우리와 함께 받은 자들에게 편지하노니"(1:1)라고 말씀합니다.

    ㉠ 그리스도인이란, 첫째로 "그리스도의 의를 힘입은" 자들이요

    ⓒ 둘째는 "보배로운 믿음을 받은 자"라 합니다.

이는 표현만 다를 뿐 사도 바울이 그토록 강조한 "복음에는 하나님의 의가 나타나서 " 한 "칭의"를 믿음으로 받았다는 것과 의미적으로 같은 말씀입니다. 이단에 대한 대비책, 즉 해답은 복음으로 무장을 시키는 일 외에 다른 비법은 없습니다.

④ 하나님은 우리에게 얼마나 엄청난 은혜를 주셨는가? 사도는 이점을 "보배"라는 말로 표현하고 있는데, "보배"라는 말이 전후서에 여섯 번(벧전 1:19, 2:4,6,7, 벧후 1:1,4)이나 등장합니다.

    ㉠ "보배롭고 지극히 큰 약속"(벧후 1:4)에 의하여

    ⓒ "보배로운 피"(벧전 1:19)로 구속함을 받아

    ⓒ "보배로운 믿음을 받은 자들"(벧후 1:1)을 그 누가 미혹할 수 있단 말인가? 한마디로 하나님은 보배로운 자기 아들을 대속제물로 내어

주신 것입니다. 그렇다면 그 후에는 무엇이 따라야 하는가?

  ⓔ "신성한 성품에 참여하는 자가 되게 하려 하셨으니"(1:4) 한 하나님 아버지를 닮아가는 것입니다.

그 단계를 "믿음에 덕을, 덕에 지식을, 지식에 절제를, 절제에 인내를, 인내에 경건을, 경건에 형제 우애를, 형제 우애에 사랑을 공급하라"(1:5-7)고 8단계로 말씀을 합니다. 최고의 단계가 사랑인데 이는 찬송가 가사인 "그곳은 빛과 사랑이 언제나 넘치옵니다" 한 하나님은 사랑이시기 때문입니다. 이것이 이단에 대처하는 방법인 것입니다. 이를 장별로 살펴보면,

〈1장〉

  ⑤ 1장에는 "앎"이 강조되어 있는데 여섯 번(2,3,8,12,14,20)이나 등장합니다. 우선적으로 하나님께서 자기 아들을 통해서 이루어주신 하나님의 행사(行事)를 알아야 이단에 미혹을 당하지 않기 때문입니다. "하나님은 모든 사람이 구원을 받으며 진리를 아는 데에 이르기를 원하시느니라"(딤전 2:4) 합니다. 영적인 무지(無知)는 이단이 기생하게 되는 온상입니다.

  ㉠ 그리고 알고만 있으면 되는 것이 아니라 "생각나게 하려 하노라, 생각나게 함이 옳은 줄로 여기노니, 생각나게 하려 하노라"(1:12,13,15)고 생각에 호소하고 있음을 주목해야 합니다. 기쁨·감사·승리 등은 자동으로 주어지는 것이 아닙니다. 하나님께서 행해주신 보배로운 약속, 우리 죄를 구속하여주신 보배로운 피, 우리에게 주신 보배로운 믿음과 산 소망 등을 묵상(黙想)할 때에 주어지는 것입니다. 다시 강조합니다만 하나님의 행해주신 일을 믿음으로 받을 때 은혜

를 받는 것이요, 그런 후에 이 영광스러움을 망각하지 않도록 자주 자주 묵상할 때에 하나님과 동행하는 승리의 삶을 살아가게 되는 것입니다.

ⓛ 그러므로 사도는 "내가 힘써 너희로 하여금 내가 떠난 후에라도 어느 때나 이런 것을 생각나게 하려 하노라"(1:15) 합니다. 그러면 "필요한 때"가 언제인가? 환난을 당할 때, 이단의 유혹을 만났을 때, 시련을 만나 회의에 빠지게 될 때 등입니다. 사도는 이런 때에 "생각나게 할" 말씀을 마음 판에 새겨주려는 것입니다.

ⓒ 그것이 무엇인가? "우리 주 예수 그리스도의 능력과 강림하심을 너희에게 알게 한 것이 교묘히 만든 이야기를 따른 것이 아니요 우리는 그의 크신 위엄을 친히 본 자라"(1:16)한 재림에 대한 소망입니다. 이는 변화산상의 경험을 가리키는 말인데, 사도 베드로는 주님이 변화하시는 모습과 "이는 내 사랑하는 아들이요 내 기뻐하는 자라" 하시는 하나님의 음성을 친히 들은 사람입니다. 그러므로 주님의 재림(再臨)은 분명하다는 말씀입니다.

⑥ 그런데 사도는 "또 우리에게는 더 확실한 예언이 있다"(1:19)라고 말씀한다는 점입니다. 사도가 경험(經驗)한 것보다 더 확실한 것이 무엇인가? 그것은 기록(記錄)된 말씀 곧 성경입니다. 그러므로 "날이 새어 샛별이 너희 마음에 떠오르기까지 너희가 이것을 주의하는 것이 옳으니라"(1:19) 합니다. 성경은 문제에 대한 해답인데 문제는 이 성경을 주의하지 않는다는 데 있습니다.

율법은 돌 판에 기록이 되었지만 "그날 후로는 그들과 맺을 언약이 이것이라 하시고 내 법을 그들의 마음에 두고 그들의 생각에 기록하리라"(히 10:16) 하셨습니다. 그러므로 이단의 미혹에 대한 방비책은 새 언약을 성도들의 마음 판에 기록되게 하는 일입니다. 그런데 필요로 할 때 묵상하고 싶어도 묵상할 말씀이 없다면 어떻게 되겠는가? 이는 성령의 검 곧 하나님의 말씀이 없는 무장해제와 같은 상태로 백전백패를 당할 수밖에 없는 것입니다.

그런데 오늘의 설교는 하나님께서 언약하시고 이루어주신 하나님의 행사에 대한 앎보다는, 인간이 행해야 하는 교훈과 축복에 치우쳐져 있습니다. 그렇다면 이단에 미혹될 확률은 그만큼 높은 것이 됩니다.

〈2장〉

⑦ 2장은 당시 교회에 침투한 이단의 특성을 말씀하는 내용인데 그래서 "호색(2), 음란(7,18), 음심"(14)이 자주 등장하고, "미혹, 유혹"이라는 말이 네 번(14,15,18,18) 나옵니다. "그릇되게 행하는 사람들에게서 겨우 피한 자들을 음란으로써 육체의 정욕 중에서 유혹"(18) 한다고 말씀합니다. "겨우 피한 자"를 음란으로 잡아먹는다는 것입니다. 그러므로 음란은 사탄의 마지막 무기라 할 수 있습니다.

  ㉠ "그들에게 자유를 준다 하여도 자신들은 멸망의 종들이니 누구든지 진 자는 이긴 자의 종이 됨이라"(2:19)고 경고합니다. 유혹하는 자들은 "우리는 자유하다"라고 말하나 실상은 멸망의 종들이라는 것입니다.

  ㉡ 이것이 초대교회에 복음을 곡해한 율법폐기론 자들의 방종입니다. 이에 대해 사도는 "누구든지 진 자는 이긴 자의 종이 됨이라"고 경고합니다. 이점을 잠언에서는 "여러 가지 고운 말로 유혹하며 입술의 호리는 말로 꾀므로 젊은이가 곧 그를 따랐으니 소가 도수장으로 가는 것 같고 미련한 자가 벌을 받으려고 쇠사슬에 매이러 가는 것과

같도다 필경은 화살이 그 간을 뚫게 되리라 새가 빨리 그물로 들어
가되 그의 생명을 잃어버릴 줄을 알지 못함과 같으니라"(잠
7:21-23)고 사실적으로 묘사하고 있습니다.

〈3장〉

⑧ 사도는 서신을 마치기 전에 또다시 "일깨워, 생각하게, 기억
하게 하려 하노라"(3:1-2)고 "생각 · 기억"에 호소합니다. 그렇다
면 성도들이 망각하지 않도록 "생각하고, 기억하고" 있어야 할
것이 무엇인가? "주의 강림하신다는 약속이 어디 있느냐"(3:4) 한
주님의 재림(再臨)입니다.

노아 당시는 물로 심판을 하셨으나 "이제 하늘과 땅은 그 동일
한 말씀으로 불사르기 위하여 보호하신 바 되어 경건하지 아니한
사람들의 심판과 멸망의 날까지 보존하여 두신 것이니라"(7) 합
니다.

⑨ 그러면서 "사랑하는 자들아 주께는 하루가 천년 같고 천년
이 하루 같다는 이 한 가지를 잊지 말라 주의 약속은 어떤 이들
이 더디다고 생각하는 것 같이 더딘 것이 아니라"(3:8-9)고 말씀
합니다. 사도는 심판의 필연성을 역사적인 사실을 들어서 경고합
니다.
   ㉠ 범죄한 천사들을 용서하지 아니하셨다는 것(2:4)
   ㉡ 옛 세상을 용서하지 아니하시고 홍수로 심판하셨다는 것(2:5)
   ㉢ 소돔과 고모라를 유황불로 심판하셨다는 것(2:6)을 상기시킵니다.
   ㉣ 이 예시(豫示)를 통하여 "이제 하늘과 땅은 그 동일한 말씀으로 불

사르기 위하여 보호하신 바 되었다"(3:7)고 확증합니다.

⑩ "이 모든 것이 이렇게 풀어지리니 너희가 어떠한 사람이 되어야 마땅하냐"고 결단을 촉구합니다. "거룩한 행실과 경건함으로 하나님의 날이 임하기를 바라보고 간절히 사모하라"(3:11-12) 합니다.

　㉠ 그리고 사도는 전서(前書)를 "이것이 하나님의 참된 은혜임을 증언하노니 너희는 이 은혜에 굳게 서라"(벧전 5:12)하고 "은혜"(恩惠)로 마쳤는데, 후서에서도 마지막 권면은 "오직 우리 주 곧 구주 예수 그리스도의 은혜와 그를 아는 지식에서 자라 가라"(3:18)고 "은혜(恩惠)·지식"으로 마치고 있습니다.

　㉡ "은혜"가 무엇인가? 무가치한 자들에게 베푸는 호의입니다. 성도들이 은혜 입기를 원하는가? 이단의 유혹에 넘어가지 않기를 원하는가? 하나님께서 자기 아들을 통하여 이루어주신 행사를 우선적으로 그리고 더 많이 전해주어서 알게 하여 "기억하고 생각"하도록 해주어야 합니다. 성도들의 신앙이 자라기를 원하는가? 하나님께서 독생자를 화목제물로 내어주신 은혜를 먹여야 합니다.

왜 그렇습니까? 하나님이 행해주신 은혜를 아는 만큼 충만해지고, 믿는 만큼 견고해지기 때문입니다. 이상에서 살펴본 대로 베드로후서는 현대교회에 더욱 적실성이 있는 말씀입니다.

요한일서

주제 : 하나님은 빛이시라 하나님은 사랑이시라(1:5, 4:16)

요한 일·이·삼서는 사도 요한에 의하여 기록된 서신입니다. 추측컨대 요한이 본 서신을 기록할 당시는 사도 중 유일한 생존 자였을 것입니다. 그런 요한이 서신을 기록하는 목적이 무엇인 가? 사도는 크게 세 가지 주제를 말씀하기 위해서 기록했습니다.

ㄱ 첫째는 "너희에게 이것을 쓰는 것은 너희로 하여금 너희에게 영생이 있음을 알게 하려 함이라(5:13) 한 구원(救援)의 확신입니다.

ㄴ 둘째는 "우리가 보고 들은 바를 너희에게도 전함은 너희로 우리와 사귐이 있게 하려 함이라"(1:3) 한 형제 사랑을 위해서입니다. 요한 서신에는 형제 사랑이 강조되어 있습니다.

ㄷ 셋째는 "지금도 많은 적그리스도가 일어났으니 그러므로 우리가 마지막 때인 줄 아노라"(2:18) 한 이단을 경계하기 위해서입니다. 사

도는 이 세 가지 주제(主題)를 말씀하기 위해서 서신을 기록한 것입니다.

영생이 있음을 알게 하려함

① 첫째 주제인 "구원의 확신"입니다. 사도는 "내가 하나님의 아들의 이름을 믿는 너희에게 이것을 쓰는 것은 너희로 하여금 너희에게 영생이 있음을 알게 하려 함이라(5:13), 또 증거는 이것이니 하나님이 우리에게 영생을 주신 것과 이 생명이 그의 아들 안에 있는 그것이니라"(5:11)합니다. 그러면 영생의 확신은 어떻게 주어지는가?

㉠ 먼저 "너희는 나를 누구라 하느냐" 라고 물으심과 같이 "예수"가 누구신가에 확고해야 합니다. 그러므로 사도는 복음서의 서두를 "태초에 말씀이 계시니라 이 말씀이 하나님과 함께 계셨으니 이 말씀은 곧 하나님이시니라"(요 1:1)고 시작했는데, 요한일서의 서두도 "태초부터 있는 생명의 말씀에 관하여는"(요일 1:1) 한 그리스도가 누구신가 하는 본질(本質)을 말씀함으로 시작하고 있는 것입니다. 형제는 "너는 나를 누구라 하느냐" 하는 주님의 물으심에 무엇이라고 대답을 하실 것입니까?

㉡ 다음은 말씀이 육신을 입고 오셔서 우리를 위하여 무엇을 행해주셨는가? 즉 이 땅에 오신 목적이 무엇인가에 확고해야만 구원의 확신을 가질 수 있습니다. 요한 사도는 "그는 우리 죄를 위한 화목제물이니(2:2), 하나님이 우리를 사랑하사 우리 죄를 속하기 위하여 화목제물로 그 아들을 보내셨음이라"(4:10)고 증언합니다.

㉢ 어찌하여 사도는 "화목제물"이 되셨다고 말씀하는가? "죄"가 하나님과 우리 사이를 단절시켰고 원수되게 하였기 때문입니다. 그런데 하

나님의 아들 그리스도께서 화목제물이 되어주심으로 하나님과 화목하게 되었음을 말씀하기 위해서인 것입니다. 이를 믿는 자에게 구원의 확신이 주어지는 것입니다.

서로 사랑하는 것이 마땅하니라

② 다음은 둘째 주제인 "형제 사랑"입니다. 사도는 곧바로 형제를 사랑하라고 말씀하지 아니합니다. 사랑하지 않으면 아니 될 필연성과 당위성을 먼저 말씀합니다.

　㉠ 첫째로 "하나님은 사랑이심이라"(4:8,16)고 정의한 후에,

　　㉮ "하나님의 사랑이 우리에게 이렇게 나타난 바 되었으니" 합니다. 사랑은 말로 하는 것이 아니라 "나타내야" 한다는 것입니다. 어떻게 나타내셨는가? "하나님이 자기의 독생자를 세상에 보내심은 그로 말미암아 우리를 살리려 하심이라"고 하나님 사랑이 독생자로 나타내셨다고 증언합니다.

　　㉯ "사랑은 여기 있으니", 무슨 뜻인가? "우리가 하나님을 사랑한 것이 아니요 하나님이 우리를 사랑하사 우리 죄를 속하기 위하여 화목제물로 그 아들을 보내셨음이니라" 합니다. 우리는 입으로 "사랑, 사랑하는데 사랑이 무엇인지 아느냐?" "사람이 친구를 위하여 자기 목숨을 버리면 이보다 더 큰 사랑이 없나니"(요 15:13), 사랑은 희생이라고 말씀합니다.

　㉡ 이렇게 말씀한 후에 "사랑하는 자들아 하나님이 이같이 우리를 사랑하셨은즉 우리도 서로 사랑하는 것이 마땅하도다"(4:9-11)하고 그 필연성을 말씀합니다. 하나님께서 우리에게 베푸신 엄청난 사랑을 알고 믿고 그리하여 마음에 하나님의 사랑이 부은 바 된 사람이라면 형제를 사랑하는 것은 너무나 마땅한 일이라, 즉 사랑은 선택이 아니라 당위(當爲)라는 뜻입니다.

③ 그러므로 사도가 말씀하는 형제 사랑은 윤리적인 차원이 아니라 "형제를 사랑함으로 사망에서 옮겨 생명으로 들어간 줄을 알거니와 사랑하지 아니하는 자는 사망(死亡)에 머물러 있느니라"(3:14) 하는 신학적인 차원으로 말씀한다는 점입니다.

구원을 얻었다는 것은 "사망(死亡)에서 생명(生命)으로 옮겨짐"을 의미합니다. 그런데 형제를 사랑함으로 옮겨졌다는 뜻이 아닙니다. 형제를 사랑하는 것을 보아서 그가 사망에서 옮겨 생명으로 들어간 줄을 알게 된다는 것입니다. 반대로 사랑하지 않는 자는 옮겨진 자가 아니요 아직 사망의 진영에 머물러 있는 자라는 것입니다.

사탄은 하나님께 속한 자들을 미워(3:13)합니다. 그런데 사망에서 생명으로 옮겨졌다고 말하면서도 같은 형제들인 그리스도인을 사랑하지 않는다면 그는 아직 사탄의 진영에 속해있는 증거라는 뜻입니다.

진리의 영과 미혹의 영

④ 셋째 주제는 "이단에 대한 경계"입니다. "아이들아 지금은 마지막 때라 적그리스도가 오리라는 말을 너희가 들은 것과 같이 지금도 많은 적그리스도가 일어났으니 그러므로 우리가 마지막 때인 줄 아노라"(2:18) 합니다. 그러므로 "영을 다 믿지 말고 오직 영들이 하나님께 속하였나 분별하라"(4:1) 합니다.

㉠ 그러면 적그리스도의 정체가 무엇인가? "예수 그리스도께서 육체로 오신 것을 시인하는 영마다 하나님께 속한 것이요 예수를 시인하지

아니하는 영마다 하나님께 속한 것이 아니니 이것이 곧 적그리스도의 영이니라"(4:2-3)고 언급합니다. "진리의 영과 미혹의 영을 이로써 아느니라"(4:6) 합니다.

ⓛ 이는 표현만 다를 분이지 앞에서 말씀한 ㉮ 예수가 누구신가? ㉯ 그는 왜 오셨는가와 결부된 문제입니다. 당시의 이단들은 "그리스도가 육신을 입고 오셨다"는 것을 부인했습니다. 육신을 입고 오심을 부인하게 되면 "우리 죄를 위한 화목제물이 되셨다", 즉 우리 죄를 위하여 죽으시고 다시 사셨다"는 구속교리도 세워지지 않게 되는 것입니다. 오늘날엔 반대로 "예수"가 하나님의 아들 그리스도시라는 점을 부인하는 자들이 있음을 경계해야 합니다.

⑤ 사도는 "영들이 하나님께 속하였나 분별하라"(4:1) 합니다. 그러면 무엇으로 분별하는가? "그들은 세상에 속한고로 세상에 속한 말을 하매 세상이 그들의 말을 듣느니라 우리는 하나님께 속하였으니 하나님을 아는 자는 우리의 말을 듣고 하나님께 속하지 아니한 자는 우리의 말을 듣지 아니하나니 진리의 영과 미혹의 영을 이로써 아느니라"(4:5-6)고 그가 하는 설교로 참과 거짓이 분별된다고 진술합니다.

㉠ 그런데 사도는 이어서 "진리의 영과 미혹의 영을 이로써 아느니라"고 "영"(靈)의 활동임을 말씀합니다. 그러니까 설교자의 말과 함께 진리의 영, 또는 미혹의 영이 역사한다는 뜻입니다. "진리의 영"이란 성령인데 어찌하여 성령이라 하지 않고 진리의 영이라 하는가? 성령은 그리스도께서 이루어 놓으신 복음진리를 증언하러 오셨기 때문에 진리의 영이라 하는 것입니다. 이는 "너는 진리의 말씀을 옳게 분별하며"(딤후 2:15)한 것과 결부되는 언급인데 설교자가 "진리의 말씀"을 선포하면 "진리의 영"이 역사하고, 비진리를 말하면 "악령"이

역사한다는 뜻인 것입니다. 그렇다면 결론은 분명해집니다. 그 설교자가 "진리의 영"에 충만해 있다면 누구의 무엇을 증언하기를 열망하게 될 것인가?

ⓛ 그러므로 사도는 "너희는 처음부터 들은 것을 너희 안에 거하게 하라"(2:24)고 "거(居)함"을 강조합니다. 무려 30회 정도 등장합니다. 왜냐하면 이단에 미혹되는 원인이 어디에 있느냐 하면 처음에 받은 복음진리에 거하지 않고 새로운 것, 신비스러운 것을 추구하려는데 있기 때문입니다.

"너희는 주께 받은바 기름 부음이 너희 안에 거하나니"(2:27), 그렇습니다. 진리의 성령께서 형제 안에 거하십니다. 이상한 것을 추구하려 하지 마십시오. 유월절 양의 피가 뿌려진 대문 안에 거하여야 합니다. 밖으로 나가려 하지 마십시오.

⑥ 요한일서에는 기록목적인 세 주제와 결부된 핵심적인 단어들이 있는데, 첫째가 "사귐"(1:3,3,6,7)입니다. 사귐은 두 방면으로 이루어지는데 수직적으로는 하나님과의 사귐이 있고, 수평적으로는 성도 상호 간의 사귐입니다. 구원을 얻었다 하는 것은 하나님과의 사귐과 성도와의 교제가 회복되었음을 의미합니다.

㉠ 하나님과의 사귐과 결부되는 요소는 "하나님은 빛이시라"(1:5)한 "빛"입니다. 그러므로 "만일 우리가 하나님과 사귐이 있다 하고 어둠에 행하면 거짓말을 하는"(1:6) 사람이라고 말씀합니다.

ⓛ 성도와의 사귐과 결부되는 요소는 "하나님은 사랑이시라"(4:16)는 "사랑"입니다. "누구든지 하나님을 사랑하노라 하고 그 형제를 미워하면 이는 거짓말하는 자니"(4:20), 즉 가짜 그리스도인이라는 것입니다.

ⓒ 요한일서에는 "계명"이라는 말이 많이 등장하는데 요한 사도가 말씀

하는 계명은 한마디로 "사랑"을 가리킵니다. 그리고 "하나님은 빛이시라, 하나님은 사랑이시라"가 둘이 아니라 하나이듯이 "하나님을 사랑하라, 형제를 사랑하라"는 계명은 둘이 아니라 하나라는 것입니다. 왜냐하면 "보는바 그 형제를 사랑하지 아니하는 자는 보지 못하는바 하나님을 사랑할 수 없기"(4:20) 때문이라 합니다.

ⓔ 그래서 요한일서에는 "거짓말하는 자"라는 말이 네 번(1:6, 2:4,22, 4:20) 등장합니다. 이는 거짓 선지자, 목자가 있듯이 거짓 그리스도인도 있다는 뜻입니다. 그러므로 요한서신은 우리의 신앙을 계속적으로 검증합니다. 어떤 기준에 의해서인가? "하나님은 빛이시라(1:5), 하나님은 사랑이시라"(4:8) 한 두 명제에 의해서 우리 신앙의 진실 여부를 검증합니다.

그러므로 요한일서는 신학적인 이론이나 추상적인 관념들이 아니라 우리의 내면을 X-RAY 촬영하듯 투시하고 벌거벗은 듯이 드러나게 합니다. 그리하여 누군가의 말과 같이 본 서신에는 백(白)과 흑(黑)만이 있을 뿐 회색(灰色)이 없습니다. "이러므로 하나님의 자녀들과 마귀의 자녀들이 드러나나니"(3:10) 합니다.

⑦ 두 번째 핵심 단어가 "속하다"는 말입니다. 이는 소속(所屬)을 나타내는 말로 16회 정도 등장합니다. 하나님께 속한 자가 있고 마귀에게 속한 자가 있다는 것입니다. "그들이 우리에게서 나갔으나 우리에게 속하지 아니하였나니 만일 우리에게 속하였더라면 우리와 함께 거하였으려니와 그들이 나간 것은 다 우리에게 속하지 아니함을 나타내려 함이니라"(2:19)합니다.

ⓐ 지구상에 많은 나라, 많은 민족, 많은 사람들이 있어도 영적 논리로 하면 두 나라와 두 진영이 있을 뿐이요, 모든 사람은 두 진영 중 어느 한 진영에 속해 있기 마련입니다. 두 진영에 동시에 속할 수도

없거니와 그렇다고 아무 진영에도 소속되지 않은 중간의 경계인(境界人)은 없습니다. 빛 가운데 행하는 자는 하나님께 속한 자고 어둠 가운데 행하는 자는 사탄에게 속한자요,

ⓛ 형제를 사랑하는 자는 하나님께 속한 자이고, 미워하는 자는 마귀에게 속한 자라는 것입니다. 설교자도 그가 복음진리를 증언하고 있느냐, 세상적인 말을 하고 있느냐 여부에 따라 하나님께 속한 자가 있고, 세상에 속한 자가 있다는 것이 됩니다.

⑧ 세 번째 핵심 단어가 "앎"입니다. 요한일서에는 "안다"를 의미하는 말이 30회 정도 등장합니다.

ⓗ 신앙인격은 지정의(知情意)적인 것입니다.

㉮ 듣고 아는 지적(知的)인 요소가 먼저입니다.

㉯ 듣고 아는 것이 "믿음"이라는 정서(情緒)를 산출하게 되고

㉰ 연 후에 행함이라는 의지적(意志的)인 요소가 뒤따르게 되는 것입니다.

문제는 "듣지도 못한 이를 어찌 믿으리요 전파하는 자가 없이 어찌 들으리요"(롬 10:14)에 있다는 점을 유념해야 할 것입니다. 교회에 출석한 지 1년이 되어도 복음의 진수를 듣지 못할 수도 있는 것이 오늘의 실정입니다.

ⓛ 그러므로 "앎"과 함께 생각할 핵심어는 "하나님께로서 난 자", 거듭남입니다. 주님은 요한복음에서 "거듭나야" 하나님 나라에 들어갈 수 있다고 말씀하셨는데, 요한 사도도 "하나님께로 난 자", 즉 거듭남을 일곱 번(2:29, 3:9, 4:7, 5:1,1,4,18)이나 강조하고 있습니다. "하나님께로 난 자"만이 하나님의 진영에 속(屬)한 자요, 사랑과 교제를 하게 되는 것입니다. 그렇다고 교회에 등록하기만 하면 거듭나는 것은 아닙니다. "너희도 진리의 말씀 곧 너희의 구원의 복음을 듣고 그 안에서 또한 믿어 약속의 성령으로"(엡 1:13) 거듭나게 되는 것

입니다.

그러면 "구원의 복음"이 무엇인가? 복음서를 설교한다고 복음을 전하는 것은 아닙니다. 구원의 복음이란 "예수는 우리가 범죄한 것 때문에 내줌이 되고 또한 우리를 의롭다 하시기 위하여 살아나셨느니라"(롬 4:25), 즉 우리 죄로 말미암아 대신 죽으시고 다시 살아나셨다는 데 있기 때문입니다.

ⓒ 그러므로 사도 요한이 말씀하는 "앎"이란 지식에 근거한 확신을 의미합니다. 그래서 사도는 결론에서 확신을 의미하는 "안다"(5:13,15 18,19,20)는 점을 강조함으로 마치고 있습니다.

㉮ "내가 하나님의 아들의 이름을 믿는 너희에게 이것을 쓰는 것은 너희로 하여금 너희에게 영생이 있음을 알게 하려 함이라"(5:13)

㉯ "우리가 무엇이든지 구하는 바를 들으시는 줄을 안즉 우리가 그에게 구한 그것을 얻은 줄을 또한 아느니라"(5:15)

㉰ "하나님께로부터 난 자는 다 범죄하지 아니하는 줄을 우리가 아노라 하나님께로부터 나신 자가 그를 지키시매 악한 자가 그를 만지지도 못하느니라"(5:18)

㉱ "또 아는 것은 우리는 하나님께 속하고 온 세상은 악한 자 안에 처한 것이며"(5:19)

㉲ "또 아는 것은 하나님의 아들이 이르러 우리에게 지각을 주사 우리로 참된 자를 알게 하신 것과 또한 우리가 참된 자 곧 그의 아들 예수 그리스도 안에 있는 것이니"(5:20)라고 진술합니다.

⑨ 결론적으로 하나님이 주시지 않아서 받지를 못하는 것이 아닙니다. 능력이 없어서 이기지 못하는 것도 아닙니다. "내 백성이 지식이 없으므로 망하는도다"(호 4:6)라는 탄식은 현대교회에도 적실성이 있는 말씀입니다. 예수 그리스도의 구속으로 말미암아

변화된 자신의 신분(身分)과 지위(地位)와 소속(所屬)을 "알지를 못해서" 평생을 가련하고 가난하고 가엾은 그리스도인으로 살아가고 있는 것입니다.

마지막 한 마디는 "그의 계명은 이것이니 곧 그 아들 예수 그리스도의 이름을 믿고 그가 우리에게 주신 계명대로 서로 사랑할 것이니라"(3:23) 한 "믿음과 사랑"입니다. 바라기는,

    ㉮ 구원을 얻었다는 믿음의 확신을 갖고

    ㉯ 형제를 사랑하며

    ㉰ 세상을 이기는 그리스도인들이 되시기 기원합니다.

요한이서

주제 : 진리와 사랑가운데서 행한다하니 심히 기쁘도다(1:4)

　요한이서는 사도 요한이 "택하심을 입은 부녀와 그의 자녀"(1:1)에게 보낸 서신입니다. 문제는 택하심을 입은 부녀와 그의 자녀가 문자대로 한 부녀와 그녀의 자녀를 가리키느냐? 아니면 택하심을 입은 부녀는 교회요, 그의 자녀는 성도들을 상징하고 있느냐 하는 문제입니다.

　그러나 이것은 결정적으로 중요한 문제는 아닙니다. 왜냐하면 그녀가 택하심을 입은 자요, 자녀들이 진리에 행하는(4) 자들이라면 이것이 곧 교회이기 때문입니다. 그러므로 "택하심을 입은 부녀와 그의 자녀"는 어느 장로님 가정, 어느 경건한 성도의 가정일 수도 있고, 동시에 "두 세 사람이 모인" 교회일 수도 있습니다. 그러므로 요한이서도 "성령이 교회들에게 하시는 말씀"으로 받아야 할 것입니다.

① 요한이서의 주제는 "진리와 사랑"입니다.
㉠ "너의 자녀들 중에 우리가 아버지께 받은 계명대로 진리를 행하는 자를 내가 보니 심히 기쁘도다"(4)
㉡ "부녀여, 내가 이제 네게 구하노니 서로 사랑하자"(5) 합니다. 요한삼서에도 "진리와 사랑"(요삼 3,6)이 함께 등장하는데 진리와 사랑은 동전 앞뒤처럼 둘이 아니라 하나입니다. 진리는 있는데 사랑은 없다든지, 반대로 사랑은 있는데 진리가 없다든지 하는 것을 성경은 용납하지 않습니다. 그러므로 "진리와 사랑"은 참 교회와 거짓 교회, 참 성도와 거짓 성도를 분별하는 시금석인 것입니다.
㉢ 동일하게 요한 사도에 의하여 기록된 계시록의 에베소교회에 보낸 편지에서는 "내가 네 행위와 수고와 네 인내를 알고 또 악한 자들을 용납하지 아니한 것과 자칭 사도라 하되 아닌 자들을 시험하여 그의 거짓된 것을 네가 드러낸 것과"(계 2:2)라고 말씀하는데 이는 진리(眞理)를 보수한 것으로 칭찬할 만합니다.

"그러나 너를 책망할 것이 있나니 너의 처음 사랑을 버렸느니라"(계 2:4)고 책망하십니다. 그들은 진리를 보수한다고 하다가 사랑을 상실한 것입니다. 이에 대한 주님의 판결은 무엇인가? "회개하지 아니하면 내가 네게 가서 네 촛대를 그 자리에서 옮기리라"(계 2:5), 즉 거짓 교회가 된다는 경고입니다. 왜냐하면 진리를 수반하지 않은 사랑이 사랑이 아니듯이, 사랑으로 나타나지 않는 진리도 이미 죽은 것이기 때문입니다.

② 그런데 "미혹하는 자가 많이 세상에 나왔나니"(7) 하고 이

단을 경계합니다. 이는 에덴 낙원에 침투하여 아담 하와를 유혹함과 같이 주 안에서 행복하게 살아가고 있는 "부녀와 그의 자녀"들이 미혹 당할 위기에 처한 것입니다.

　㉠ 그러므로 "누구든지 이 교훈을 가지지 않고 너희에게 나아가거든 그를 집에 들이지도 말고 인사도 하지 말라"(10)고 엄하게 경계합니다. 이는 교제하지 말라는 뜻인데 왜냐하면 이단사상은 전염성이 강하기 때문입니다. 하와도 이렇게 대처했어야 마땅하지 않았겠는가?

　㉡ 그러면 이단(異端)의 특성이 무엇인가? "지나쳐 그리스도 교훈 안에 거하지 아니하는 자들"(9) 이라고 말씀합니다. 개혁주의자들은 "말씀이 가는 곳에 우리도 가고 말씀이 멈추는 곳에 우리도 멈춘다"고 외쳤습니다. 그런데 이단은 멈추지를 않고 "지나쳐 그리스도 교훈 안에 거하지 않는" 자들입니다. 또한 "머리를 붙들지 아니하는지라"(골 2:19), 즉 지엽적인 것을 과장하는 자들인 것입니다.

　㉢ 이상의 말씀을 통해서 요한이서의 기록목적을 간접적으로 알 수가 있는데, "진리와 사랑 가운데" 거하는 성도들을 이단에 미혹되지 않도록 격려하며 경계하기 위해서 기록이 된 것입니다.

③ 사도는 "진리를 행하는 자를 내가 보니 심히 기쁘도다"(4) 합니다. 기뻐하는 것이 1차적으로는 사도 요한이지만 성도들이 복음진리를 보수하는 것을 볼 때 "심히 기뻐하실" 궁극적인 분은 우리를 피로 값을 주고 사신 우리 주 예수 그리스도시라는 점을 잊지 말아야 하겠습니다.

　㉠ 이어지는 "너희에게 가서 대면하여 말하려 하니 이는 너희 기쁨을 충만하게 하려 함이라"(12) 한 언급도 동일하게 우리를 영접하러 오시는 우리 주님을 대면하여 뵙게 되는 날, 우리의 기쁨이 얼마나 충만할 것입니까!

ⓛ 형제여, "진리"(眞理)에 새로운 것이란 없습니다. 이단이란 "그들의 길 곧 그 옛길에서 넘어지게 하며 곁길 곧 닦지 아니한 길로 행하게 하는"(렘 18:15) 자들입니다. 요한일서에서도 "너희는 처음부터 들은 것을 너희 안에 거하게 하라"(요일 2:24)고 권면하는데 주님께서도 "내 안에 거하라 나도 너희 안에 거하리라"(요 15:4)고 벗어나지 말고 "거하라" 하십니다. 그러므로 새로운 말씀이라고 유혹하는 자들을 조심해야 합니다.

ⓒ 또한 "사랑"이란 이것도 좋고 저것도 좋다는 혼합주의가 아닙니다. 사랑은 "불의를 기뻐하지 아니하며 진리와 함께 기뻐한다"(고전 13:6)고 말씀합니다. 이 소망을 가진 우리는 주님 오시는 그날까지 "진리를 보수하고 서로 사랑"해야 마땅합니다. 이것이 요한이서가 택함을 받은 자, 사랑함을 입은 자들인 모든 성도들에게 하시는 말씀입니다.

요한삼서

주제 : 진리를 위하여 함께 일하는 자(1:8)

요한삼서는 사도 요한이 "사랑하는 가이오"에게 보낸 서신인
데,

① 요한삼서의 두 기둥도 변함이 없이 "진리와 사랑"입니다.

㉠ "형제들이 와서 네게 있는 진리를 증언하되 네가 진리 안에서 행한
다 하니 내가 심히 기뻐하노라"(3)

㉡ "그들이 교회 앞에서 너의 사랑을 증언하였느니라"(6)고 칭찬합니다.
이처럼 요한이서와 삼서는 원리적(原理的)인 면에서는 같습니다. 만
일 이서와 삼서가 원리적인 면에서 다르다면 둘 중의 어느 하나는
진리가 아닌 것이 되고 맙니다.

② 그런데 서신을 기록하게 된 동기(動機), 즉 적용(適用)면에

서는 "영접하지 말라와 영접하라"는 상반되게 판이합니다.

   ㉠ 이서의 기록목적은 "누구든지 이 교훈을 가지지 않고 너희에게 나아
가거든 그를 집에 들이지도 말고 인사도 하지 말라"(요이 10), 즉
영접하지 말라고 이단을 경계하기 위한 것이 기록목적인데,

   ㉡ 요한삼서의 기록목적은 "그러므로 우리가 이 같은 자들을 영접(迎
接)하는 것이 마땅하니 이는 우리로 진리를 위하여 함께 일하는 자
가 되게 하려 함이니라"(8)고 말씀합니다.

③ 왜 영접해야만 하는가? "이는 그들이 주의 이름을 위하여
나가서 이방인에게 아무것도 받지 아니함"(7)이기 때문입니다.

   ㉠ 가이오가 영접한 그들은 당시 순회 전도자들인데 바울·바나바·실
라 등도 순회전도자들이었습니다. 이들은 복음을 증언하면서 사례를
받기는커녕 도리어 핍박과 돌에 맞음과 옥에 갇힘 등을 받았으며
"주리며 목마르고 여러 번 굶고 춥고 헐벗었노라"(고후 11:27) 합니
다.

   ㉡ 이런 맥락에서 주목해야 할 점은 "주의 이름을 위하여"라는 말씀입
니다. 전도의 참된 동기(動機)는 "주의 이름을 위하여"(행 9:16, 롬
1:5)에 있습니다. 교회의 부흥도, 그리스도인의 삶의 목적도 "주의
이름을 위하여", 즉 그의 나라와 그의 의를 위해서인 것입니다.

④ 왜 영접해야 하는가? 삼서의 요절은 8절인데 "이는 우리로
진리(眞理)를 위하여 함께 일하는 자가 되게 하려 함이니라"(8)고
말씀합니다. "진리를 위하여 함께 일하는 자", 즉 동역자라는 것
입니다. 사도 바울의 표현대로 하면 "너희가 내 괴로움에 함께
참여하였으니 잘하였도다"(빌 4:14)가 되는 것입니다.

   ㉠ "네가 하나님께 합당하게 그들을 전송하면 좋으리로다"(6)고 부탁합

니다. 이 점에서 또 주목해야 할 점은 "하나님께 합당(合當)하게"라는 언급입니다. 왜냐하면 이들을 영접함이 곧 주님을 영접함이 되기 때문입니다. 가이오는 복음 전도자들을 주님의 이름으로 영접하고 떠날 때는 필요한 선교비를 주님의 이름으로 지원해주었던 것입니다.

ⓒ 그래서 "장로인 나는 사랑하는 가이오 곧 내가 참으로 사랑하는 자에게 편지하노라"(1)고 극진한 애정을 표하면서, "사랑하는 자여 네 영혼(靈魂)이 잘됨과 같이 네가 범사(凡事)에 잘되고 강건(强健)하기를 내가 간구하노라"(2)고 아낌없는 축복을 하는 것입니다.

일본의 요네다 목사님은 이를 "삼박자를 갖춘 축복"이라고 표현했는데 우리나라에서도 유행한 때가 있습니다. 그러나 명심해야 할 점은 이런 축복은 아무에게나 주어지는 것이 아니라 "진리를 위하여 함께 일하는 자"에게 주어진다는 점입니다.

⑤ 그러므로 삼서에는 "진리를 위하여 함께 일하는 자" 되기를 거부할 뿐만이 아니라 함께 수고하는 일을 금하고 내어 쫓는 자들이 있었다는 것입니다.

ⓐ "으뜸 되기를 좋아하는 디오드레베가 우리를 맞아들이지 아니하니"(9) 한 언급은 사도의 부탁을 거절했다는 뜻으로 여겨집니다.

ⓑ 오만한 디오드레베는 "형제들을 맞아들이지도 아니하고 맞아들이고자 하는 자를 금하여 교회에서 내쫓는도다"(10)

ⓒ "그러므로 내가 가면 그 행한 일을 잊지 아니하리라"(10상) 합니다. 이점에서도 "내가 가면"의 "나"라는 분이 1차적으로는 사도 요한이지만 우리에게는 다시 오시는 주님으로 적용된다고 하겠습니다. 그러므로 명심해야 할 점은 "속히 보기를 바라노니, 대면하여 말하리라"(14)는 말씀입니다. 이서에서도 "너희에게 가서 대면하여 말하려 한다"(요이 12)고 말씀했는데 주님은 말씀하십니다. "보라 내가 속히

오리니 내가 줄 상이 내게 있어 각 사람에게 그가 행한 대로 갚아
주리라"(계 22:12)

⑥ 어느 시대, 어느 교회를 막론하고 교회 내에는 이런 두 부
류의 사람이 있기 마련입니다. 그래서 요한이서와 삼서는 오늘날
도 절실히 필요합니다.
   ㉠ 요한이서는 밖에서 침투하려는 이단을 경계하기 위해서 기록된 반면
   ㉡ 요한삼서는 내부에 도사리고 있는 교권주의자를 경계하고, 신실한 성
      도들을 격려하기 위해서 기록되었기 때문입니다.
주님은 우리에게 많은 것, 어려운 것을 부탁하시는 것이 아닙
니다. 현대교회가
   ㉮ "복음진리를 보수하고
   ㉯ 서로 사랑하며
   ㉰ 진리를 위하여 함께 일하는 자들이 된다면 주님은 심히 기뻐하
      실 것입니다.

형제여, 주님을 대면할 날이 다가오고 있습니다. 그날에 주님은
형제의 수고를 잊지 아니하실 것입니다. 반면 하나님의 나라 건
설을 방해하던 자들의 행한 일도 결코 잊지 아니하실 것입니다.

유다서

주제 : 단번에 주신 믿음의 도를 위하여 힘써 싸우라(1:3)

유다는 야고보서를 기록한 야고보와 함께 주 예수의 육적인 형제로 알려져 있습니다. 그들의 모습을 마가의 다락방에 모인 무리들 가운데에서 볼 수 있는데, "예수의 어머니 마리아와 예수의 아우들과 더불어 마음을 같이하여 오로지 기도에 힘쓰더라"(행 1:14) 합니다.

유다는 서론에서 기록목적과 동기를 밝히고 있는데 "일반으로 받은 구원에 관하여 내가 너희에게 편지하려는 생각이 간절하던 차에"(3), 즉 복음을 증언하려는 계획을 갖고 있었다는 것입니다. 그런데 "가만히 들어온 몇 사람"(4), 즉 이단이 침투했다는 긴급한 보고를 접하고는 "단번에 주신 믿음의 도를 위하여 힘써 싸우라"(3)는 전투적인 내용을 전하게 되었노라고 말씀합니다. 이것이 유다서의 문제(問題)입니다.

유다서의 내용으로 미루어 볼 때 상황은 심각한 것으로 여겨집니다. 왜냐하면 요한이서에서는 다른 교훈을 가진 자는 "집에 들이지도 말라"(요이 10)고 경계한 반면, 유다서에서는 "그들은 기탄없이 너희와 함께 먹으니"(12) 하고 이미 깊숙이 침투하여 한 식탁에서 교제를 나누고 있는 것을 보게 되기 때문입니다.

① 신약성경 27권 중 21권이 서신서입니다. 서신서들은 크게 세 가지 목적을 가지고 기록되었습니다.
  ㉠ 첫째는 복음을 증언하여 성도들을 견고하게 세워주기 위해서입니다. 이는 하나님이 행해주신 교리입니다.
  ㉡ 둘째는 하나님의 자녀답게 살아가도록 권면을 하기 위해서입니다. 이는 우리가 행해야 하는 윤리입니다.
  ㉢ 셋째는 복음 진리를 보수하라는 이단을 경계하기 위해서입니다. 이는 영적 전투인 것입니다.
이 세 가지는 불가분의 관계입니다. 교리, 즉 은혜를 모르게 되면 윤리에도 실패하고, 복음과 윤리에 실패하게 되면 영적 싸움에서도 패배하게 됩니다. 그러므로 유다서만이 전투적인 서신은 아닙니다. 앞에서 상고한 베드로후서의 기록목적도 이단을 경계하기 위해서 기록된 것입니다. 이런 배경에서 베드로후서와 유다서 간에는 유사한 말씀이 여러 번 등장합니다.
  ㉣ 유다서는 크게 두 부분으로 나누어지는데
    ㉮ 앞부분(3-16)에서는 이단들이 받게 될 심판을 역사적인 사실에

근거하여 논증하는 내용이고

㉯ 뒷부분(17-23)은 성도들에게 권면하는 내용입니다.

② 먼저 역사적인 사건을 들어서 이단을 경계하는 내용을 살펴
보겠습니다. 성도들을 말할 때는 "사랑하는 자들아"(3,17,20)하고
사랑스레 부르고 있는 반면, 이단을 가리킬 때에는 "이 사람들"
(8,10,11,16,19)이라고 외인(外人) 취급을 합니다.

㉠ "주께서 백성을 애굽에서 구원하여 내시고 후에 믿지 아니하는 자들
을 멸하셨으며"(5) 하고 출애굽 당시를 상기시킵니다.

㉡ "또 자기 지위를 지키지 아니하고 자기 처소를 떠난 천사들을 큰 날
의 심판까지 영원한 결박으로 흑암에 가두셨으며"(6)

㉢ "소돔과 고모라와 그 이웃 도시들"(7)을 심판하셨다는 점을 상기시키
면서

㉣ "그러한데 꿈꾸는 이 사람들도 그와 같이 육체를 더럽히며 권위를
업신여기며 영광을 비방하는도다"(8)고 "이 사람들", 즉 이단의 종말
을 경고합니다.

③ 이를 통해서 당시 교회에 침투한 이단의 특성을 알 수 있는
데,

㉠ 첫째는 "육체를 더럽히며"한 율법폐기론 자들이요,

㉡ 둘째는 "권위를 업신여기며"한 교회 권위에 대한 도발입니다.

그래서 모세와 아론의 권위에 도전하다 멸망한 "고라의 패역을
따라 멸망을 받았도다"(11하)고 언급하는 것입니다. 전반부의 결
론으로 "이 사람들은 원망하는 자며 불만을 토하는 자며 그 정욕
대로 행하는 자라 그 입으로 자랑하는 말을 하며 이익를 위하여
아첨하느니라"(16)고 "이 사람들"의 특성을 언급합니다.

④ 후반부(17-25)의 성도들에게 하는 권면을 살펴보겠습니다.

㉠ "사랑하는 자들아 너희는 너희의 지극히 거룩한 믿음 위에 자신을 세우며"(20상), 세운다는 말은 자라가야 할 것을 가리킵니다.

㉡ 이를 위해서 "성령으로 기도하며"(20하), 즉 자기를 세우는 일은 자신의 힘만으로는 불가능하기 때문입니다.

㉢ "하나님의 사랑 안에서 자신을 지키라"(21상) 하십니다.

㉣ 그리고 "영생에 이르도록 우리 주 예수 그리스도의 긍휼을 기다리라"(21하) 하십니다. 이렇게 하는 것이 이단에 미혹되지 않는 비결인 것입니다.

㉤ 20-21절 안에는,

  ㉮ "성령으로 기도(20)
  ㉯ 하나님의 사랑
  ㉰ 예수 그리스도의 긍휼"(21),

즉 삼위 하나님을 들어 권면한다는 점을 놓치지 마시기 바랍니다. 이것이 핵심입니다. 한 사람의 그리스도인이 "지극히 거룩한 믿음 위에 자신을 세우는", 즉 태어남과 성숙해짐과 영화로 완성이 되는 일은 성 삼위 하나님의 사역인 것입니다. 반면 "이 사람들(이단)은 성령은 없는 자니라"(19) 합니다.

⑤ 22-23절에 의하면 유다서의 수신자들 중에는 세 부류의 사람들이 있음을 보게 됩니다.

㉠ 이단에 아직 빠져들지는 아니하였으나 "어떤 의심하는 자들을 긍휼히 여기라"(22) 한 흔들리는 자들

㉡ "또 어떤 자를 불에서 끌어내어 구원하라"(23상) 한 이미 이단에 빠져들어 간 자들이 있습니다.

㉢ 그런가 하면 "또 어떤 자를 그 육체로 더럽힌 옷까지도 미워하되 두

려움으로 긍휼히 여기라"(23하)는 진술은 최악의 상태로 그를 접촉하다가는 자신까지 더럽힘을 받을까 두려운 마음으로 조심하라는 뜻입니다.

⑥ 유다는 성령의 감동하심으로 "성도에게 단번에 주신 믿음의 도를 위하여 힘써 싸우라"고 독려하고 있는데, 현대교회 목회자들과 성도들에게도 복음을 보수하고자 하는 이런 열정이 있는가 하고 묻지 않을 수 없습니다. 만일 없다면 그 원인이 어디에 있다고 여겨지십니까? "그리스도의 영광의 복음"(고후 4:4)의 영광스러움을 모르기 때문에 복음에 대한 사랑과 열정도 없는 것이라고 밖에는 달리는 설명할 말이 없습니다. 유다서를 통해서 촉구하는 바는 세 가지로 요약됩니다.
　㉠ "성도에게 단번에 주신 믿음의 도를 위하여 〈힘써 싸워라〉"(3)
　㉡ "너희의 지극히 거룩한 믿음 위에 〈자신를 세우라〉"(20)
　㉢ "하나님의 사랑 안에서 〈자신를 지키라〉"(21)　－아멘－

요한계시록

주제 : 이기는 자는 이것들을 상속으로 받으리라(21:7)

　　우리는 창세기로부터 시작하여 성경의 마지막 책인 계시록에 이르게 되었습니다. 먼저 상기할 점은 성경전서의 구조(構造)는 세 번의 "이루심"으로 되어있다는 점입니다.

　㉠ 성경의 첫 책인 창세기 2:1절에서 "천지와 만물이 다 이루어지니라" 고 말씀하는데 이는 첫 창조를 가리킵니다.

　㉡ 그런데 성경의 마지막 책 마지막 부분에서 또다시 "이루었도다 나는 알파와 오메가요 처음과 마지막이라"(계 21:6) 하시는 선언을 듣게 됩니다. 이는 재창조의 역사를 이루셨다는 말씀입니다.

　㉢ 그런데 그 사이에 주님께서 십자가상에서 "다 이루었다"(요 19:30) 하시는 선언이 있습니다. 첫 창조는 무에서 창조하시는 것이기에 "이르시되, 가라사대"한 말씀만으로 가능했습니다. 그러나 재창조는

"한 사람으로 말미암아 죄가 세상에 들어오고 죄로 말미암아 사망이 들어왔나니"(롬 5:12) 한 죄가 청산이 되어야 가능해지기 때문에, 즉 구속으로 말미암아 가능하여지는 것입니다. 이것이 성경 전체의 구조입니다.

요한계시록하면 우선 난해(難解)한 책이라는 선입관이 있습니다. 그러나 생각해보십시오. 계시록은 환난 중에 있는 교회들에게 어려움을 주고 애를 먹이기 위해서 주어진 것이 아니라 위로하고 격려하기 위해서 주어진 것입니다.

그러므로 난해(難解)하다 하는 것은 계시록 자체가 난해해서가 아니라 접근이 잘못되었기 때문입니다. 성경해석에 있어서 중요한 것은 관점(觀點)입니다. 같은 성경이라도 관점에 따라 전혀 다른 해석과 의미가 될 수 있기 때문입니다. 이런 뜻에서 계시록만큼 구속사(성경신학)의 관점에서 바라보아야만 바르게 파악할 수 있는 책도 달리는 없다 하겠습니다.

계시록에는 많은 상징들과 묵시들이 있습니다. 이런 세부적인 부분은 난해한 것이 사실입니다. 그러나 이런 지엽적(枝葉的)인 문제들은 결정적으로 중요한 것은 아닙니다. 왜냐하면 계시록을 통해서 교회를 위로하고 격려하시고자 하는 중심주제(主題)에는 별 영향을 주지 않기 때문입니다.

예를 들면 계시록에는 예수 그리스도를 "어린 양"이라고 부르는 것이 무려 삼십 번이나 등장합니다. 언제까지 "어린 양"이라고 부르는가? 22:3절에서 "다시 저주가 없으며 하나님과 그 어린 양의 보좌가 그 가운데에 있으리니"라고 마지막 장까지입니다. 이는 무엇을 말해주고 있는가? 사도 요한이 계시록을 기록할 때에 요한복음 1:29절에서 "보라 세상 죄를 지고 가는 하나님의 어린 양이로다"고 증언한 복음을 붙잡고 있었다는 증거입니다. 그래도 계시록을 비밀문서인 양 여길 것입니까?

① 계시록은 "예수 그리스도의 계시라"(1:1), 이렇게 시작됩니다. 이는 예수 그리스도께서 계시하신 것이라는 뜻보다는 계시록의 중심주제가 "예수 그리스도를 증언하는 계시"라는 의미입니다. 그래서 예수의 계시라 하지 않고 "예수 그리스도의 계시라"고 말씀하는 것입니다.

ㄱ 그렇지 않다면 "하나님의 계시라" 하는 것이 더 옳은 표현이라 하겠습니다. 왜냐하면 "이는 하나님이 그에게 주사"(1:1중)라고 계시의 주체(主體)가 하나님이심을 말씀하고 있기 때문입니다. 2-3장에서만 주님의 주권(主權)을 나타내는 "나 또는 내가"라는 말이 무려 58회나 등장합니다. 이는 계시록도 "이 성경이 곧 내게 대하여 증언하는 것이니라"(요 5:39) 하심 같이 예수 그리스도를 증언하기 위한 계시라는 강력한 증거입니다.

ㄴ 이점을 왜 강조하고 있느냐 하면 계시록의 중심주제가 "인(印)재앙, 나팔재앙, 대접재앙"과 같은 심판 시리즈에 있는 것이 아니라, 복음서에서 이루어 놓으신 구속사역이 어떻게 해서 완성되는가를 계시하시는 것이 중심주제이기 때문입니다.

계시록의 중심주제

② 그러므로 계시록에는 "보좌"가 44회, "어린 양"이 30회, "성령"이 13회, "교회"가 20회 등장합니다. 계시록의 중심주제는 이

네 주제의 결합(結合)에 있습니다.

  ㉠ 첫째로 "구원"은 "보좌에 앉으신 우리 하나님과 어린 양에게 있도
   다"(7:10) 합니다.

  ㉡ 둘째로 이를 전파하는 것은 "성령과 신부가 말씀하시기를 오라 하시
   는도다 듣는 자도 오라 할 것이요 목마른 자도 올 것이요 또 원하는
   자는 값없이 생명수를 받으라"(22:17)고 말씀합니다. 설명을 가한다
   면 "보좌"에 앉으신 하나님이 자기 아들을 "어린 양"으로 삼으셔서
   성취하신 구속사역을 "성령"이 "교회"를 통하여 이루어나가시는 것
   이 계시록의 중심주제라는 말씀이 됩니다.

 ③ 계시록을 기록한 분은 "요한복음"을 기록한 사도 요한입니
다. 복음서에서 예수 그리스도를 하나님의 "어린 양"으로 부른
분은 사도 요한입니다. 그리고 사도는 복음서에서 하나님의 어린
양이 죽으시고 다시 사심까지를 기록했습니다. 사도는 복음서와
계시록의 일관성(一貫性), 통일성을 위해서 의도적으로 예수 그리
스도를 "어린 양"으로 부르고 있는 것입니다.

 그런데 계시록에서는 "곧 살아 있는 자라 내가 전에 죽었었노
라 볼지어다 이제 세세토록 살아 있어"(1:18)하고 부활하셔서 교
회와 함께 싸우시는(17:14) 주님으로 등장하십니다.

  ㉠ "전에 죽었었노라" 한 과거(過去)사역이 요한복음이요,

  ㉡ "이제 세세토록 살아 있어 사망과 음부의 열쇠를 가졌노니"(1:18하)
   하는 현재(現在) 사역이 계시록이요,

  ㉢ "진실로 속히 오리라" 하신 미래(未來)사역에서 하나님의 구원계획
   은 완성이 되는 것입니다.

 이는 마치 누가가 복음서를 기록한 후에 속편으로 사도행전을
기록한 데 비할 수 있습니다. 계시록에서 주님은 다른 사역을 하

고 있는 것이 결코 아닙니다. 십자가를 통해서 이루어 놓으신 구속사역을 "제자들이 나가 두루 전파할새 주께서 함께 역사하사 그 따르는 표적으로 말씀을 확실히 증언하시니라"(막 16:20)한 사역을 하고 계시는 것입니다.

④ 그러면 계시록의 전체적인 구조(構造)를 파악하도록 하겠습니다. 왜냐하면 그렇게 해야 길을 잃고 헤매지 않기 때문입니다.
  ㉠ 1장에서 주님은 "그의 발은 풀무 불에 단련한 빛난 주석 같고"(15 상)
  ㉡ "그 입에서 좌우에 날선 검이 나오는"(16) 야전군(野戰軍) 사령관과 같은 분으로 묘사되어 있습니다.
  ㉢ 그런 주님이 "오른 손에 일곱 별"(16상)을 붙잡고
  ㉣ "일곱 금 촛대 사이에"(12-13)서 행하시는데 "일곱 별, 일곱 금 촛대"가 바로 십자가 군병들인 것입니다.
  ㉤ 그들을 향해서 "많은 물소리와 같은 음성"(15)으로 훈령(訓令)을 하달하십니다.

⑤ 2-3장은 "오른손에 일곱 별을 붙잡고 일곱 금 촛대 사이를 거니시는"(2:1) 주님께서 일곱 교회를 향해서 일곱 번이나 "이기는 자는, 이기는 자"는 하고 독려하십니다. 즉 이겨야 된다. 이길 수 있다는 것입니다. 왜냐하면 "유다 지파의 사자 다윗의 뿌리가 이기었으니"(5:5), 즉 주님께서 대표자(代表者) 간의 싸움에서 이겨 놓으셨기 때문에 그의 군사들도 이길 수 있다는 것입니다.
이 점에서 유념할 점은 일곱 교회에 편지를 보내는 송신자(送信者)는 예수 그리스도이지만, 끝에 가서 일곱 번이나 "이기는 자

는" 하시는 분은 "성령(聖靈)이 교회들에게 하시는" 말씀이라는 점입니다. 이는 무엇을 의미하느냐 하면 교회가 이길 수 있는 것은 "어린 양의 피", 즉 복음을 가지고 성령과 동역함으로 가능하다는 점을 나타냅니다.

⑥ 그런 후에 마지막 부분인,

㉠ 21장에서는 "이루었도다 나는 알파와 오메가요 처음과 마지막이라"(21:6)고 선언하십니다. 드디어 재창조의 역사가 완성(完成)되었다는 말씀입니다.

㉡ 무엇을 이루셨다는 것인가? "또 내가 새 하늘과 새 땅을 보니 처음 하늘과 처음 땅이 없어졌고 바다도 다시 있지 않더라"(1) 한 신천신지(新天新地)와

㉢ "하나님의 장막이 사람들과 함께 있으매 하나님이 그들과 함께 계시리니 그들은 하나님의 백성이 되고 하나님은 친히 그들과 함께 계셔서"(3) 한 하나님과 백성들이 함께 거하시고 함께 사는 것을 이루셨다는 말씀입니다. 왜냐하면 "함께" 사는 것이 창세기 3장에서 죄가 들어옴으로 말미암아 깨어졌던 하나님의 나라건설이기 때문입니다.

㉣ "모든 눈물을 그 눈에서 닦아주시니 다시는 사망이 없고"(4) 합니다.

㉤ 그런 후에 "이기는 자는 이것들을 상속으로 받으리라" 하시면서

㉥ "나는 그의 하나님이 되고 그는 내 아들이 되리라"(7) 하십니다.

⑦ 그러면 그 사이에 있는 4-20장의 내용은 무엇인가 하는 점은 자명(自明)해지는 것입니다.

㉠ 누구와 싸워서(우리의 대적은 누구인가)

㉡ 어떻게 하는 것이 이기는 것인가 하는 내용입니다. 이것이 계시록의 전체적인 구조(構造)입니다.

⑧ 그러면 교회가 싸워야 할 대적(對敵)이 누군가 하는 점입니다.

ㄱ 그 주체는 "큰 용이 내쫓기니 옛 뱀 곧 마귀라고도 하고 사탄이라고도 하며 온 천하를 꾀는 자라"(12:9)한 사탄입니다. 계시록에는 "일곱 머리, 열 뿔" 등의 묘사가 나오는데 여기에 한눈을 팔 이유가 없습니다. 왜냐하면 70머리 100뿔이라 해도 그것은 사탄이라는 "한 몸"에 붙어 있는 하수인들이기 때문입니다.

"뿔"은 권세를 나타내는데 사탄에게만 뿔이 있는 것이 아닙니다. "우리를 위하여 구원의 뿔을 그 종 다윗의 집에 일으키셨으니"(눅 1:69, 시 132:17) 한 주님의 진영에도 뿔이 있는 것입니다. 형제도 그 뿔 중의 하나임을 믿으시기 바랍니다.

ㄴ 그러므로 사탄에게 하수인이 있는데 "내가 보니 바다에서 한 짐승이 나오는데 뿔이 열이요 머리가 일곱이라"(13:1)한 적그리스도요,

ㄷ "내가 보매 또 다른 짐승이 땅에서 올라오니 어린 양같이 두 뿔이 있고 용처럼 말을 하더라"(13:11) 한 거짓 선지자입니다.

ㄹ 이점을 16:13절에서는 종합적으로 "또 내가 보매 개구리 같은 세 더러운 영이 용의 입과 짐승의 입과 거짓 선지자의 입에서 나오니" 합니다. "용, 적그리스도, 거짓 선지자" 이것이 교회가 싸워야 할 대적의 삼두(三頭)체제입니다.

ㅁ 그런데 "더러운 영이 용의 입과 짐승의 입과 거짓 선지자의 입에서 나온다"한 점을 주목해야 합니다. 영적 전쟁은 "입"이라는 병기(兵器), 즉 증언의 싸움이요, 입에서 나오는 진리와 비진리의 싸움이요, 말씀과 함께 역사하는 "성령과 악령"의 싸움이라는 말씀입니다. 다시 강조합니다만 영적 싸움은 "증언"의 싸움인 것입니다.

증언의 싸움

⑨ 계시록에는 "증언"이라는 말이 문자적으로는 열세 번 정도 나오지만 이 증언이 계시록의 주축을 이루고 있습니다. 왜냐하면 성령이 강림하신 것은 주님께서 이루어 놓으신 구속사역을 증언하러 오셨고 "증언"하지 않으면 싸움이 일어나지 않기 때문입니다. 사망으로 끌려가는 자를 구원하려고 복음을 증언하기 때문에 싸움은 불가피하게 일어나는 것입니다.

㉠ 계시록을 기록하고 있는 요한은 "하나님의 말씀과 예수를 증언하였으므로 말미암아 밧모라 하는 섬"(1:9)에 유배당한 상태에서, "하나님의 말씀과 예수 그리스도의 증거 곧 자기의 본 것을 다 증언하였느니라"(1:2) 합니다.

㉡ "하나님의 말씀과 그들이 가진 증거로 말미암아 죽임을 당한 영혼들이"(6:9) 호소하고 있고

㉢ 그들이 "증언을 마칠 때에 무저갱으로부터 올라오는 짐승이 그들과 더불어 전쟁을 일으켜 그들을 이기고"(11:7) 합니다.

㉣ 결정적인 말씀이 "또 우리 형제들이 어린 양의 피와 자기들이 증언하는 말씀으로써 그를 이겼으니 그들은 죽기까지 자기들의 생명을 아끼지 아니하였도다"(12:11)라는 말씀에 나타납니다. 여기 역설(逆說)이 나타나는데 "죽기까지와 이기었다"는 언급입니다. 스데반 집사는 증언하다가 돌에 맞아 죽임을 당했습니다. 그러면 스데반은 이긴 것입니까? 진 것입니까?

㉤ 그러므로 계시록은 역전(逆轉)의 날이 이르게 된다는 점을 계시해 주고 있습니다. 성도들을 박해하고 죽이던 "용을 잡으니 곧 옛 뱀이요 마귀요 사단이라 잡아 천년 동안 결박하여 무저갱에 던져 잠그는"(20:2-3) 반면, "예수를 증언함과 하나님의 말씀 때문에 목 베임을 당한 자들의 영혼들"은 살아서 그리스도와 더불어 천년 동안 왕 노릇한다(20:4)고 말씀합니다.

이 대목의 중심주제는 논란이 많은 천년 왕국설이 아니라 최후의 승리가 "여자의 후손" 편에 있다는 역전(逆轉)의 광경을 보여주려는데 있는 것입니다.

어린 양의 피

⑩ 이 점에서 사활적으로 중요한 점은 증언하는 내용(內容), 승리의 비결이 무엇인가 하는 점입니다.

 ㉠ 한마디로 "어린 양의 피"(12:11) 곧 십자가 복음인 것입니다. 애굽 바로의 노예였던 이스라엘 백성들이 해방될 수 있었던 것도 유월절 "어린양의 피"에 있었습니다. 우리의 구원은 오병이어나, 나사로의 무덤에서 이루어진 것이 아닙니다. 주님은 십자가상에서 "다 이루었다"(요 19:30)라고 선언하셨고, 1500년 동안이나 막혀있던 휘장은 이때 비로소 열려졌던 것입니다.

 ㉡ 그러므로 계시록에는 주님의 죽으심과 피가 강조되어 있습니다. "우리를 사랑하사 그의 피로 우리 죄에서 우리를 해방하시고"(1:5)

 ㉢ "곧 살아 있는 자라 내가 전에 죽었었노라"(1:18) 하십니다.

 ㉣ "일찍이 죽임을 당하사 각 족속과 방언과 백성과 나라 가운데에서 사람들을 피로 사서 하나님께 드리시고"(5:9)

 ㉤ "큰 음성으로 이르되 죽임을 당하신 어린 양은 능력과 부와 지혜와 힘과 존귀와 영광과 찬송을 받으시기에 합당하도다"(5:12)

 ㉥ "어린 양의 피에 그 옷을 씻어 희게 하였느니라"(7:14) 합니다.

증언의 핵심은 "어린 양의 피" 곧 "예수는 우리가 범죄한 것 때문에 내줌이 되고 또한 우리를 의롭다하시기 위하여 살아나셨다"(롬 4:25)는 복음임을 명심해야 합니다.

"이처럼 주님께서 우리의 대속제물로 죽임을 당하신 것을 드러내려는 의도가 아니었다면 하나님의 아들 그리스도를 30번이나 "어린 양"이라고 부르지는 않았을 것입니다. 사도가 그리스도를 언제까지 "어린 양"이라고 부르고 있는가를 주목해보시기 바랍니다.

"다시 저주가 없으며 하나님과 그 어린 양의 보좌가 그 가운데에 있으리니 그의 종들이 그를 섬기며"(22:3)라고, 마지막 장(22장)까지 하나님의 아들 그리스도를 "어린 양"으로 부르고 있습니다. 이것은 무엇을 말해주느냐 하면 사도는 하나님의 아들이 우리의 대속제물이 되셨다는 복음을 붙잡고 놓치지 않고 있음을 의미합니다.

왜냐하면 우리 구원의 근거가 오직 "어린 양의 피"에 있고, 증언해야 할 핵심이 "어린 양의 피"에 있고, 승리의 비결(祕訣)이 이것이기 때문입니다.

계시록의 현재적인 의미

⑪ 2,000년 전에 기록된 계시록이 현대교회에는 어떤 의미가 있는가? 이를 깨닫게 하는 중요한 요점이 있는데 그것은 주 하나님의 자기계시를 통해서 나타나고 있습니다.

㉠ 하나님은 자신을 "이제도 있고 전에도 있었고 장차 올 자요"(1:8하) 하십니다.

㉡ 요한도 "이제도 계시고 전에도 계셨고 장차 오실 이"(1:4)로 증언하고 있습니다.

이 점에서 주목해야 할 점은 시제인데 "전에, 이제, 장차"라는 시간(時間) 순으로 말씀하는 것이 아니라 "이제도 계시고"라고 현재시제

(現在時制)를 맨 먼저 말씀하고 있다는 점입니다. 이렇게 말씀하시는 의도는 분명합니다.

ⓒ 이는 계시록을 주신 주 하나님은 "이제도 우리와 함께 계시고, 전에 있던 성도들과도 함께 계셨으며, 장차 있을 성도들과도 함께 계시는 하나님", 그리하여 구속사역을 기필코 완성하시는 하나님이심을 깨닫기를 원하시기 때문입니다. 그렇다면 계시록의 내용도 과거에도 있었고, 현재에도 진행(進行) 중이며, 미래에 대단원을 이루게 될 내용임을 깨닫게 되는 것입니다. 그렇습니다.

㉠ "용(사탄)

㉡ 짐승(적그리스도)

㉢ 거짓 선지자"는 전에도 있었고 이제도 있으며 장차도 있다는 것입니다.

㉣ 그리고 이들과의 증언의 싸움도 "이제도 있고 전에도 있었고 장차"도 있을 것이라는 말씀입니다.

여기에 계시록이 오늘의 교회에게 적용되는 접촉점이 있는 것입니다. 보십시오, 주님은 "볼지어다 내가 세상 끝날까지 너희와 항상 함께 있으리라"(마 28:20) 하십니다. 성경은 "예수 그리스도는 어제나 오늘이나 영원토록 동일하시니라"(히 13:8), 즉 바울과 함께 계셨던 주님은 지금 형제와 함께 계신다고 진술합니다.

이점을 왜 강조하느냐 하면 계시록을 주님의 재림(再臨) 직전의 짧은 기간에 되어질 일로 여기는 견해가 있기 때문입니다. 이를 뒷받침하기 위해서 계시록을 분류할 때 "네가 본 것과 지금 있는 일과 장차 될 일을 기록하라" 하신 1:19절에 근거하여 1장은 과거(본 것), 2-3장은 현재(이제 있는 일), 4-22장은 미래(장차 될 일)에 되어질 일로 구분합니다.

그런데 보십시오. 요한이 1장에서 본 것은 과거의 일이 아니고 "네 본 것은 내 오른손의 일곱 별의 비밀과 일곱 금 촛대라"(20) 하신, 일곱 금 촛대 사이에 다니시는 주님의 현재 사역인 것입니다. 주님은 세상 끝날까지 오른손에 일곱 별을 붙잡으시고 일곱 금 촛대 사이에 다니실 것입니다. 그러므로 4-22장의 내용도 종말의 어느 짧은 기간에 되어질 일이 아니라 주님의 초림으로부터 시작하여 재림하심으로 완성될 그 날까지 교회들이 선한 싸움을 싸워야 할 내용인 것입니다.

이제도 있고, 전에도 있었고, 장차도 있을 일

㉣ 이를 무시하게 되면 계시록의 1차 독자들인 초대교회 성도들은 물론, 그 이후로 2,000년 어간을 살아온 성도들에게는 계시록이 상관이 없는 말씀이 되고 맙니다. 그렇지가 않습니다. 12장에 등장하는 "옛 뱀 곧 마귀라고도 하고 사탄이라고도 하며 온 천하를 꾀는"(12:9) 자란 전에도 있었으며 이제도 맹활약을 하고 있으며 장차도 발악을 하다가 불 못에 던짐을 받게 될 존재인 것입니다.

㉮ 다시 한번 말씀하시는 순서를 주목해 보십시오. "이제도 있고 전에도 있었고 장차 올 자"(1:8,4)라고 "이제"를 우선적으로 말씀하십니다. 왜냐하면 성도들의 시간은 "오늘이라 일컫는 동안에 매일 피차 권면하여"(히 3:13) 하신 대로 언제나 "오늘"이기 때문입니다. 만일 이렇게 말씀하시지 않으셨다면 계시록은 우리와는 상관없는 공허한 것이 되고 맙니다.

㉯ 그러므로 계시록의 시제(時制)는 "이제"입니다. 어제나 오늘이나 영원토록 동일하신 주님은 계시록에서 "그들이 어린 양과 더불어 싸우려니와 어린 양은 만주의 주시요 만왕의 왕이시므로

그들을 이기실 터이요 또 그와 함께 있는 자들 곧 부르심을 받고 택하심을 받은 진실한 자들도 이기리로다"(17:14)하고, 이제도 십자가 군병들 앞에서 싸우시는 대장으로 등장합니다.

㉣ "또 내가 하늘이 열린 것을 보니 보라 백마와 그것을 탄 자가 있으니 그 이름은 충신과 진실이라 그가 공의로 심판하며 싸우더라"(19:11) 합니다. 이 장면을 주님의 재림으로 보고 있는데 요한은 1:7절에서 백마가 아니라 "볼지어다 그가 구름을 타고 오시리라"고 말씀합니다. 그러면 무슨 뜻인가? 이어지는 문맥을 보면 19:14절은 "하늘에 있는 군대들이 희고 깨끗한 세마포 옷을 입고 백마를 타고 그를 따르더라"고 말씀하는데, 형제는 시민권이 하늘에 있는 "하늘의 군대"인 것입니다. 17:14절에서도 "그들이 어린 양과 더불어 싸우려니와 어린 양은 만주의 주시요 만왕의 왕이시므로 그들을 이기실 터이요 또 그와 함께 있는 자들 곧 부르심을 받고 택하심을 받은 진실한 자들도 이기리로다"라고 말씀합니다. 우리 주님은 현재적으로 우리와 함께 싸워주고 계시는 것입니다.

㉤ 또한 천국에 대한 묘사도 "개들과 점술가들과… 거짓말을 좋아하며 지어내는 자는 다 성 밖에 있으리라"(22:15) 하시는데, 이것이 주님 재림 후에 있을 천국이겠습니까? 계시록은 "내가 본 천국"과 같은 계시가 아니라 전투하는 교회에 주시는 병법(兵法)인 것입니다.

하나님의 나라건설

⑫ 하나님께서 성경 전체를 통하여 일관되게 추구해 오신 목표(目標)가 있는데, 그것은 "하나님의 장막이 사람들과 함께 있으매 하나님이 그들과 함께 계시리니"(21:3) 하신 "함께 거하심", 즉

하나님의 나라건설입니다. 그런데 21장에 이르러 "하나님의 장막이 사람들과 함께 있으매 하나님이 그들과 함께 계시리니"(21:3)하고 "함께 거하심"이 이루어지고 있는 것입니다.

⊙ 하나님께서 사람과 함께 거하신 때가 있었습니다. 그러나 죄가 에덴에 침입하므로 인간은 하나님 존전에서 추방당하게 되었고 하나님과 함께 거함은 깨어지고 말았습니다. 구원사역 즉 하나님의 나라건설이란 "함께 거하심"을 회복하는 역사인 것입니다.

⊙ 하나님은 바로의 노예였던 야곱의 자손들을 유월절 양의 피로 구속하여 내신 후에도 "내가 그들 중에 거할 성소를 지으라"(출 25:8)고 명하십니다. 출애굽의 목적도 "그들은 내가 그들의 하나님 여호와로서 그들 중에 거하려고 그들을 애굽 땅에서 인도하여 낸 줄을 알리라 나는 그들의 하나님 여호와니라"(출 29:46) 하십니다. 그러나 그 성막은 중간이 굳게 막혀 있었습니다. 이는 참 것의 그림자에 불과했기 때문입니다. 그런데 성경 마지막 부분에 이르러서 "이루었도다"(계 21:6)라고 선언하심으로 "함께 거하심이" 드디어 완성되는 것입니다.

알파와 오메가 시작과 마침

⑬ 그러므로 계시록에는 열쇠와 같은 말씀이 세 번 등장합니다. 그것은 "나는 알파와 오메가요 처음과 마지막이요 시작과 마침이라"는 말씀입니다.

⊙ 첫 번 등장하는 것은 1:8절인데 "주 하나님이 이르시되 나는 알파와 오메가라 이제도 있고 전에도 있었고 장차 올 자요 전능한 자라 하시더라" 합니다. 여기서는 "이제도" 우리와 함께 하심에 강조점이 맞춰져 있고,

ⓛ 두 번째는 21:6절에서 "이루었도다 나는 알파와 오메가요 처음과 마지막이라"한 완성(完成)과 결부되어 등장합니다. 만일 시작만 하시고 이루심이 없다면 하나님은 "알파는 되시나 오메가는 되지 못하는 하나님"이 되고 말게 될 것입니다. 그런 일은 없습니다. 우리가 믿는 하나님은 "일을 행하시는 여호와, 그것을 만들며 성취하시는 여호와"(렘 33:2) 이십니다.

ⓒ 세 번째는 "보라 내가 속히 오리니, 나는 알파와 오메가요 처음과 마지막이요 시작과 마침이라"(22:12-13) 하십니다. 만일 부활 승천하신 주님께서 다시 오심이 없다면 주님은 "알파는 되시나 오메가는 되지 못하는 것이요, 처음은 되시나 마지막은 되지 못하는 것이요, 시작은 되시나 마침은 되지 못하는 것"이 되고 말 것입니다. 아닙니다. 하나님의 나라건설에는 "나는 나를 위하며 나를 위하여 이를 이룰 것이라 어찌 내 이름을 욕되게 하리요 내 영광을 다른 자에게 주지 아니하리라"(사 48:11) 한 하나님의 이름·영광·명예가 걸려있기에 반드시 완성되는 것입니다.

⑭ 이처럼 계시록이 완성의 책이기 때문에 창세기 1-3장과 계시록 20-22장은 절묘한 대조를 보여주고 있습니다. 함께 거하심을 파괴했던 "용을 잡으니 곧 옛 뱀이요 마귀요 사탄이라 …. 불과 유황 못에 던져지니"(20:2,10) 합니다. "다시 사망이 없고 애통하는 것이나 곡하는 것이나 아픈 것이 다시 있지 아니하리니 처음 것들이 다 지나갔음이러라" 하십니다.

이는 파괴당하였던 것을 다시 회복하시고 반드시 완성하실 것을 나타내주고 있습니다. 이보다 광대(廣大)하고 확실한 말씀이란 달리는 없습니다. 이것이 계시록에 있어서 보다 귀중하고, 중요하고, 분명한 진리입니다. 그런데도 계시록에서 지엽적인 문제에 한

눈을 팔 것입니까?

⑮ 또한 계시록에는,

㉠ "구원하심이 보좌에 앉으신 우리 하나님과 어린 양에게 있도
다"(7:10) 한 구원과

㉡ "보좌에 앉으신 이의 얼굴에서와 그 어린 양의 진노에서 우리를 가
리라"(6:16)하는 진노가 있습니다. "구원과 심판"은 동전 앞뒤와 같
은 것입니다. 진노가 없다면 복음이 필요 없는 것이 되고 복음만이
진노의 날 하나님 앞에 서게 할 수 있다는 것입니다.

그러므로 명심할 점은 계시록은 일곱 인 · 나팔 · 대접으로 상징된
"진노"에 중심이 있는 책이 아니라 "구원하심"에 있음을 명심해야
합니다. 계시록에서 어려움을 겪게 되는 상당 부분이 "구원하심"과
결부된 것이 아니라 "진노하심"과 결부된 호기심에서 비롯되기 때문
입니다.

㉢ 계시록은 "인(印) 다음에 나팔 다음에 대접"이 등장하는데 "인을 떼
심으로 감추었던 비밀은 밝히 드러났고, 지금은 "나팔" 즉 복음의
나팔을 힘있게 불어야 할 때입니다. 왜냐하면 진노의 "대접"이 부어
질 날이 임박해 오고 있기 때문입니다.

㉣ 주님은 마지막 장에서 "속히 오리라"는 약속을 세 번(22:7,12,20)
하십니다.

㉮ "보라 내가 속히 오리니 이 두루마리의 예언의 말씀을 지키는
자는 복이 있으리라"(22:7) 하십니다. 그러므로 우리는 계시록
을 부지런히 증언하여 지키게 할 책임이 있습니다.

㉯ "보라 내가 속히 오리니 내가 줄 상이 내게 있어 각 사람에게 그
가 행한 대로 갚아 주리라"(22:12) 하십니다. 그러므로 부지런
히 주의 일에 힘쓰는 자들이 되어야 할 것입니다. 구원은 선물
이지만 상은 충성한 대로 주어지는 보상인 것입니다.

· 신약성경

ⓐ "내가 진실로 속히 오리라"(22:20), 이것이 계시록에 있어서 주님의 마지막 말씀입니다. "아멘 주 예수여 오시옵소서".